新HSK 精讲精练系列

新HSK
语法精讲精练 5级

梁鸿雁 编著

北京语言大学出版社
BEIJING LANGUAGE AND CULTURE
UNIVERSITY PRESS

图书在版编目（CIP）数据

新HSK语法精讲精练. 五级 / 梁鸿雁编著. — 北京：
北京语言大学出版社，2015.1（2023.3 重印）
ISBN 978-7-5619-4074-7

Ⅰ.①新… Ⅱ.①梁… Ⅲ.①汉语—语法—对外汉语
教学—水平考试—自学参考资料 Ⅳ.①H195.4

中国版本图书馆 CIP 数据核字 (2014) 第 295695 号

书　　名：	新 HSK 语法精讲精练　5 级
	XIN HSK YUFA JINGJIANG JINGLIAN　WU JI
责任编辑：	王墨妍
责任印制：	邝　天

出版发行：	北京语言大学出版社
社　　址：	北京市海淀区学院路 15 号　　邮政编码：100083
网　　址：	www.blcup.com
电　　话：	发行部　82303650 / 3591 / 3651
	编辑部　82301016
	读者服务部　82303653
	网上订购电话　82303908
	客户服务信箱　service@blcup.com
印　　刷：	北京虎彩文化传播有限公司
经　　销：	全国新华书店

版　　次：	2015 年 1 月第 1 版　　2023 年 3 月第 6 次印刷
开　　本：	787 毫米 × 1092 毫米　1/16　印张：15.75
字　　数：	310 千字
书　　号：	ISBN 978-7-5619-4074-7 / H·14350
定　　价：	58.00 元

目　录

第 一 篇

词 类

第一章

名词

一、名词分类

基本概念：表示人或事物名称的词。通常分为：

意义	种类	例词					
表示人或事物	普通名词	亲戚	葡萄	资源	城市	作品	技术
	专有名词	亚洲	西安	长江	故宫	黄山	长城
	集合名词	船只	书籍	纸张	树木	车辆	人口
	抽象名词	智慧	责任	趋势	奇迹	命运	思想
表示时间	时间词	当时	刚才	从前	以后	夏天	周末
表示处所	处所词	附近	旁边	隔壁	当地	邮局	医院
表示方位	方位词	上下	前后	左右	里外	之前	之后

二、名词的语法特点

1. 名词一般做主语、宾语、定语。
   例如：孩子长高了。
   　　　他讲了一个笑话。
   　　　医生的工作很辛苦。

2. 名词一般不做谓语。但是，表示时间、日期、天气、季节、籍贯、身份的名词（短语）可做谓语。
   例如：今天星期几？
   　　　今天晴天。
   　　　已经秋天了。
   　　　他北京人，我上海人。
   　　　都小学生了，还哭鼻子？

3. 名词一般很少单独做状语。但是，带有数量词的名词短语和时间名词可以做状语。
   例如：我一口气跑到五楼。
   　　　请你下星期再来吧。
   　　　他几句话就讲明白了。
   　　　你一个人出门，小心啊！

4. 一般名词可以受数量词语的修饰，但是集合名词一般不受数量词语的修饰。
   例如：　一辆车　　　几条小船　　　三本书　　　很多人
   　　　*一辆车辆　*几条船只　*三本书籍　*很多人口

5. 名词一般不受副词修饰。
   例如：　真有智慧　　很有礼貌　　都是学生　　身体也好
   　　　*真智慧　　*很礼貌　　*都学生　　*也身体好

3

6. 一般名词不能重叠。少数名词和方位词可以重叠，重叠后含有"每一"或"普遍"的意思。

    例如：   公司网页天天更新。

               他里里外外一把手。

               法律面前，人人平等。

               他上上下下打量着我。

               这里的山山水水美极了。

特别提示：

1. 单音节名词重叠后不能在主语前做状语。

    例如：   爷爷天天锻炼。

            *天天爷爷锻炼。

2. 表示人的名词前有数量词语或句中有表示多数的词语，表示人的名词后不能加"们"。

    例如：   几个朋友   一些客人   很多人

            *几个朋友们 *一些客人们 *很多人们

三、方位词

基本概念： 表示方向和相对位置关系的名称的词。

（一）方位词分类

单纯方位词：是最基本的方位词，都是单音节的。

    上 下 前 后 左 右 东 西 南 北 里 外 内 中

合成方位词：由单纯方位词与"之""以"或"边""面""头"组合而成的。

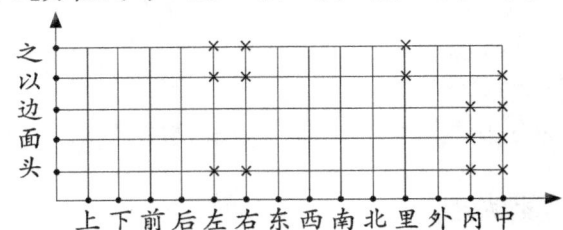

（二）方位词的语法特点

1. 单纯方位词可以成对使用，表示对空间、时间、数量的估计。

    例如：考场内外安静极了。

          比赛十点前后开始。

          他大概四十岁左右。

2. 方位词重叠使用表示遍及全部。

    例如：妈妈里里外外忙碌着。

          他上上下下打量着我。

          手术前前后后做了一天。

（三）方位词难点辨析

1. "里"和"中"的用法比较说明

都可表示范围。

里	中
（1）可用于具体名词后 例如：你手里拿着什么？	**（1）可用于具体名词后** 例如：你手中拿着什么？
（2）一般不用于抽象名词及空间难以确定的名词后 例如：*印象里的他很乐观。 　　　*他是我一生里的最爱。	**（2）一般可用于抽象名词及空间难以确定的名词后** 例如：印象中的他很乐观。 　　　他是我一生中的最爱。
（3）可用于表示单位、机关的名词后 例如：医院里人真多。	**（3）一般不用于表示单位、机关的名词后** 例如：*医院中人真多。
（4）不用于动词或形容词后 例如：*比赛正在进行里。	**（4）可用于动词或形容词后** 例如：比赛正在进行中。
（5）不用于表示人的名词后 例如：*我是姐妹里的老大。	**（5）可用于表示人的名词后** 例如：我是姐妹中的老大。

2. "以前"和"从前"的用法比较说明

都可以单独使用，表示"过去"。

例如：以前我跟奶奶一起住。　　　从前我跟奶奶一起住。
　　　我以前跟奶奶一起住。　　　我从前跟奶奶一起住。

以前	从前
前面可以加表示时点或时段的词语 例如：一周以前，我们见过面。 　　　来北京以前，我住在上海。	前面不能加表示时段或时段的词语 例如：*一周从前，我们见过面。 　　　*来北京从前，我住在上海。

注意：

国名、地名之后不能用"里"或"里边"。
例如：*他一直在北京里工作。
　　　*北京里边名胜古迹很多。

实力测试

一、请选出正确答案。

1. 世界（　　）越来越多。
　　A. 人们　　　　　　　　B. 人类　　　　　　　　C. 人口

2. 工资是按（　　）发吗?
　　A. 月　　　　　　　　　B. 这月　　　　　　　　C. 每月

3. 妈妈的（　　）质量不好。
　　A. 睡觉　　　　　　　　B. 睡眠　　　　　　　　C. 睡着

4. 请您不要在室（　　）吸烟!
　　A. 里　　　　　　　　　B. 中　　　　　　　　　C. 内

5. （　　）爸爸都回家吃饭。
　　A. 天天　　　　　　　　B. 整天　　　　　　　　C. 每天

6. 他在吃穿（　　）很讲究。
　　A. 上　　　　　　　　　B. 中　　　　　　　　　C. 下

7. 他（　　）很瘦，现在胖了。
　　A. 后来　　　　　　　　B. 以后　　　　　　　　C. 从前

8. 上课的（　　）应该积极发言。
　　A. 时　　　　　　　　　B. 时候　　　　　　　　C. 期间

9. 在课堂（　　），他表现得很活跃。
　　A. 上　　　　　　　　　B. 中　　　　　　　　　C. 里

10. 在上课（　　），他表现得很活跃。
　　A. 上　　　　　　　　　B. 时　　　　　　　　　C. 中

11. 在我的记忆（　　），他挺严肃的。
　　A. 内　　　　　　　　　B. 中　　　　　　　　　C. 里

12. 春节放假（　　），图书馆关门。
　　A. 时期　　　　　　　　B. 期间　　　　　　　　C. 时间

13. 辞职（　　）你有什么打算?
　　A. 以后　　　　　　　　B. 后来　　　　　　　　C. 以来

14. 每篇课文都有 100 多个（　　）。
　　A. 生词　　　　　　　　B. 词汇　　　　　　　　C. 词语

15. 孩子（　　）长大了，也懂事了。
　　A. 一天　　　　　　　　B. 每天　　　　　　　　C. 一天天

16. 高考（　　）很紧张，后两天好多了。
　　A. 头一天　　　　　　　B. 前一天　　　　　　　C. 一天前

17. 我院主要培养从事（　　）教学的人才。

    A. 跳舞　　　　　　　　B. 舞蹈　　　　　　　　C. 舞姿

18. 在家人的鼓励（　　），我恢复了自信。

    A. 上　　　　　　　　　B. 中　　　　　　　　　C. 下

19. 我（　　）的电话费都在 100 元左右。

    A. 月月　　　　　　　　B. 每月　　　　　　　　C. 一月

20. 我打算（　　）工作，（　　）休息。

    A. 后半年　前半年　　　B. 半年前　半年后　　　C. 前半年　后半年

二、请改正下列病句。

1. 您能帮我口语水平提高吗？

2. 除了上海，还姐姐去过西安。

3. 这个故事发生在很以前的时候。

4. 我每天睡眠八个小时还睡不够。

5. 她走到我的前，静静地看着我。

6. 像这样的咖啡厅在上海里有很多。

7. 眼泪从她的眼睛一滴滴地落下来。

8. 这儿太吵了，你能大声音一点儿吗？

9. 他怒气地问我："你凭什么这样说我？"

10. 窗外面好像有什么声音，你听到了吗？

11. 一些人来到院墙，他们打算拆掉院墙。

12. 我得赶紧把作文写完，第二天就要交了。

13. 他不会说汉语，所以上课的时间只能说英语。

14. 一辆车辆坏在了高速路上，车上装满了苹果。

15. 他是个又礼貌又谦虚的人，也是个很热心的人。

16. 售货员把价格贴在塑料袋以后，又把口扎紧了。

17. 晚会上，很多老师和同学们都表演了精彩的节目。

18. 我愿望将来能为两国人民的友好做出自己的贡献。

19. 一个人类正常的生命过程是由矮长高、由小到老。

20. 在我们生活的这个星球上，海占去了大部分的面积。

三、完成句子。

1. 打电话　时候　很危险　加油　是……的　的

2. 小心地　在　把　摆　花瓶　窗台上　妈妈

3. 右上角　请　在　把　贴　明信片　的　邮票

4. 事情　偶尔　爷爷　说起　跟我　会　从前的

5. 这种　的　还　技术　心脏手术　成熟　不够

6. 把对手　的　他　骄傲　放　没　在眼里　根本

7. 油炸食品　上　的　人　尽量　少　要　吃　年纪

8. 拉近了　互联网　距离　人与人　的　之间

9. 爸爸的　开通了　功能　自动　信用卡　还款

10. 将　纪念馆　中旬　开放　对外　于本月　战争

11. 我　去了　前前后后　找到　负责人　十几趟　才

12. 过马路　得　车辆　来往　的　各种　一定　注意　时

13. 给　就　把　自行车　师傅　修好了　我的　三下两下

14. 学校　符合　餐厅　菜　学生的　大部分　炒的　口味

15. 律师　老人　办理　委托　相关　手续　房产过户的

16. 积极向上　我　自己　时刻　要　的　心态　提醒　保持

17. 争取　在……内　完成　本周　展览会的　设计方案　我们

18. 比赛　答应　赔偿　观众　举办方　受伤　的　经济损失

19. 小商店　在　附近　西门　学校　有　个　卖文具的　专门

20. 一段时间　彼此　能　人与人之间　相处　才　了解　需要

第二章

代词

一、代词分类

基本概念：起替代作用，能够代替词、词组以及句子的词。通常分为：

名称	例
人称代词	您　你　你们　我　我们　咱们　他　她　它　他们　她们　自己　自我　大家　别人　各自　彼此
指示代词	这　这里　这儿　这样　这么　这会儿　这阵儿　那　那里　那儿　那样　那么　那会儿　那阵儿　该　本　此　每　各　某　另外　其他　别的
疑问代词	谁　什么　哪　哪里　哪儿　多会儿　哪会儿　怎么　怎样　怎么样　如何　为什么　几　多少

二、代词的语法特点

（一）人称代词：代替人或事物的词叫作人称代词。

1. 人称代词一般可以做主语、宾语或定语。
    例如：你认识他吗？
    　　　父母很理解我。
    　　　谈谈你的想法。

2. 人称代词可与指人的名词或名词短语连用，构成复指成分。
    例如：你自己决定吧！
    　　　我们大家支持你！
    　　　这是人家小丽的书。

3. 人称代词做宾语，带有时量补语和动量补语时，人称代词应放在补语前面。
    例如：我找你半天了。
    　　　请等我一会儿。
    　　　她看了我一眼。

难点释疑：

（1）"自己"和"自我"的用法比较说明

自己	自我
复指前面的名词或代词 例如：你自己决定吧。 　　　你让孩子自己做吧。	用在双音节动词前，指"自己对自己的" 例如：你该自我反省一下。 　　　我先自我介绍一下。

注意：

① "自己"可放在人称代词或名词后面，构成复指成分。
例如：我自己不敢走夜路。
　　　餐费由游客自己承担。

② "自己"也可以直接做状语，前面可用副词"还""就""又""常常"等状语。

例如：你又自己去旅行了？

想喝茶就自己泡吧。

他常常自己做饭吃。

（2）"彼此"和"各自"的用法比较说明

彼此	各自
那个人和这个人，双方 例如：夫妻应该彼此信任。 　　　朋友之间不分彼此。	各人自己，各个方面自己的一方 例如：大家各自检查一下行李。 　　　请大家说说各自的想法。

（3）"各个"和"各自"的用法比较说明

各个	各自
做代词表示每个，所有的那些个 例如：各个方面都要考虑到。 　　　各个国家都有自己的首都。	各人自己，各个方面自己的一方 例如：请各自取回自己的包裹。 　　　孩子们都有各自的朋友。

（二）指示代词：起指示作用的词，叫作指示代词。

1. 指示代词一般可以做主语、谓语、宾语、定语或状语。

例如：这是我姐姐。

他就这样，别理他！

今天就讲到这儿吧。

这样的朋友不能交！

你不应该这样做。

2. "这样""这么""那样""那么"可以修饰动词、形容词，表示方式或程度。

例如：这个字应该这样写。

你不能那样对待他。

今天怎么这么冷啊！

他怎么那么骄傲！

难点释疑：

1. "本"和"该"的用法比较说明

本	该
指说话人自己或所在的集体、机构、企业、处所等 例如：本校只招收高中毕业生。 　　　本公司专门销售运动鞋。	指不包括说话人自己的集体、机构、企业、处所等 例如：该报创办于本世纪初。 　　　该公司的行为已触犯法律。

2. "每"和"各"的用法比较说明

每	各
侧重于取出一个或一组做例子。一般不能直接用在名词前（"人""家""年""月""日""周""小时""星期"等可重叠名词或表示时间单位的词除外） 例如：每家公司　每篇文章　每场比赛　每位嘉宾 　　　＊每公司　＊每文章　＊每比赛　＊每嘉宾	侧重于同时遍指。可以用在名词或量词前，名词限于"人""机构""单位""组织"等 例如：各国　各地　各单位　各医院 　　　各种消息　各项工作 　　　各门功课　各位嘉宾

注意：

1. "这样""那样"可以并列使用，表示虚指，做定语。
   例如：我也有这样那样的担心。
   　　　这样那样的人我见多了。
   　　　孩子这样那样的问题很多。

2. "这么""那么"修饰单音节表示积极意义的形容词，如果前面受"才""只""就"限制，则转而表示消极意义。
   例如：他十岁了才长这么高。
   　　　我身上只带了这么多钱。
   　　　路就这么宽，能不堵吗？

（三）疑问代词：表示疑问的代词叫作疑问代词。

1. 疑问代词一般可以做主语、谓语、宾语、定语或状语。
   例如：什么是爱情呢？
   　　　你怎么了？
   　　　这是什么啊？
   　　　什么饮料最好？
   　　　这个字怎么读？

2. 表示任指。常与副词"也""都"或者连词"不管""无论"等一起用。
   例如：谁也不认识他。
   　　　我哪儿都想去。
   　　　不管是谁，都得呼吸。
   　　　无论怎样，都得坚强。

3. 表示泛指。两个相同的疑问代词前后呼应，指同一人或事物。
   例如：你怎么想就怎么做。
   　　　你要多少我给多少。
   　　　你想去哪儿就去哪儿。
   　　　谁想发言谁就发言。

4. 表示虚指，疑问代词表示不必说明的人或事物。
   例如：我听谁说过这事。

我想去哪儿走走。

我们做点儿什么吃吧。

我好像在哪儿见过你。

难点释疑：

"怎么样"和"什么样"的用法比较说明

都可以做谓语或补语。

怎么样	什么样
侧重指内部性状 例如：他长得怎么样？（询问内部性状） 　　　新学校怎么样？（询问内部性状）	侧重指外部特征、具体类别 例如：他长得什么样？（询问外部特征） 　　　你喜欢什么样的家具？（询问外部 　　　特征）

实力测试

一、请选出正确答案。

1. 你喜欢（　　）颜色？

　　A. 这样　　　　　　　　B. 怎么　　　　　　　　C. 什么

2. 服务员的态度不（　　）。

　　A. 怎么　　　　　　　　B. 怎样　　　　　　　　C. 怎么样

3. （　　）世纪是网络时代。

　　A. 本　　　　　　　　　B. 该　　　　　　　　　C. 这

4. 你为什么要（　　）呢？

　　A. 这样做　　　　　　　B. 做这样　　　　　　　C. 怎样做

5. 这几天怎么（　　）冷啊！

　　A. 多么　　　　　　　　B. 这么　　　　　　　　C. 非常

6. 没想到他是（　　）的人。

　　A. 这样　　　　　　　　B. 这么　　　　　　　　C. 怎样

7. 你小时候也（　　）调皮吗？

　　A. 这么　　　　　　　　B. 怎么　　　　　　　　C. 什么

8. 我（　　）劝他，他都不听。

　　A. 怎样　　　　　　　　B. 什么　　　　　　　　C. 怎么

9. 我（　　）也找不到钥匙了。

   A. 什么　　　　　　B. 怎么　　　　　　C. 怎样

10. 他的事情我不（　　）爱管。

    A. 怎样　　　　　　B. 怎么　　　　　　C. 什么

11. 他没以前（　　）大干劲儿了。

    A. 特别　　　　　　B. 这么　　　　　　C. 那么

12. 这间你住，（　　）一间他住。

    A. 其他　　　　　　B. 别的　　　　　　C. 另外

13. 世界到底会变成（　　）呢？

    A. 怎么样　　　　　B. 什么样　　　　　C. 这么样

14. （　　）班的留学生比你们班多。

    A. 咱们　　　　　　B. 我们　　　　　　C. 人们

15. 你要的（　　），我给你带来了。

    A. 一本书　　　　　B. 那本书　　　　　C. 一些书

16. 坐在前面的（　　）是我们班主任。

    A. 一个人　　　　　B. 这个人　　　　　C. 那个人

17. 我好像在（　　）地方见过这个人。

    A. 什么　　　　　　B. 哪儿　　　　　　C. 有的

18. 咱俩谁跟谁呀，你还（　　）客气！

    A. 这么　　　　　　B. 多么　　　　　　C. 什么

19. 生活中有（　　）像他这样的好人啊！

    A. 多么　　　　　　B. 多少　　　　　　C. 这么

20. 他那么忙，我（　　）。

    A. 不好意思添麻烦他　　B. 不好意思对他麻烦　　C. 怎么好意思麻烦他

二、请改正下列病句。

1. 你哥哥有我那么高吗？

2. 我看来他今天不太高兴。

3. 这孩子怎么这么不高呢？

4. 这场战争对互相都没有好处。

5. 我穿的一条裙子是姐姐送我的。

6. 快走吧，我们没有很多时间了。

7. 他吃完饭，就穿上他的外衣出去了。

8. 孩子这么长大，从来没离开过父母。

9. 每年满十八岁的公民都具有选举权。

10. 作为成年人，你应该明白这个的道理。

11. 早上有点儿发烧，便直接去了校医院。

12. 一个电子字典丢了，我只好再买一个。

13. 我们是同屋，所以我们经常一起吃饭。

14. 画展虽然按期举行了，但没怎么成功。

15. 我们预计搭建这样舞台大概需要 20 天。

16. 他们吵架了，已经好几天不和彼此说话了。

17. 我国家的法律规定，国家的一切权利属于国民。

18. 他给我讲了很多，这里面其中很多我从来没听过。

19. 在他的帮助下，我没用那么多大的力气就收拾完了。

20. "什么好啊，到处都不景气，出租车生意能好吗？"司机抱怨着。

三、完成句子。

1. 新鲜 的 水果 这家 超市 不怎么

2. 他 做 这样 父亲 只是 的 称赞 想得到

3. 那么 并 结果 没有 想象 得 糟糕 我们

4. 这条 的 牛仔裤 一点儿 结实 新买 都 不

5. 是 到底 环境 使 这样 他 变成 什么样的

6. 本 专门 公司 从事 健身器材 各种 的 销售

7. 相信奇迹 怎么 奇迹 的人 可能 创造 呢

8. 谁 也 想 别 让我 属于 放弃 我 权利 自己的

9. 这几天 的 使 相处 有了 对他 新的 我 了解

10. 谈判 意见 关键 双方 问题 在⋯⋯上 一致 达成

11. 可以 阅读 人们 提高 综合 帮助 自身 素质

12. 以⋯⋯为中心 自我 的个性 这种 不该 是⋯⋯的 提倡

13. 就 培养出 难道 自身 安全感 来自 吗 不能 的

14. 各级 经济建设 政府 把 重点 工作 放 应该 在⋯⋯上

15. 那把 被我 送给 扇子 朋友 做 纪念了 京剧人物

16. 各 对 报道 进行了 详细 这一事件 电视台 地方

17. 不同 的烦恼 都 阶段 会 人生的 遇到 这样那样

18. 超出了 这儿的 远远 房价 我的 承受 经济 能力

19. 三年 连续 他 获得 的 我省"技术能手" 荣誉称号

20. 城市 的 生活在 吃穿 现代人 几乎 没有谁会 为 发愁 了

第三章
数词、概数和量词

一、数词和概数

（一）数词

基本概念：表示数目的词。包括基数词、序数词两大类。

类别		说明	例
基数词	整数	由基本数词组合而成	5　20　240
	分数	通常以"……分之……"形式表示	1/3（三分之一） 15%（百分之十五）
	小数	由小数点、小数点以前的部分和小数点以后的部分组成	1.3（一点三） 1.53（一点五三）
	倍数	在数词后面加上量词"倍"	15 是 5 的 3 倍。
序数词		表示次序先后的数词，通常在整数前加"第"或"初"	第一　初二

特别提示：

增加或大于的情况用"倍"，减少或小于的情况用分数表示。

例如：居民收入成倍增加。

他的收入减少了 20%。

（二）概数的表示法

1. 数字连用：两个相邻的数字连用，顺序通常是从小到大，且中间不加标点。"九""十"或"十""十一"不连用。

例如：　三四天　三四十人　三四百人

＊十九二十天　＊二十二十一天

2. 在数词前加"近""约"或者在数词后加"来""多"，在量词后加"前后""左右""上下"等可以表示概数。

例如：近三百人　约三百人　三百来人　三百多人

暑假前后　十点前后　一年左右　三十岁上下

难点释疑：

1. "前后"用在时段词前，表示从开始到结束的一段时间，不表示概数。

例如：这次旅行前后用了一周时间。

他在这家公司前后工作了五年。

2. "前后"和"左右"的用法比较说明

前后	左右
时点 / 名词 / 动词＋前后 例如　十点前后　元旦前后　开学前后	时点 / 时段＋左右 例如　十点左右　三周左右　一年左右

二、量词

基本概念：表示事物或动作的数量单位的词，与数词组合。

（一）量词分类

量词通常分为名量词和动量词两大类。表示人或事物的数量单位的词叫名量词；表示动作单位的词叫动量词。

名量词	专用名量词	个体量词	一座山　一张纸　一块钱　一棵树
		集合量词	一双手　一群人　一批货　一束花
		度量词	一元钱　一斤糖　一里路　一吨油
		不定量词	一点儿米　一点儿钱　一些人　一些优点
	借用名量词		一地水　一车货　一脸汗　一脚泥
动量词	专用动量词		去一趟　拉一把　看一遍　动一下
	借用动量词		踢一脚　打一拳　打一针　砍一刀

（二）数词、量词、数量词组重叠

1. 数词"一"重叠，表示"逐一"，在句中做状语。
   例如：他跟嘉宾一一握手。
   　　　代表们一一走入会场。

2. 名量词重叠，有"毫无例外"的意思，在句中做主语或主语的定语，一般不做宾语的定语。
   例如：　家家都挂上了彩灯。
   　　　　他门门功课都是优。
   　　　*他在修剪棵棵小树。
   　　　*小鸡吃掉粒粒大米。

   表示时间的量词重叠可以在主语后做状语。
   例如：他天天早起锻炼。
   　　　他年年出国旅行。

3. 动量词重叠，有"毫无例外"的意思，多做主语。
   例如：顿顿大鱼大肉并不好。
   　　　公司开会，回回不见他来。
   　　　他试了几次，次次都失败了。

4. 数量词组重叠，表示数量多，在句中做定语或状语。
   例如：一朵朵荷花漂亮极了。
   　　　一对对情侣在散步。
   　　　孩子一天天长大了。
   　　　他一遍遍地检查着。

难点释疑

"（一）点儿"和"有点儿"的用法比较说明

（一）点儿	有点儿
1. 在名词前做定语 例如：你喝点儿水吗？ 　　　杯子里有点儿水。 **2. 在动词后做宾语** 例如：我中午吃了一点儿。 　　　你想喝点儿什么？ **3. 在形容词后做补语** 例如：这孩子瘦了点儿。 　　　他的病好点儿了。 **4. 在动词前做状语，多用重叠形式或者否定形式** 例如：食品价格在一点儿点儿降低。 　　　我对他一点儿也不了解。	修饰表示消极意义的动词或形容词，表示程度轻微 例如：我这几天有点儿累。 　　　你这样做有点儿过分。

实 力 测 试

一、请选出正确答案。

1. 同学们（　　　）都很优秀。

　　A. 个个　　　　　　B. 回回　　　　　　C. 一个

2. 中午，我只吃了（　　　）。

　　A. 半个苹果左右　　B. 小半个苹果　　　C. 半小个苹果

3. （　　　）孩子跑进运动场。

　　A. 一批　　　　　　B. 一群　　　　　　C. 一堆

4. 我的房间是朝南的（　　　）。

　　A. 那间　　　　　　B. 那座　　　　　　C. 那所

5. 我请他吃了一（　　　）中餐。

　　A. 次　　　　　　　B. 顿　　　　　　　C. 下

6. 他（　　　）生气，不再理我。

　　A. 有点儿　　　　　B. 一些　　　　　　C. 一点儿

7. 春节（   ），他回了趟老家。
   A. 左右   B. 前后   C. 先后

8. 他说的话（   ）发自内心。
   A. 每句   B. 一句   C. 句句

9. 还有（   ）就要高考了。
   A. 半个多月   B. 半个月多   C. 多半个月

10. （   ）日子，他生病住院了。
    A. 很多   B. 一些   C. 前些

11. 孩子们（   ）都长这么高了。
    A. 每个   B. 一个   C. 一个个

12. 油烟味引起了他（   ）咳嗽。
    A. 阵阵   B. 次次   C. 一次

13. 我刚跑完步，觉得（   ）累了。
    A. 一点儿   B. 有点儿   C. 一下儿

14. （   ）陌生的女人来到我面前。
    A. 一位   B. 一名   C. 一个

15. 他跟我大吵（   ）后，摔门离去。
    A. 一次   B. 一下   C. 一顿

16. 我没听清，您能再说（   ）吗?
    A. 一遍   B. 一次   C. 一顿

17. 听了他的话，我心里（   ）难过。
    A. 一下   B. 一阵   C. 一场

18. 上个月，我就去了三（   ）上海。
    A. 趟   B. 遍   C. 下

19. 早晨下了（   ）雨，这会儿刚停。
    A. 一次   B. 一下   C. 一阵

20. 这篇课文我看过两（   ），还没读懂。
    A. 次   B. 遍   C. 下

二、请改正下列病句。

1. 北京烤鸭我没吃过一次。

2. 他回国已经一个月多了。

3. 我近三个多月没见到他了。

4. 他看起来至少 50 岁左右。

5. 这个词我已经用错第二次了。

6. 他有一名正在上小学的孙子。

7. 天太热了，他每天洗澡三次。

8. 这条裙子能再一点儿便宜吗？

9. 他是第一次理解我苦恼的人。

10. 参加者大概有二十左右个人。

11. 他一个月两三次左右来看我。

12. 今天夜间气温在八到十度左右。

13. 为了减肥，她每天只两顿吃饭。

14. 外面冷，出去时穿多一点儿吧。

15. 他在演讲比赛中得了第一等奖。

16. 我只学了汉语半年，说得不太好。

17. 他已经成为这名大公司的董事长。

18. 我上高中时曾经一点儿学过汉语。

19. 小丽来北京差不多五个月左右了。

20. 房租一月比一月高，我只好搬家了。

三、完成句子。

1. 上上下下　打量　老奶奶　半天　我

2. 你　再　他　见　一面　吗　希望　离开前

3. 教室　一阵阵　传来　的　读书声　里

4. 的　一颗颗　她　地　天上　星星　数着

5. 生气　地　舅舅　玻璃窗　踢碎了　一脚

6. 打扮　个个　姑娘们　都　得　漂亮　那么

7. 爷爷　都　没　过　一辈子　小山村　离开

8. 姐俩　轮流　姥姥　照顾　我们　住院　的

9. 沙漠　只　一两次　一年　下（……）雨　干旱地区

10. 一点儿　感谢　表示　也　他　的意思　没有

11. 我　一套　希望　能　一点儿　大　的房子　租到

12. 举办　一学期　只　一场　演讲比赛　留学生的

13. 在　姑姑　一家　销售员　保险公司　担任　汽车

14. 棉花糖　一种　是　受　欢迎　的零食　孩子们　很

15. 在　80公斤左右　就行　把　你　只要　控制　体重

16. 第一　往往　凭　人们　印象　对　判断　陌生人　做出

17. 在　旅游杂志　做过　姐姐　摄影记者　五年　一家

18. 精彩　赢得　表演　阵阵　观众的　掌声　演员的　了

19. 违反　一辆　交通规则　拦了　下来　的　被　车　警察

20. 坚强的　凡　一番　成就　能　事业者　拥有　都　一颗　心

第四章

动词

第一节　动词分类及语法特点

基本概念：表示人或事物的动作、存在、变化的词。

一、动词分类

类别	含义	例
动作动词	表示动作行为的词	说　走　吃　拿　接受　锻炼　讨论　采访
状态动词	表示人或动物的精神、心理和生理状态的词	爱　恨　怕　嫌　怀念　喜欢　感谢　怀疑
关系动词	表示主语与宾语之间存在某种关系的词	叫　像　是　有　当　做　成为　等于
能愿动词	表示可能、愿望、必要的词	会　能　得　敢　愿意　可以　能够　应该
趋向动词	表示动作行为方向的词	来　去　进　出　起来　上去　过来　出去

二、动词的语法特点

1. 做谓语，多数动词可以带宾语，宾语多是名词或代词。
　　例如：做饭　关心孩子　改善生活
　　　　　喝水　遵守规定　获得冠军

　　一般动词都可以带宾语。但是，有几种特殊情况：
（1）有的动词不带宾语，多数是离合动词。
　　　例如：　去北京旅行　跟朋友见面　生活变了
　　　　　　　*旅行北京　*见面朋友　*变了生活
（2）有的动词只能带谓词性宾语。
　　　例如：促进发展　进行研究　打算离开
　　　　　　感到高兴　觉得不错　善于发现

　　　此类动词还有：
　　　加以　得以　足以　给予　给以　予以　准予　感觉　觉得　认为　以为
　　　开始　决定　继续　试图　企图　希望　懒得　忙于　乐意
（3）有的动词既能带名词性宾语，又能带谓词性宾语。
　　　例如：保证质量　展开地图　受到压力
　　　　　　保证完成　展开调查　受到刺激

　　　此类动词还有：
　　　擅长　适合　保持　坚持　注意　准备　从事　适应　批准　破坏　请求
　　　推动　限制　协助　训练　要求　支配　引起　指导　指点　喜欢　讨厌
　　　追求　爱　怕　求　嫌

（4）表示感觉或心理活动的动词，一般可以带主谓短语宾语或小句宾语。

例如：他知道你会来。

我发现他胖了。

请别打扰病人休息。

听说他离开公司了。

此类动词还有：

听说　觉得　认为　以为　同意　记得　忘记　相信　希望　盼望　期望

声明　喜欢　赞成　反对　支持　发现　指出　避免　打扰　代表　代替

担心　批评　表示　承认　说明　提倡　生怕　意味着　标志着

2. 多数动词可以加动态助词"了""着""过"。

例如：看了　调整了　躺着　管理着　听过　抗议过

3. 心理活动动词和少数能愿动词可以受程度副词修饰。

例如：很喜欢　非常信任　特别怀念

太能说　真会做　　很愿意去

三、离合动词

基本概念：指中间可以加入其他成分的动词。

离合动词的特点：

1. 离合动词多数不带宾语。

例如：＊见面朋友　＊毕业大学　＊发愁没钱　＊帮忙朋友

和朋友见面　从大学毕业　为没钱发愁　给朋友帮忙

2. 疑问代词、动量词、时量词要放在离合动词中间，不能放在后面。

例如：＊吵架什么　＊操心什么　＊聊天儿几次　＊上班一天

吵什么架　　操什么心　　聊几次天儿　　上一天班

3. 离合动词一般以 AAB 形式重叠。

例如：跑跑步　见见面　聊聊天儿　化化妆

点点头　招招手　伸伸腿　　跳跳舞

4. 动态助词"了""着""过"不能放在离合动词后面，应该放在中间。

例如：　周末，爬了一次山。

＊周末，爬山了一次。

他朝我挥着手。

＊他朝我挥手着。

我们以前见过面。

＊我们以前见面过。

5. 有些离合词后一个语素可以提前。

例如：我发也理了，信也寄了。

澡已经洗了，准备睡觉了。

我们歌也唱了，舞也跳了。

常用离合动词

帮忙	报名	毕业	操心	吃亏	吃惊	吵架	打架	出差	出国	吹牛
辞职	打折(zhé)	打针	担心	道歉	道谢	点头	点名	摇头	动手
堵车	发愁	发呆	发言	发火	发誓	罚款	付账	贷款	放心	放手
费神	费劲	费力	费事	鼓掌	鼓劲儿	刮风	挂号	拐弯	合影	滑冰
举例	加班	见面	减肥	结婚	离婚	结账	劳驾	理发	聊天儿	跑步
签字	签名	求情	共事	狠心	化妆	省心	省事	受累	受罪	享福
送礼	理发	留学	迷路	排队	请假	请客	让座	让路	撒谎	散步
上班	上当	上网	生病	生气	失业	受伤	刷牙	睡觉	谈心	谈话
说话	叹气	喘气	填空	跳舞	投资	握手	挥手	招手	伸腿	洗澡
游泳	着急	照相	挣钱	赚钱	涨价	提价	降价			

实力测试

一、请选出正确答案。

1. 这件事使我（　　　）很为难。

　　A. 感到　　　　　　B. 感受　　　　　　C. 感想

2. 童话故事深受小朋友的（　　　　）。

　　A. 热爱　　　　　　B. 喜欢　　　　　　C. 喜爱

3. 南方的气候（　　　）竹子生长。

　　A. 适合　　　　　　B. 合适　　　　　　C. 适应

4. 我（　　　），就不跟你们去了。

　　A. 头很疼　　　　　B. 有头疼　　　　　C. 很头疼

5. 我们（　　　）了北京的名胜古迹。

　　A. 旅游　　　　　　B. 观光　　　　　　C. 游览

6. 他从来不做没有（　　　）的事情。

　　A. 错误　　　　　　B. 把握　　　　　　C. 缺点

7. 他决心（　　　）家乡落后的面貌。

　　A. 变　　　　　　　B. 变化　　　　　　C. 改变

8. 我们不能（　　　）他的无理要求。

　　A. 完成　　　　　　B. 答应　　　　　　C. 解决

9. 他（　　　）英语，可以请他做翻译。

　　A. 特长　　　　　　B. 善于　　　　　　C. 擅长

10. 我们是同事，有困难常互相（　　　）。

　　A. 帮　　　　　　B. 帮忙　　　　　C. 帮助

11. 才几年时间，家乡就（　　　）了样。

　　A. 变　　　　　　B. 改变　　　　　C. 变化

12. 这孩子很可爱，大家都很（　　　）他。

　　A. 喜欢　　　　　B. 喜爱　　　　　C. 爱好

13. 他（　　　）我勇敢地追求自己的幸福。

　　A. 鼓励　　　　　B. 鼓舞　　　　　C. 鼓动

14. 等（　　　）了回国日期，我就告诉你。

　　A. 固定　　　　　B. 确定　　　　　C. 肯定

15. （　　　）啊，车到山前必有路。

　　A. 发愁什么　　　B. 什么发愁　　　C. 发什么愁

16. 他在马路对面朝我（　　　）。

　　A. 挥挥了手　　　B. 挥了挥手　　　C. 挥手挥手

17. 上周末，我们（　　　）。

　　A. 爬山过一次　　B. 爬山了一次　　C. 爬了一次山

18. 我（　　　）才买到开幕式的票。

　　A. 排了半天队　　B. 排队了半天　　C. 排了队半天

19. 他给我（　　　）。

　　A. 帮忙过几次　　B. 帮过几次忙　　C. 几次帮过忙

20. 人们在（　　　）幸福时却忽略了身边的幸福。

　　A. 找　　　　　　B. 寻找　　　　　C. 找寻

二、请改正下列病句。

　1. 我对时装没有关心。

　2. 我想老师讲得再慢一点儿。

　3. 她跳舞得非常好，很受欢迎。

　4. 哥哥身体很好，从来没生病过。

　5. 我只要一感冒，就会发烧起来。

　6. 我是想先上预科班，再上本科。

　7. 他很生气我，好几天不跟我说话。

　8. 只要有我在，就不允许这种事情。

　9. 其实我工作很忙，很少时间陪父亲。

10. 以前常看到猎人打猎各种野生动物。

11. 我大吃一惊，老人怎么可能盲人呢?

12. 我洗澡了半个小时，没听到敲门声。

13. 跟一个孩子生气这么长时间，值得吗?

14. 他想利用寒假的时间去旅行全国各地。

15. 跟母亲的这次长谈彻底变了我的生活。

16. 每次我去医院看她，她都很平静的样子。

17. 昨晚几乎一夜没睡，今天睡眠了一整天。

18. 如果你再继续这些奇怪的话，我就走了。

19. 虽然是初次见面，但是我们的聊天非常愉快。

20. 我一紧张就颤抖声音，根本说不了完整的话。

三、完成句子。

1. 请　您　去　饭店服务台　一下　结……账

2. 开幕式　公司　由　你　决定　的　主持　下礼拜

3. 下来　堆着　哥哥　卧室　换　的　脏衣服　一角

4. 对他　父亲　无疑　的　是　沉重　去世　个　的打击

5. 我　看了　的　娱乐　两个　小时　多　节目

6. 总公司　都　会　举办　球类　一次　每年　比赛

7. 下课后　弟弟　一个多小时　才　踢了　球　回家

8. 喜欢　的　她　自然美　一直　竟然也　起……来　化……妆

9. 责任人　事故　拒绝　居然　伤者　承担　医药费

10. 把　的　学生管理处　我　图书证　捡到　交到　了

11. 应该　维护　懂得　权利　自己的　合法　消费者

12. 用来　打工　挣来的　下学期　钱　交　学费了　他　把

13. 猴子　把　调皮的　游客的　挂　照相机　在　树上　了

14. 停止　金融危机　很多　致使　招聘　新员工　企业

15. 他　请求　销售部　离开　的　申请　人事部门　批准了

16. 不负责任　老师　其实　的　做法　你　是　对自己　应付

17. 他　自己的　建议　得意　被　接受　感到　总公司　为……而

18. 网络信息　应该　传播　无根据的　承担　法律责任

19. 好感　对　脸上　顾客　挂着微笑　的　售货员　始终　很有

20. 新技术　这项　手机电池　的　大大　使用寿命　延长了

第二节 动词重叠

汉语中的动词可以重叠起来使用，重叠以后的动词一般表示动作持续的时间短或进行的次数少或表示尝试。

一、动词重叠的形式

形式		说明	例
AA式	单音节动词	表示持续性动作行为的动词重叠，表示动作持续时间短、进行的次数少	AA/A一A（未发生） 听听/听一听 想想/想一想
			A了A（已发生） 听了听 想了想
	双音节动词		ABAB（未发生） 打扫打扫 调整调整
			AB了AB（已发生） 打扫了打扫 调整了调整
AABB式		两个意义相近或相反的单音节动词重叠合用，表示动量繁多	吵吵闹闹 打打闹闹 说说笑笑 拉拉扯扯 接接抱抱 蹦蹦跳跳 吃吃喝喝 哭哭啼啼 摇摇晃晃 来来回回 上上下下 进进出出
AAB式		离合动词的重叠形式，有时可表示经常性、习惯性或悠闲性的动作行为	聊聊天儿 养养鸟 上上网 爬爬山 下下棋 打打拳 散散步 跳跳舞 踢踢球 看看书

二、可重叠的动词

能重叠的动词一般都是动作行为动词，是动作者主观上可以控制的，即动作者可控制动作的进行、停止或进行的时间、次数等，这就是所谓的自主动词。非自主动词和自主的非持续性动词一般不能重叠。

1. 一般表示持续性动作的动词可以重叠使用，重叠后表示已经完成或将要进行的动作行为。

例如：我们聊了聊天儿。

我们握了握手。

有空就来坐坐吧。

你应该去看看她。

2. 非持续动词（即瞬间动词）重叠表示动作反复进行，重复次数少。

例如：你搬搬，能搬动吗？

他轻轻地敲了敲门。

你抬抬手，让我过去吧。

三、动词重叠的语法意义

1. 表示动作持续的时间短或进行的次数少。
　　例如：他看了看我。
　　　　　我想跟你谈谈。
　　　　　我轻轻推了推他。

2. 含有随便、轻松的意味。
　　例如：我们出去走走吧。
　　　　　我想歇歇再走。
　　　　　我出去溜达溜达。

3. 用在祈使句中，有缓和语气的作用。
　　例如：快坐下歇歇吧！
　　　　　您就帮我修修吧。
　　　　　你就给他讲讲呗。

4. 表示尝试的意义，重叠的动词后常常加"看"。
　　例如：你猜猜看，谁来了？
　　　　　你走走看，还疼不？
　　　　　你踩踩看，结实不？

5. 动词重叠否定的用法一般用于疑问句、反问句或表示假设、条件的紧缩句中。
　　例如：这么乱，你不收拾收拾？
　　　　　你怎么不说说这孩子？
　　　　　我不看看还是记不住。
　　　　　我不检查检查不能放行。

特别提示：

1. 同时进行的动作不能重叠。
　　例如：＊大家又说说，又笑笑。
　　　　　＊他边看看电视，边听听歌。

2. 正在进行的动作不能重叠。
　　例如：＊他正等等你呢。
　　　　　＊我听听音乐呢。

3. 做定语的动词不能重叠。
　　例如：＊你等等的是谁？
　　　　　＊妈妈做做的菜很好吃。

4. 带补语的动词不能重叠。
　　例如：＊你休息休息一下。
　　　　　＊再玩玩儿几天吧。

5. 能愿动词不能重叠。
　　例如：＊你愿意愿意帮我吗？
　　　　　＊我们应该应该支持他。

6. 动词后有 "了""着""过" 时不能重叠。
　例如：＊我想想了这个问题。
　　　　＊你看看过这本书吗？

7. 动词重叠后不能带不确指的数量定语。
　例如：＊我去见见一位朋友。
　　　　＊他试了试一双鞋。

8. 连动句、兼语句的 V_1 不能重叠。
　例如：＊我去去商店买东西。
　　　　＊我帮帮朋友买东西。

实力测试

一、请选出正确答案。

1. 我来帮你（　　）吧。
　A. 搬　　　　　　　　B. 搬搬着　　　　　　C. 搬搬

2. 你应该去故宫（　　）。
　A. 看了　　　　　　　B. 看看　　　　　　　C. 看过

3. 他昨天踢球时（　　）腿。
　A. 摔了摔　　　　　　B. 摔一摔　　　　　　C. 摔了

4. 我打算（　　）一门手艺。
　A. 学着　　　　　　　B. 学学　　　　　　　C. 学

5. 把肉再（　　），有点儿生。
　A. 炒　　　　　　　　B. 炒吧　　　　　　　C. 炒炒

6. 他（　　）的样子特别可笑。
　A. 说着话　　　　　　B. 说话　　　　　　　C. 说说话

7. 他生气地（　　）儿子一脚。
　A. 踢踢了　　　　　　B. 踢了踢　　　　　　C. 踢了

8. 你能帮我（　　）电脑桌吗？
　A. 抬抬着　　　　　　B. 抬抬　　　　　　　C. 抬

9. 我喜欢看她（　　）的样子。
　A. 笑了笑　　　　　　B. 笑一笑　　　　　　C. 笑

10. 你（　　），这个菜味道不错。
　A. 尝了　　　　　　　B. 尝　　　　　　　　C. 尝尝

11. 他向我（　　　）手，示意我过去。
　　　A. 招了招　　　　　　B. 招一招　　　　　　　C. 招招了

12. 我昨晚（　　　）一会儿电视才睡。
　　　A. 看了看　　　　　　B. 看了　　　　　　　　C. 看看了

13. 周末在家看看书、（　　　）也挺好。
　　　A. 上网　　　　　　　B. 上上网　　　　　　　C. 上着网

14. 经理就在那儿，你去跟他（　　　）吧。
　　　A. 谈了谈　　　　　　B. 谈谈了　　　　　　　C. 谈一谈

15. 他客气地跟嘉宾（　　　）。
　　　A. 握了握手　　　　　B. 握手了握手　　　　　C. 握手了一握

16. 你最好（　　　）再回答。
　　　A. 想想了清楚　　　　B. 想想清楚　　　　　　C. 想清楚了

17.（　　　），真有点儿累了。
　　　A. 跳跳半天舞　　　　B. 跳舞半天　　　　　　C. 跳了半天舞

18. 吃饭完，我们去（　　　）吧。
　　　A. 散一会儿步　　　　B. 散步散步　　　　　　C. 一会儿散散步

19. 你（　　　），瞧这地脏得！
　　　A. 把地擦一擦　　　　B. 擦地一擦　　　　　　C. 擦了擦地

20. 我在街上（　　　）。
　　　A. 一整天逛了逛　　　B. 逛了一整天　　　　　C. 逛了逛一整天

二、请改正下列病句。

1. 我来帮你开开窗户。

2. 老师一次也没说说我。

3. 我下午得去听听报告。

4. 包裹很重，我帮帮你拿吧。

5. 他每天玩儿玩儿，根本不学习。

6. 我想讲讲的是一个听来的故事。

7. 我们会尽快想想一个办法来的。

8. 他上课玩儿游戏，老师说了说他。

9. 这是专门给你买的，你就收收吧。

10. 你也不小了，该为自己的父母想了。

11. 在回来的路上，我们聊聊很多事情。

12. 我昨晚一直想了想：他到底是谁呢？

13. 我们一边吃饭，一边聊聊，很开心。

14. 他在给我介绍介绍机器的使用方法。

15. 整天只想着玩儿玩儿，怎么能学好呢？

16. 爷爷经常去公园会会朋友、散步散步。

17. 他拍拍了几下我的肩膀，什么也没说。

18. 我们商量商量以后，决定派你去参赛。

19. 我有心事只想跟朋友说说，不想跟父母说说。

20. 你说话不能只顾自己，也应该想别人的感受。

三、完成句子。

1. 帮爸爸　干干　去　地里　常　他　农活儿

2. 和　会　联系联系　我　老同学　偶尔

3. 这样了　这条　穿穿　就　牛仔裤　成

4. 呢　怎么　不　你　我　就　问问　决定了

5. 轮流　你们　姥姥　吧　去　照顾照顾

6. 两个人　地　走　会议室　进　说说笑笑

7. 病房　让　里　医生　我　在　走动走动

8. 凭什么　好好　也　不　他　想想　帮你　你

9. 的　婚事　跟　我　儿子　想　商量商量　丈夫

10. 想　小孙子　抱着　太阳　出去　奶奶　晒晒

11. 对身体　活动活动　有　老人　好处　适当

12. 跟爸爸　这孩子　再　一样　就　高了　长长

13. 总得　的　儿子　吧　嘱咐嘱咐　出远门　我

14. 聊聊天儿　也　放松　是　的方式　跟朋友　一种

15. 我们　你的　给　劳动成果　展示展示　吧　把

16. 凉快凉快　我们　就　这　在　坐坐　吧　小花园里

17. 来来回回　这条路　我　多少次　不知　走了

18. 的　行人　他　坐在　看着　来来往往　路边

19. 说说　工作安排　把公司　下半年　跟大家　吧　你

20. 我们　影响力　得　在同行业中的　咱们厂　扩大扩大

第三节　能愿动词

基本概念：能愿动词也叫助动词，是表示可能、愿望或必要的动词。

一、能愿动词分类

意义	例
表示能力	会　能
表示愿望	要　想　肯　敢　愿意
表示可能	能　会　要　得　可能　能够
表示必要	应　该　得　应该　应当
表示准许	能　可　得　准　可以
表示评价	配　值得

二、能愿动词的语法特点

1. 后面只能接动词、形容词或短语。
   例如：黄山值得游览。
   　　　他会好起来的。
   　　　你能说汉语吗？
   　　　我愿意跟你聊聊。

2. 能愿动词与介词短语同时出现时，介词短语一般放在能愿动词的后面。
   例如：我想向你请教。
   　　　他会对你负责的。
   　　　你要跟我说什么？
   　　　你得把钱还给我！

3. 能愿动词一般不能带 "了""着""过"。
   例如：　他会开车了。
   　　　*他会了开车。
   　　　　你可以进来了。
   　　　*你可以了进来。

4. 能愿动词不能重叠。
   例如：　我们应该帮帮他。
   　　　*我们应该应该帮帮他。
   　　　　你可以帮我改改吗？
   　　　*你可以可以帮我改改吗？

5. 可以用肯定、否定并列的形式表示疑问。
   例如：你能不能帮他？
   　　　我该不该去呢？

　　　　你愿不愿意帮他?

　　　　你愿意不愿意帮他?

6. 能愿动词多数用"不"否定。

　　例如：他不会做饭。

　　　　他不肯帮我。

　　　　他不愿意帮我。

　　　　你不应该这样做。

三、能愿动词辨析

1. "能"和"会"的用法比较说明

能	会
(1) 表示可能,句末不能用表示肯定语气的"的" 例如：他能来。　*他能来的。	**(1) 表示可能,句末可以用表示肯定语气的"的"** 例如：他会来。　他会来的。
(2) 表示主观上具有某种能力 例如：他能开车。 　　　她能弹钢琴。	**(2) 表示客观上具有某种能力** 例如：他会开车。 　　　她会弹钢琴。
(3) 表示具有某种能力（达到较高程度、水平） 例如：他能做汉语翻译。 　　　他能做一手好菜。	**(3) 表示初次学会并具有某种技能** 例如：妈妈会用电脑了。 　　　我终于会开车了。
(4) 表示恢复某种能力 例如：病好以后，他又能工作了。 　　　病人苏醒过来，能说话了。	**(4) 推测事物发展必然如此** 例如：只吃不动，会越来越胖。 　　　生病去运动，病会加重的。
(5) 表示善于做某事，侧重指能力 例如：他很能说。 　　　他很能学习。	**(5) 表示善于做某事，侧重于技巧** 例如：他很会说。 　　　他很会学习。
(6) 表示某物具有某种功能或用途 例如：咖啡能提神。 　　　香蕉能减肥。	**(6) 不用于表示某物具有某种功能或用途** 例如：*咖啡会提神。 　　　*香蕉会减肥。
(7) 可用于表示符合条件、允许的句子中 例如：医院能抽烟吗? 　　　上课不能用手机。	**(7) 不用于表示符合条件、允许的句子中** 例如：*医院会抽烟吗? 　　　*上课不会用手机。

2. "能"和"可以"的用法比较说明

　　二者都可表示功能或功用。

　　例如：喝茶能减肥。

　　　　喝茶可以减肥。

能	可以
(1) 可用于表示"善于做某事" 例如：他可真能喝酒。 　　　记者通常都很能写。	**(1)** 可用于表示"有能力做某事" 例如：你可以喝酒吗？ 　　　我可以写，但写不好。
(2) 可用于表示某种客观的可能性 例如：雨这么大，他能来吗？ 　　　你说今天风还能停吗？	**(2)** 不用于表示某种客观的可能性 例如：*雨这么大，他可以来吗？ 　　　*你说今天风还可以停吗？

3. "应该"与"该"的用法比较说明

应该	该
(1) 表示情理上的推测，不能用于假设句的 　　后一句 例如：*做不完作业，明天应该挨批评了。 　　　*一定得快点儿，否则应该迟到了。	**(1)** 表示情理上的推测，可用于假设句的后 　　一句 例如：做不完作业，明天该挨批评了。 　　　一定得快点儿，否则该迟到了。
(2) 前面一般能用"也"，不能用"又" 例如：你太累了，也应该歇歇了。 　　　*天阴了，又应该下雨了。	**(2)** 前面一般能用"也"，也能用"又" 例如：你太累了，也该歇歇了。 　　　天阴了，又该下雨了。
(3) 一般能带主谓短语宾语 例如：这起事故应该谁负责？ 　　　自己的事应该自己做。	**(3)** 一般不带主谓短语宾语 例如：*这起事故该谁负责？ 　　　*自己的事该自己做。
(4) 不用于感叹句中 例如：*你不回去，父母应该多担心啊！ 　　　*看到你来，他应该多高兴啊！	**(4)** 可用于感叹句中 例如：你不回去，父母该多担心啊！ 　　　看到你来，他该多高兴啊！

4. "得（děi）"与"得（dé）"的用法说明

得（děi）	得（dé）
(1) 表示事实上需要 例如：有病得去医院。 　　　这事得问问律师。	表示准许，只能用否定形式 例如：外人不得进入手术室！ 　　　军事重地，不得入内！
(2) 表示推测必然如此 例如：你偷看他日记，他准得生气。 　　　你看这天儿，明天准得下雨。	

5. "要"的用法说明

（1）表示做某事的意愿。表示否定意义用"不想""不愿意"。

例如：我要学摄影。

我不想学摄影。

你要跟我一起去吗？

你不愿意跟我一起去吗？

（2）表示"应该"。表示否定意义用"不用""不必"。"不要"多用于表示禁止或
劝阻的句子中。

    例如：你要把钱还给我！

           你不用还我钱了。

           你不必还我钱了。

           不要随便扔垃圾！

（3）表示"将要"，句末常加"了"。

    例如：他要回来了。

           又要下雨了。

           他快要回国了。

           我就要毕业了。

（4）表示可能，句末可以加"的"。表示否定意义用"不会"。

    例如：看样子又要下雨。

           不抓紧要迟到的。

           时间还早，不会迟到。

（5）表示估计，用于比较句。"要"可以用在"比"字结构的前或后，也可以用
在"得"的后面，意义不变。

    例如：他要比我说得好些。

           他比我要说得好些。

           他比我说得要好些。

实 力 测 试

一、请选出正确答案。

    1. 我不（　　　）弹钢琴。

      A. 可以　　　　　　　B. 会　　　　　　　C. 能

    2. 那边休息室里（　　　）抽烟。

      A. 应该　　　　　　　B. 可以　　　　　　C. 可能

    3. 我腿伤好了，（　　　）踢球了。

      A. 要　　　　　　　　B. 会　　　　　　　C. 能

    4. 她琴弹得很好，（　　　）教你。

      A. 要　　　　　　　　B. 能　　　　　　　C. 会

    5. 放心吧，他一定（　　　）来的。

      A. 能　　　　　　　　B. 会　　　　　　　C. 该

6. 他（　　）跟我去看电影。
　　A. 不要　　　　　　B. 不想　　　　　C. 不准

7. 问题还没解决，你（　　）走!
　　A. 不能　　　　　　B. 不会　　　　　C. 不可以

8. 真遗憾，（　　）喝上姐姐的喜酒。
　　A. 不能　　　　　　B. 没能　　　　　C. 不会

9. 都这个时候了，他（　　）到家了。
　　A. 该　　　　　　　B. 会　　　　　　C. 得

10. 他腿受伤了，没（　　）参加比赛。
　　A. 能　　　　　　　B. 会　　　　　　C. 想

11. 问题没解决以前，我（　　）走的。
　　A. 不能　　　　　　B. 不会　　　　　C. 不可以

12. 你（　　）这样对待帮助过你的人。
　　A. 不能　　　　　　B. 不会　　　　　C. 不想

13. 请（　　）大声说话，病人在休息。
　　A. 不要　　　　　　B. 不该　　　　　C. 不能

14. 我出差在外，（　　）参加姐姐的婚礼了。
　　A. 不能　　　　　　B. 没能　　　　　C. 不会

15.（　　）我帮你抬上去?
　　A. 能不能　　　　　B. 要不要　　　　C. 好不好

16. 他很有钱，再贵的东西也（　　）买。
　　A. 要　　　　　　　B. 能　　　　　　C. 得

17. 只要我喜欢，再贵的东西也（　　）买。
　　A. 会　　　　　　　B. 能　　　　　　C. 得

18. 要想学好外语，非（　　）努力不可。
　　A. 得　　　　　　　B. 会　　　　　　C. 能

19. 难道你不觉得这样做很不（　　）吗?
　　A. 可以　　　　　　B. 应该　　　　　C. 可能

20. 那些没能力照顾孩子的人（　　）做父母。
　　A. 不能　　　　　　B. 不得　　　　　C. 不配

二、请改正下列病句。

　　1. 中药不可以治疗近视吗？

　　2. 这条裙子太贵了，我不可以买。

　　3. 我想孩子很快适应学校的生活。

　　4. 只要可以用得着我的，就尽管开口。

　　5. 我愿意爸爸妈妈一直陪我住在这儿。

　　6. 老人是盲人，所以能犯这样的错误。

　　7. 医生让他再休息几天，可他不要休息。

　　8. 如果他上场比赛，我们肯定就要赢的。

　　9. 我不能用手机发邮件，你教教我好吗？

　　10. 可不可以你借我用一下你那辆自行车？

　　11. 你把你的辅导老师能不能给我介绍一下？

　　12. 我觉得你的建议非常好，我觉得经理同意。

　　13. 应该他不会法语，因为我从来没听他说过。

　　14. "您会治好我多年的眼病吗？"奶奶问医生。

　　15. 假如时间可以停止的话，我希望永远 20 岁。

　　16. 学院报告厅里的人太多了，我们不能进去。

　　17. 他觉得自己来得早，老人应该不能再生气了。

　　18. 我问过他了，他也不能解决电脑死机的问题。

　　19. 如果公司不随着市场变化而变化，就能遭遇失败。

　　20. 赔偿的事还没谈好，你作为责任人不可以就这么走了。

三、完成句子。

　　1. 得　总经理　要　可能　批准　这事　才行

　　2. 会议　这么　的　他　不会　重要　不来的

　　3. 赶紧　身体　应该　看看　去医院　不舒服

　　4. 长期　异常　吸烟　会　心肺功能　出现　导致

　　5. 小心　嘱咐　马路　我　横穿　时　要　千万　妈妈

　　6. 学生证　免费　凭　可以　参观　军事博物馆

　　7. 警察　也　法律　按照　坏人　得　程序　做啊　抓

　　8. 帮　我　吗　翻译　能　一下　这份　药物说明书

　　9. 减肥　靠墙　保持　站立　可以　的姿势　帮助

　　10. 饭菜　得　食堂的　大众口味　符合　才行　单位

　　11. 喜欢　的人　总有一天　占　吃大亏　便宜　会　的

　　12. 危害　这种病毒　会　使用者　给　手机的　造成

13. 最能　一个人　检验出　对朋友　的真情　困难时

14. 实验室　随便　本院职工　人员　进出　以外　不得

15. 这种观点　而且　大多数人　应该　被……所　接受　能够

16. 机场海关的　要　检查　重新　他的　工作人员　行李箱

17. 作者　出版社　写出　符合　能　希望　的作品　时代特征

18. 你　把　承受　能　尽量　婚礼费用　控制在……的范围内　应该

19. 有　问题　请教　向　李老师　都可以　随时　谁　大家　你们

20. 谁也　的方式　不能否认　提供了　一种　给我们　放松　网络游戏

第五章

形容词

第一节　形容词分类及语法特点

基本概念：表示事物性质或状态的词。

一、形容词分类

类别		释义	特点	例
按表达意义分	性质形容词	表示事物的性质	一般可受程度副词的修饰	冷　热　高　低 薄　厚　容易　困难 周到　宝贵　粗心
	状态形容词	表示事物的状态	一般不受程度副词的修饰	火红　通红　鲜红 金黄　碧绿　冰凉 雪白　黝黑　漆黑 笔直
按表达功能分	一般形容词	表示人、事物的形状、性质或状态等	多数可受程度副词修饰，可以做谓语、定语、状语或补语	高　矮　胖　瘦 甜　善良　平静 勤劳　流利　痛苦
	非谓形容词	表示人、事物的属性或特性	一般只能做定语，不能做谓语或补语，也可以构成"的"字短语做主语或宾语	单　双　横　竖 正　副　彩色　黑白 共同　首要　主要 次要

二、形容词的语法特点

1. 形容词一般可以做谓语，但是主语和谓语之间不用"是"。

　　例如：　他很聪明

　　　　　　*他是很聪明。

2. 一般性质形容词可受程度副词修饰。

　　例如：很漂亮　真努力　特别容易　非常无奈

特别提示：

（1）状态形容词不能受程度副词修饰。

　　例如：*很雪白　*十分冰凉　*比较笔直　*非常通红

（2）形容词重叠以后不能受程度副词修饰。

　　例如：*很高高　*真快快乐乐　*非常整整齐齐　*相当安安静静

（3）非谓形容词不能受程度副词修饰。

　　例如：*很大量　*挺个别　*特别主要　*相当高速

　　但是有少数非谓形容词可受程度副词"最"修饰。

　　例如：最新式　最主要　最优质　最首要　最正式

3. 形容词一般用"不"否定。

　　例如：不痛苦　不高兴　不完美　不善良

但是少数非谓形容词用"非"否定。

例如：非新式　非主要　非个别　非正式

4. 形容词不能带宾语。

例如：　对你很合适　感到很抱歉　对客人很友好

　　　*合适你　　　*抱歉他　　　*友好客人

但是有少数形容词也可以做动词，可以带宾语。

例如：端正工作态度　丰富业余生活　坚定必胜信心

　　　稳定市场物价　方便居民出行　巩固建设成果

特别提示：

1. 性质形容词做谓语，一般要加表示程度的词、带有"了"或"起来"等表示
人或事物变化和发展的词语。含有比较的意义时，可以单独做谓语。

例如：他很优秀。

天气暖和了。

他的病好起来了。

他高，我矮。

2. 非谓形容词

A. 一般只能做定语，不能做谓语、状语或补语。

例如：通常的情况　必然的结果　必要的条件　冒牌的产品

B. 也可以构成"的"字短语在句中做主语或宾语。

例如：高档的放这边，低档的放那边。

这些都是冒牌的，质量很差。

常用非谓形容词还有：

个别	西式	中式	有限	无限	新式	老式	相对	绝对	长期	短期
国营	私营	袖珍	大型	小型	轻型	重型	微型	新型	急性	慢性
高速	低速	良性	恶性	双边	多边	大量	大批	大概	头等	劣等
高等	初级	高级	基本	根本	人为	通常	必然	必要	冒牌	

实力测试

一、请选出正确答案。

1. 这几年家乡变化很（　　　）。

　　A. 强　　　　　　　　B. 大　　　　　　　　C. 多

2. 这是我知道的（　　　）真相。

　　A. 真实　　　　　　　B. 确实　　　　　　　C. 事实

3. 父母对我的要求特别（　　　）。
　　A. 高　　　　　　　　B. 强　　　　　　　　C. 大

4.（　　　）向别人请教不丢人。
　　A. 谦虚　　　　　　　B. 虚心　　　　　　　C. 尊敬

5. 阿姨把房间打扫（　　　）了。
　　A. 干净　　　　　　　B. 很干净　　　　　　C. 干干净净

6. 他比我（　　　），算公司老员工了。
　　A. 来得早两年　　　　B. 来早两年　　　　　C. 早来两年

7. 他是个很（　　　）的人，从不迟到。
　　A. 按时　　　　　　　B. 及时　　　　　　　C. 准时

8. 他常常去（　　　）餐厅请客户吃饭。
　　A. 高档　　　　　　　B. 高等　　　　　　　C. 高级

9. 现在受过（　　　）教育的人越来越多。
　　A. 高档　　　　　　　B. 高等　　　　　　　C. 高级

10. 必须（　　　）遵守学校的有关规定。
　　A. 严肃　　　　　　　B. 严格　　　　　　　C. 严厉

11. 一个（　　　）服务生笑着向我走来。
　　A. 青年　　　　　　　B. 年轻　　　　　　　C. 青春

12. 他是我们公司资格最（　　　）的员工。
　　A. 大　　　　　　　　B. 高　　　　　　　　C. 老

13. 必须（　　　）处理违反交通法规的人。
　　A. 严重　　　　　　　B. 严格　　　　　　　C. 严肃

14. 幸亏来得（　　　），否则病人就危险了。
　　A. 按时　　　　　　　B. 及时　　　　　　　C. 准时

15. 这段时间他（　　　），你就别麻烦他了。
　　A. 忙忙的　　　　　　B. 特别忙　　　　　　C. 是很忙

16. 我年龄最（　　　），同事们都很照顾我。
　　A. 多　　　　　　　　B. 大　　　　　　　　C. 高

17. 既然认识到错误，就应该（　　　）改正。
　　A. 坚决　　　　　　　B. 坚持　　　　　　　C. 拒绝

18. 我终于找到了（　　　）自己的学习方法。
　　A. 适合　　　　　　　B. 适应　　　　　　　C. 合适

19. 这次留学花费（　　　　）一部分是父母给的。
    A. 很高　　　　　　　B. 很多　　　　　　　C. 很大

20. 感冒发烧，比平时更要（　　　　）。
    A. 喝多点儿水　　　B. 多喝点儿水　　　C. 多点儿喝水

二、请改正下列病句。

1. 父母对孩子的影响确实很伟大。
2. 他自己动手雪白了家里的墙壁。
3. 那天对我来说是很有幸运的日子。
4. 这些经验对教学改革会有很多帮助。
5. 他很努力，各门功课成绩都很良好。
6. 现在越来越多的人认为家庭是最重要。
7. 他又很能干又很谦虚，很受同事欢迎。
8. 我们虽然是亲姐妹，但性格却不相同。
9. 大量很多服用药物肯定对你的身体不好。
10. 阿姨是个真热心的人，谁有困难她都帮忙。
11. 孩子伸出特别冰凉的小手紧紧拉住了妈妈。
12. 哥哥花了多钱买的牛仔裤一点儿也不结实。
13. 当老人把袋子放进购物车时，手却错了方向。
14. 不可否认，父母的行为对子女有好大的影响。
15. 我们只有进步自己，才能跟得上时代的发展。
16. 这孩子从小体质就很薄弱，三天两头儿生病。
17. 因为报名人数不高，所以这次考试临时取消了。
18. 哥哥喜欢篮球、足球这样的球类运动，我也同样。
19. 姐姐吃东西坏了肚子，医生嘱咐她注意休息、多喝水。
20. 姥姥虽然读书不多，受的教育不高，但却教了我很多做人的道理。

三、完成句子 。

1. 我的　相当　留学　顺利　得　办　签证
2. 我们　充分　做了　的　准备　为　这次比赛
3. 他　观众　逗乐了　幽默　机智　的回答　被
4. 他　的　地　解决了　矛盾　同事之间　巧妙
5. 我　的　意思　听懂了　基本　表达　老人　想
6. 缺乏　容易　运动　的　人　心理疾病　患上
7. 住在　一直　优美　环境　的　爷爷　小山村里

8. 流行　的　这种　不大　大规模　传染病　可能性

9. 笑得　被　高高　极了　举起　爸爸　的　孩子　开心

10. 是　电子邮件　唯一　经理　公开　的　方式　联系

11. 你　给我　当时　详细　讲讲　的　情况　我希望　能

12. 目前　我们公司　像你　迫切　这样　的人才　需要

13. 哥哥　惭愧　自己　酒后的　感到　不当言行　为……而

14. 搞　艺术品　承担　就　得　经济风险　一定的　投资

15. 对弱者　都　很善良　怀有　同情心　强烈　通常　的　人

16. 通过　双方　意见　一致　沟通　取得了　原则问题　在……上

17. 把　孩子　良好的　作为　教育　培养　的重点　生活习惯　她

18. 太窄　结婚对象　使　他　交际圈　至今　找到　没有　合适的

19. 企业负责人　积极　上级部门　配合　的　调查工作　应该

20. 这款　多功能手机　无所不能　的　相当于　一台　移动电脑

第二节　形容词重叠

一、形容词重叠的形式

一般单音节性质形容词、多数双音节性质形容词以及多数状态形容词都可以重叠。形容词重叠后，表示程度加深。

形式	说明	例
AA 式	一般单音节形容词的重叠形式	白白　高高　瘦瘦　厚厚　大大
AABB 式	多数双音节性质形容词的重叠形式	热热闹闹　高高兴兴　整整齐齐 清清楚楚　安安静静
ABAB 式	多数状态形容词的重叠形式	冰凉冰凉　笔直笔直　雪白雪白 通红通红　碧绿碧绿
AABB 式	少数相对的形容词的重叠形式	大大小小　男男女女　高高低低 老老少少　多多少少
A 里 AB 式	含有贬义的形容词的重叠形式，含有厌恶、轻蔑的语气	小里小气　糊里糊涂　慌里慌张 啰里啰唆　傻里傻气
ABB 式	含有生动化的意味	白茫茫　绿油油　胖乎乎　红通通 冷冰冰

二、形容词重叠的用法

1. 重叠形式的形容词不受程度副词的修饰。

　　例如：　他个子高高的。

　　　　　*他个子很高高。

　　　　　她打扮得漂漂亮亮。

　　　　　*她打扮得非常漂漂亮亮。

　　但是"有点儿"可修饰少数表示贬义的形容词重叠形式。

　　例如：有点儿结结巴巴　　有点儿酸酸的　　有点儿傻傻的

2. 重叠形式的形容词可做谓语、定语、状语或补语，做定语、谓语时其后要加"的"。

　　例如：房间干干净净的。

　　　　　她伸出胖胖的小手。

　　　　　她们亲亲热热地聊着。

　　　　　婚礼办得热热闹闹的。

三、动形兼类词重叠

　　有两种重叠形式的形容词（动词用法以"ABAB"动词重叠方式重叠，一般含有"做某事，使……怎么样"的意思，即具有了动词性；形容词用法则以"AABB"形容词重叠方式重叠。）

　　例如：校园里安安静静的。　　　　你能让我安静安静吗？

　　　　　我喜欢凉凉快快的秋天。　　我们坐这儿凉快凉快吧。

　　此类能以"ABAB""AABB"两种形式重叠的形容词还有：

高兴　亲热　精神　客气　快活　暖和　老实　辛苦　舒服　轻松　热闹　端正

实力测试

一、请选出正确答案。

　　1. 他（　　　）关上了门。

　　　　A. 很轻轻地　　　　　　　B. 轻地　　　　　　　C. 轻轻地

　　2. 瞧你冻得，快进来（　　　）。

　　　　A. 暖和暖和　　　　　　　B. 暖暖和和　　　　　C. 暖和吧

　　3. 味道不错吧，好吃就（　　　）！

　　　　A. 多多吃　　　　　　　　B. 吃多点儿　　　　　C. 多吃点儿

　　4. 雨停了，我们出去（　　　）吧。

　　　　A. 凉快凉快　　　　　　　B. 凉凉快快　　　　　C. 很凉快

5.（　　　）是干不成什么大事的。

    A. 舒服舒服　　　　　　B. 舒舒服服　　　　　　C. 很舒服地

6. 开会了，请大家保持（　　　）！

    A. 安静　　　　　　　　B. 安安静静　　　　　　C. 安静安静

7. 你（　　　）把事情真相告诉我！

    A. 老实老实　　　　　　B. 非常老实　　　　　　C. 老老实实

8. 你走路（　　　），孩子正睡觉呢。

    A. 很轻的　　　　　　　B. 轻轻的　　　　　　　C. 轻点儿

9. 他今天穿了一件（　　　）的衬衫。

    A. 很雪白　　　　　　　B. 白　　　　　　　　　C. 白白

10. 他很紧张，脸涨得（　　　）的。

    A. 通通红红　　　　　　B. 通红通红　　　　　　C. 特别通红

11. 玻璃制品（　　　）放肯定要碎的。

    A. 轻不轻　　　　　　　B. 没轻轻　　　　　　　C. 不轻轻

12. 他（　　　）的几句话就把我感动了。

    A. 短短　　　　　　　　B. 少少　　　　　　　　C. 小小

13. 小猫（　　　）地躺在阳台上晒太阳。

    A. 轻轻　　　　　　　　B. 悄悄　　　　　　　　C. 懒懒

14. 他（　　　）年纪就承担起家庭的重任。

    A. 低低　　　　　　　　B. 小小　　　　　　　　C. 轻轻

15. 她（　　　）地走到前面唱了一首歌。

    A. 大方点儿　　　　　　B. 大大方方　　　　　　C. 大方大方

16. 天还没（　　　）呢，他就去跑步了。

    A. 亮　　　　　　　　　B. 很亮　　　　　　　　C. 亮着

17. 孩子（　　　）的小脸上露出天真的笑。

    A. 圆形　　　　　　　　B. 圆圆　　　　　　　　C. 圆

18. 这话（　　　）不像是从他嘴里说出来的。

    A. 确确实实　　　　　　B. 确实确实　　　　　　C. 很确实

19. 晚会开得很成功，（　　　）来了不少人。

    A. 大大小小　　　　　　B. 高高矮矮　　　　　　C. 男男女女

20. 路灯下（　　　）。

    A. 留下他长长的背影　B. 长长留下他的背影　C. 留下长长的他背影

二、请改正下列病句。

1. 夜深了，校园里静悄悄。

2. 五天后，他比老人早早地来到了桥头。

3. 事情的严重程度远超出了我们的想象。

4. 阿姨把我的房间收拾得特别整整齐齐。

5. 我觉得咖啡不甜甜的，喝起来没味道。

6. 无论春夏秋冬，我的脚总是冰冰凉凉的。

7. 有人说"笨笨的女孩最可爱"，我看未必。

8. 现在孩子的童年没有我们那时快快乐乐。

9. 爷爷您别着急，走得慢慢的，小心台阶！

10. 别跟他生气，他就是这么个糊里糊涂人。

11. 这张桌子看上去有点儿新新的，刚买的吗？

12. 长大后，我才慢慢体会到父母的辛辛苦苦。

13. 我一听这话，心里就觉得痛痛快快了一些。

14. 我希望我的朋友能多多来参加我的生日晚会。

15. 为了使自己变得强强的，我每天去健身房锻炼。

16. 由于工作关系，我每年只有少少的时间陪父母。

17. 我笑着问司机："你今天心情好好的，是吗？"。

18. 每天忙忙碌碌，错过了多多少少美丽的风景啊！

19. 每天工作的时候，我的心情都会变得愉愉快快的。

20. 都毕业半年多了，他也没找到一份好好儿的工作。

三、　完成句子。

1. 街道　上　走在　一个人　空空　的　他

2. 挡住了　车　前行　积雪　的路　厚厚的

3. 几天　玩儿　我　打算　暑假　好好儿　利用

4. 总是　走路时　把　抬得　头　高高的　她

5. 断断续续　小时候　读过　书　爷爷　几年

6. 有点儿　这个菜　吃　感觉　怪怪的　起来

7. 自信　做事　是　不　的　表现　其实　犹犹豫豫

8. 熬　得　通红通红的　熬夜　他　都　眼睛

9. 很　的日子　也　过　可以　平平常常　精彩　得

10. 一地　把　妹妹　的　糖果盒　大大小小　摆了

11. 我　他　向　看到　这边　走来　急急忙忙　地

12. 的　缺点　每个人　这样那样　有　多多少少　都

13. 确确实实　这番话　很惭愧　让　他的　我　感到

14. 整整齐齐　同学们　得　把　的　桌椅　教室　摆放

15. 一个　存款　的农民　有　能　多少　呢　普普通通

16. 开关机　大大　使用寿命　影响　频繁　电脑的　会

17. 我　地地道道　希望　能　有一天　一口　说　的汉语

18. 幼儿园门口　孩子　来　接　的　男男女女　挤满了

19. 只　收拾了　他　一下　出发了　行李　简简单单地　就

20. 糊里糊涂地　一个　奶奶　把　交给了　陌生人　存折

第六章

副词

第一节　副词分类及语法特点

基本概念：修饰动词、形容词，一般只做状语的词。

一、副词分类

意义	例
表示范围	都　就　只　光　总共　一共　一起
表示程度	很　太　挺　最　顶　极　十分　比较　非常　格外　特别　极其　相当　尤其　更　更加　稍微　多　多么
表示时间	在　正　正在　曾　曾经　已　已经　才　都　就　刚　刚刚　立刻　立即　马上　随时　偶尔　总是　忽然　突然　早晚　一直　从来　历来　向来　暂时　永远
表示频率	又　再　还　也　常常　经常　往往　再三　一再　屡次　不断　反复　重新
表示肯定、否定	不　没　非　别　不必　一定　必然　必须　未必
表示情态	仍然　依然　渐渐　逐渐　逐步　亲自　互相　忽然　突然
表示语气	可　却　倒　幸亏　难道　何必　居然　竟然　究竟　到底　毕竟　终于　简直　干脆　反正　也许　大概　大约　几乎　果然　不免　千万　万万　故意　根本

二、副词的语法特点

1. 副词的主要语法功能是修饰动词、形容词，也可以修饰代替动词、形容词的代词，做状语。有的副词也可以用在主语前，修饰全句。

　　例如：又下雨了。

　　　　　天都亮了。

　　　　　这人就这样。

　　　　　到底谁干的？

2. 副词一般不能修饰名词或代词。但是，当名词或数量词语做谓语时，可受某些副词修饰。

　　例如：＊不学生　＊也老师　＊又房间　＊很城市

　　　　　都秋天了，还这么热。

　　　　　真快，明天又周六了。

　　　　　这刚几点呀，你就走？

　　　　　都二十多了，还哭鼻子？

3. 有的副词可以在句中起关联作用。

　　例如：再难也不能放弃！

　　　　　不说清楚就别走！

　　　　　玩儿就玩儿个痛快！

　　　　　怎么刚来就要走啊？

4. 有的表示程度的副词可以做程度补语。

　　例如：他最近忙得很。

　　　　　他这人认真得很。

　　　　　这孩子乖极了。

　　　　　我的心情好极了。

实力测试

一、请选出正确答案。

1. 他（　　　）去国外旅行。

　　A. 常常　　　　　　B. 往常　　　　　C. 往往

2. 他这人（　　　）爱占小便宜。

　　A. 总　　　　　　　B. 都　　　　　　C. 才

3. 太阳（　　　）从地平线上升起。

　　A. 硬　　　　　　　B. 在　　　　　　C. 正

4. 他（　　　）起身给老人让座。

　　A. 连忙　　　　　　B. 匆忙　　　　　C. 慌忙

5. 这件事是我的（　　　）经历。

　　A. 自觉　　　　　　B. 亲身　　　　　C. 亲自

6. 人都怕寂寞，（　　　）是老人。

　　A. 更加　　　　　　B. 尤其　　　　　C. 极其

7. 烟是（　　　）没有好处的东西。

　　A. 几乎　　　　　　B. 差不多　　　　C. 简直

8. 我都是（　　　）动手打扫房间。

　　A. 自动　　　　　　B. 亲身　　　　　C. 亲自

9. （　　　）学校不是学习的地方吗？

　　A. 究竟　　　　　　B. 到底　　　　　C. 难道

10. 医院里（　　　）找不到吸烟的人。

　　A. 简直　　　　　　B. 大概　　　　　C. 几乎

11. 吸烟（　　　）就等于慢性自杀。

　　A. 甚至　　　　　　B. 幸亏　　　　　C. 简直

12. 父母（   ）成为孩子的模仿对象。
　　　A. 常常　　　　　B. 往往　　　　　C. 偶尔

13. 我（   ）想："人活着到底为了什么？"。
　　　A. 常常　　　　　B. 往往　　　　　C. 通常

14. 暂时的失败（   ）不是一件好事吗？
　　　A. 因为　　　　　B. 难怪　　　　　C. 难道

15. 这大热的天儿，我（   ）不想出去。
　　　A. 本来　　　　　B. 原来　　　　　C. 根本

16. 今年 6 月，他（   ）访问了中亚各国。
　　　A. 陆续　　　　　B. 持续　　　　　C. 先后

17. 在国外生活（   ）遇到想不到的事情。
　　　A. 经常　　　　　B. 往往　　　　　C. 平常

18. 我第一次出国，父母（   ）不太放心。
　　　A. 难免　　　　　B. 不免　　　　　C. 免得

19. 不管发生什么，我都会（   ）在你身边。
　　　A. 最终　　　　　B. 始终　　　　　C. 终于

20. 我能有今天的成绩，（   ）父母的教育。
　　　A. 幸亏　　　　　B. 多亏　　　　　C. 反正

二、请改正下列病句。

　1. 很贵的衣服我买不起。
　2. 在我们班，他个子更高。
　3. 图书馆离宿舍比较不远。
　4. 问题凡是都出在态度不认真上。
　5. 从你家到学校需要至少多长时间？
　6. 一般公司都会录用那些真能干的人。
　7. 失去飞翔能力的蛾子只好终生爬行。
　8. 他跟哥哥一样，特别也喜欢体育运动。
　9. 东郭先生跟路过的老农说了刚刚的事情。
　10. 通常，想法有点儿简单的人生活更幸福。
　11. 我按了电话免提键，就父亲的声音变大了。
　12. 我跟朋友们互相告别时，忍不住流下了眼泪。
　13. 母亲时常脸上挂着微笑，根本不像一个病人。

14. 我从小一直奶奶照顾，所以跟奶奶感情很深。

15. 春天到了，天气一点儿也不变暖和，反而冷了。

16. 在这很短短的一个月内，我骑车玩儿遍了北京城。

17. 妹妹从来一次也没出过国，这是第一次出国留学。

18. 爸爸又讲了一遍，可是女儿还在不理解他说的意思。

19. 又过了五天，他很早就出发了，但这次也他比老人来得晚。

20. "小喜，你最喜欢的人是否爸爸？" 小时候爸爸常常这样问我。

三、完成句子。

1. 出面　这件事　事实　你　澄清　必须

2. 一直　自己　长得　她　觉得　漂亮　不够

3. 他　习惯　的　保持着　每天　依然　游泳

4. 谁　没有　吸烟　人体健康　不　危害　知道

5. 一两次　人　非要　失败　经历　长大　才能

6. 下厨　亲自　我　做　给你们　几样　好吃的

7. 古典家具　这些　都　这几年　买　陆续　是……的

8. 街口　营业　节假日　的　那家商店　也　照常

9. 正在　悄悄　变化　人口　世界　发生着　结构

10. 这家　接收　的　儿童　幼儿园　只　三到六岁

11. 翻译　得　这本书　半年左右　的　大概　时间

12. 静得　几乎　心跳　图书馆　可以　听到　的声音

13. 解除　凡　违反　一律　劳动关系　者　公司规定

14. 只　判断　看　生活水平　不能　平均工资　居民

15. 错误　父母的　不会　丝毫　影响　的前途　子女

16. 戴上　赞美　她　蝴蝶结　店主　很漂亮　不断地

17. 被　我　不得不　行李箱　弄乱了　重新　整理　的

18. 他　明白　到底　出在　哪里了　自己　终于　的问题

19. 你　茶这种饮料　偶然　吗　知道　被　发明出来　是……的

20. 摆　明显　故意　把　利润高　的商品　的位置　超市　在

第二节　常用副词辨析

一、常见否定副词的用法

1. "不" 和 "没" 的用法比较说明

	不	没
释义	用于否定主观愿望或性质状态 例如：他不爱吃肉。 　　　她并不漂亮。	用于客观陈述或否定事情或变化已经发生 例如：他没来上班。 　　　天还没晴呢。
异同点	**(1) 多用于表示主观愿望或感受** 例如：我不参加比赛。 　　　他很不高兴。	**(1) 多用于客观叙述** 例如：他没参加比赛。 　　　我没说认识你。
	(2) 可用于过去、现在或将来 例如：我昨天不想去，今天也不想去。 　　　我不想明天去。	**(2) 可用于过去、现在，不用于将来** 例如：我没说过这样的话。 　　　他昨天没来，今天也没来。
	(3) 可用于否定经常性、习惯性或非动作性动词 例如：他经常不来上课。 　　　他平时不抽烟，不喝酒。 　　　他不喜欢运动。	**(3) 不能用于否定经常性、习惯性或非动作性动词** 例如：*他经常没来上课。 　　　*他平时没抽烟，没喝酒。 　　　*他没喜欢运动。
	(4) 否定事物性质或状态 例如：爷爷身体不好。 　　　他并不聪明。 　　　这种桌子不结实。	**(4) 否定情况或变化已经发生** 例如：衣服还没干，等等再收！ 　　　病还没好，不能出院！ 　　　还早呢，天还没亮呢。
	(5) 可以否定多数能愿动词 例如：我不会做饭。 　　　你不要这样。 　　　他不愿意说。 　　　你不应该走。	**(5) 只能否定少数能愿动词** 例如：我没想跟他解释。 　　　我没想隐瞒真相呀！ 　　　因为堵车，我们没能赶上火车。 　　　我没能答出问题。

注意：

（1）否定副词与介词短语同时出现时，否定副词一般放在介词短语前做状语。

例如：我没对他说过这事。

你别把这事告诉他。

我不跟你一起去了。

（2）双重否定表示肯定，有更强的表达效果。

例如：他不会不来的。

没有谁不认识他。

他的话不无道理。

2. 否定副词的搭配限制

（1）否定副词一般放在其他副词，尤其是时间副词、语气副词和情态副词的后面。

例如：我才不理他呢。

你还不起床啊？

他从来不吃肉。

（2）有的副词只能在前面用否定副词。

例如：我们不曾见过面。

你们没一起去啊？

你不马上回国吗？

（3）有的副词前后都可以用否定副词，但表达的意义不同。

①都

例如：这些人我都不认识。（完全否定）

这些人我不都认识。（部分否定）

②太

例如：这个沙发太不舒服了。（表示程度高）

这个沙发不太舒服。（表示程度低）

③一定

例如：他一定不会来。（有绝对把握）

他不一定会来。（没有绝对把握）

（4）有的副词多用否定句。

①"根本"表示本来、始终、完全的意思，多用于否定句。

例如：我根本不认识他。

他的病根本没好。

②"从来"表示从过去到现在，也多用于否定句。

例如：他从来不迟到。

这种事我从来没听说过。

二、频率副词

1. "又"和"也"的用法比较说明

	又	也
释义	表示"添加"，即表示动作行为的重复或两种情况同时存在 例如：今天又降温了。 　　　他现在又高又瘦。	表示"类同"，即表示两种事物具有同样的性状或动作行为，或同一事物具有两种性状或动作行为 例如：他刚走，你也要走吗？ 　　　他没说去，也没说不去。
异同点	表示和自己以前的动作相同 例如：我又感冒了。 　　　他又没上班。	表示同样或两事物并列 例如：你去，我也去。 　　　天亮了，雨也停了。

	又	也
其他	**(1)** 构成"一＋量词＋又＋一＋量词"形式，表示反复多次或数量多 例如：他讲了一遍又一遍。 　　　他一次又一次地叮嘱我。	**(1)** 构成"说什么也（怎么也）……"形式，表示无论怎样，结果都相同 例如：我说什么也得去。 　　　我怎么也睡不着。
	(2) 构成"形容词＋（而）又＋形容词"形式，表示并列关系 例如：她聪明而又能干。 　　　他调皮而又任性。	**(2)** 构成"连……也／都……"形式，加强语气 例如：他连大学也没上过。 　　　我们连面也没见过。
	(3) 构成"动词＋了＋又＋动词"形式，表示动作反复多次进行 例如：他看了又看，没说什么。 　　　我想了又想，决定辞职。	**(3)** 与"不管""虽然""即使"等连词或表示任指的疑问代词连用，起关联作用 例如：不管怎样，你也得来。 　　　这些人我谁也不认识。
	(4) 表示转折、反问、否定语气 例如：想说，又怕你生气。 　　　知道又何必要问呢？ 　　　你又不是不认识他。	**(4)** 表示缓和语气 例如：我看也只好这样了。 　　　你说得也有道理。

2. "又"和"再"的用法比较说明

	又	再
释义	表示"添加"或"重复"，用于已发生的情况 例如：他又病了。 　　　天又阴了。	表示"添加"或"重复"，用于未发生的情况 例如：你能再说一遍吗？ 　　　再发烧就打针吧。
异同点	**(1)** 多用于过去的情况，常与"了"配合使用 例如：他又讲了一遍。 　　　今天又下雨了。	**(1)** 多用于将来的情况，不能与"了"配合使用 例如：请你再讲一遍。 　　　你明天再来吧。
	(2) 可用于将来确定性的重复，后面常用动词"是"或能愿动词 例如：明天又是周末了。 　　　下周又要考试了。 　　　明天又得下雪了。	**(2)** 多用于将来的重复，前面用能愿动词，多用于假设句中 例如：你会再来吗？ 　　　我想再喝一杯。 　　　再不走就迟到了。

3.“还”和“再”的用法比较说明

	还	再
释义	表示“持续”，即动作或状况继续存在 例如：他还在看书。 　　　你还发烧吗？	表示“重复”，即表示同一动作行为的重复 例如：再唱一首吧！ 　　　你明天再来吧。
异同点	**（1）用于能愿动词前** 例如：我还会来的。 　　　他还能来吗？	**（1）用于能愿动词后** 例如：我会再来的。 　　　他能再来吗？
异同点	**（2）不用于祈使句** 例如：＊请还说一遍。 　　　＊你还吃点儿吧。	**（2）可用于祈使句** 例如：请再说一遍。 　　　你再吃点儿吧。

三、范围副词和时间副词

1.“才”和“都”的用法比较说明

	才	都
释义	常跟时间、数量、年龄连用或起关联作用 例如：你怎么才来呀？ 　　　今年他才十岁。	常跟时间、数量、年龄连用或起关联作用 例如：我们认识都十年了。 　　　你什么时候来都行。
异同点	**（1）表示时间早、时间短、年龄小、数量少。常构成“才＋时间／数量，就……了”形式。** 例如：才几点啊，你就走！ 　　　他才多大啊，真懂事！	**（1）表示时间晚、时间长、年龄大、数量多。常构成“都＋时间／数量……了，才／还……”形式** 例如：都几点了，你才来！ 　　　你都多大了，还不懂事？
	（2）常与“只有”“为了”“因为”等连用，起关联作用 例如：只有努力，才能学好。 　　　因为堵车我才迟到的。	**（2）常与“无论”“不管”“不论”或表示任指的疑问代词连用，表示总括全部** 例如：无论好坏，我都要。 　　　你什么时候来都行。

2.“才”和“就”的用法比较说明

	才	就
释义	常跟时间、数量、年龄等连用或起关联作用 例如：他中午才起床。 　　　他十岁才上学。	常跟时间、数量、年龄等连用或起关联作用 例如：你怎么现在就来了？ 　　　他五岁就上小学了。

续表

	才	就
异同点	**(1)** 表示时间晚、时间长、年龄大、数量多。常构成"时间／数量＋才……，就……了"形式 例如：我看了好几遍才记住。 　　　八点才上课，他七点就来了。	**(1)** 表示时间早、时间短、年龄小、数量少。常构成"时间／数量＋就……（，才……）"形式 例如：我看了两遍就记住了。 　　　八点就上课了，他九点才来。
	(2) 表示两个紧接着发生的动作或情况，"才"表示两个动作间隔的时间长 例如：他说了半天，我才明白。 　　　他病全好了，才去上班。	**(2)** 表示两个紧接着发生的动作或情况，"就"表示两个动作间隔的时间短 例如：他一说，我就明白了。 　　　他病刚好，就去上班了。
异同点	**(3)** 常与连词"只有""为了""因为"等连用，起关联作用 例如：只有努力，才能学好。 　　　他因为不舒服才没来。	**(3)** 常与连词"如果""只要""既然"等连用，起关联作用 例如：只要努力，就能学好。 　　　既然不舒服，就别去了。
	(4) 表示强调的语气，句末常带"呢" 例如：我才不走呢。 　　　她才能干呢。	**(4)** 加强语气 例如：银行就在前边。 　　　他就是王大夫。

3. "刚刚"和"刚才"的用法比较说明
　　都表示不久前发生某事。

	刚刚（副词）	刚才（名词）
不同点	**(1)** 前后可以用表示具体时间的名词 例如：他去年刚刚毕业。 　　　他刚刚走一会儿。	**(1)** 前后不能用表示具体时间的词语 例如：＊他去年刚才毕业。 　　　＊他刚才走一会儿。
	(2) 后面不能用否定词 例如：＊你刚刚怎么不说呢？ 　　　＊这事他刚刚没提过。	**(2)** 后面可以用否定词 例如：你刚才怎么不说呢？ 　　　这事他刚才没提过。

4. "已经"和"曾经"的用法比较说明

已经	曾经
(1) 表示的动作或变化在说话时可以继续存在 例如：我已经吃上饭了。 　　　他已经上课去了。	**(1)** 表示的动作或变化在说话时不再存在 例如：她曾经学过舞蹈。 　　　我们曾经见过面。
(2) 否定：常构成"（还）＋没＋动词"或"已经＋不……了"形式 例如：我还没吃饭呢。 　　　他已经不上课了。	**(2)** 否定：常构成"（从来）＋没＋动词＋过""不曾"或"未曾"形式 例如：她从来没学过舞蹈。 　　　我们不曾见过面。

四、程度副词

1. "太"和"很"的用法比较说明

	太	很
异同点	**(1)** 表示程度高，多用于主观评价，句末常用"了" 例如：这儿太美了。 　　　他太能干了。	**(1)** 表示程度高，多侧重于客观叙述，句末不用"了" 例如：今天风很大。 　　　他病得很重。
	(2) "太+形容词"可做主语的定语 例如：太贵的衣服我买不起。 　　　太累的工作他不想做。	**(2)** "很+形容词"不做主语的定语 例如：*很贵的衣服我买不起。 　　　*很累的工作他不想做。
	(3) "太+形容词"可以做主语 例如：人太精明也不好。 　　　太便宜也不能买。	**(3)** "很+形容词"不能做主语 例如：*人很精明也不好。 　　　*很便宜也不能买。
	(4) 不能用在是非疑问句中 例如：*你太累了吗？ 　　　*你最近太忙吗？	**(4)** 可以用在是非疑问句中 例如：你很累吗？ 　　　你最近很忙吗？

2. "更"和"还"的用法比较说明

	更	还
异同点	**(1)** 用于比较句，表示比较 例如：今天比昨天更热。 　　　弟弟比哥哥更高。	**(1)** 用于比较句，表示比较 例如：今天比昨天还热。 　　　弟弟比哥哥还高。
	(2) 句末可用"了"，不用"呢" 例如：　今天比昨天更热了。 　　　*今天比昨天更热呢。	**(2)** 句末可用"呢"，不用"了" 例如：　今天比昨天还热呢。 　　　*今天比昨天还热了。
	(3) 不能用于比拟句 例如：*他的腰比那信筒更粗。 　　　*孩子的小脸比苹果更圆。	**(3)** 可用于比拟句，起描写和衬托作用 例如：他的腰比那信筒还粗。 　　　孩子的小脸比苹果还圆。

3. 常见程度副词的固定用法

（1）"真……啊"：表示程度高，带有一定感情色彩。"真+形容词"不能做定语。

例如：　房子真大啊！

　　　　阿姨真好啊！

　　　　*真大的房子啊！

　　　　*阿姨是真好的人。

（2）"可……了"：表示程度高，有"确实"的意思，常用于情绪化表达。

例如：他做的饭可好吃了！

　　　　他的新房可漂亮了！

　　　　　他汉字写得可好了！
　　　　　黄山的风景可美了！

（3）"多/多么……啊"：表示程度高，用于感叹句中。
　　　例如：他多关心你啊！
　　　　　他多不容易啊！
　　　　　电影多无聊啊！
　　　　　他演得多像啊！

（4）挺……（的）：表示程度高。
　　　例如：他挺疼你的。
　　　　　房价挺高的。
　　　　　孩子挺懂事的。
　　　　　没车挺不方便的。

（5）稍微：表示程度不深、数量不多、时间不长。后面通常用"一点儿""一些""一下"或"有点儿"等词语。
　　　例如：你稍微吃一点儿吧。
　　　　　他的病稍微好些了。
　　　　　你稍微休息一下吧。
　　　　　语法稍微有点儿难。

实力测试

一、请选出正确答案。

　　1. 他（　　）关心别人的事。
　　　A. 没有　　　　　　B. 从来　　　　　　C. 从不

　　2. 这种酒我从来（　　）喝过。
　　　A. 不　　　　　　B. 没　　　　　　C. 都

　　3. 明天（　　）是周末了。
　　　A. 也　　　　　　B. 又　　　　　　C. 再

　　4. 你们班谁的口语（　　）好？
　　　A. 最　　　　　　B. 更　　　　　　C. 很

　　5. 他是个做事（　　）干脆的人。
　　　A. 真　　　　　　B. 很　　　　　　C. 最

　　6. 裙子再瘦点儿会（　　）好看。
　　　A. 太　　　　　　B. 很　　　　　　C. 更

7. 他说过（　　）名牌大学不上。

　　A. 别　　　　　　　B. 不　　　　　　　C. 非

8. 信太长，我半天（　　）看完。

　　A. 就　　　　　　　B. 才　　　　　　　C. 再

9. 我等了一会儿，他（　　）来了。

　　A. 才　　　　　　　B. 就　　　　　　　C. 又

10. 这事你稍微（　　）就能想明白。

　　A. 想一点儿　　　　B. 想一下　　　　　C. 一点儿想

11. （　　）聪明的人未必能成功。

　　A. 太　　　　　　　B. 很　　　　　　　C. 更

12. 邻居奶奶是个（　　）热情的人。

　　A. 真　　　　　　　B. 很　　　　　　　C. 太

13. 他（　　）说了一遍，我也没听清。

　　A. 还　　　　　　　B. 再　　　　　　　C. 又

14. 哪怕（　　）艰难，我也不会放弃。

　　A. 很　　　　　　　B. 再　　　　　　　C. 还

15. 受再多委屈，他也（　　）悲观过。

　　A. 不曾　　　　　　B. 不必　　　　　　C. 不想

16. 我没听清，你能（　　）说一遍吗？

　　A. 还　　　　　　　B. 再　　　　　　　C. 又

17. 苹果还（　　）红呢，怎么就摘了？

　　A. 没　　　　　　　B. 别　　　　　　　C. 不

18. 婚事我（　　）考虑了很久才决定。

　　A. 又　　　　　　　B. 再　　　　　　　C. 才

19. 难道你不认为他（　　）了不起吗？

　　A. 没　　　　　　　B. 太　　　　　　　C. 很

20. 晚饭时不要吃得（　　）多，否则不易消化。

　　A. 太　　　　　　　B. 很　　　　　　　C. 真

二、请改正下列病句。

　　1. 父母没有一天为他不担心的。

　　2. 国王不提起关于十五座城的事。

3. 几年过去了，他也在上海生活。

4. 跟别的同学比起来，他口语很好。

5. 后来，人们没有关心画师的作品。

6. 高考前一天，我太紧张得不得了。

7. 今天虽然没下雪了，但还是挺冷。

8. 我很饿，再吃了两碗米饭才吃饱。

9. 我的办公室离母亲的病房没有远。

10. 他喝了很多酒，脸一点儿也不通红。

11. 这么多年过去了，摄影是我最大的爱好。

12. 上班时间路上的车真太多，常常会堵车。

13. 幸亏有小喜陪着父亲，我才有点儿安心。

14. 开学没多久，还有一位新同学来到我们班。

15. 如果我上课听不懂，老师就用汉语说几遍。

16. 他觉得不有名的画师举办画展不会成功的。

17. 今天参加朋友婚礼，她却穿得不漂漂亮亮。

18. 如果爸爸老得走不动了，你也不会烦我吧？

19. 三年前我第一次来中国，那时我才十六岁了。

20. 我刚到北京以后就找了一家汉语学院开始上课了。

三、完成句子。

1. 没　看　吗　你们　去　一起　电影

2. 还　那笔钱　你　吗　借到　没有

3. 看电影　不　一起　去　跟　吗　我们　你

4. 他　就　说过　承认　了　刚刚　的话　不

5. 曾经　每个人　都　疯狂　年轻时　过

6. 补办　五个　护照　工作日　需要　至少

7. 他的信念　都　过　未曾　一生　改变

8. 近百年　这种　不曾　过　气候现象　出现

9. 一直　他　早上　工作　深夜　休息　才　从……到

10. 做饭　自己　一种　吃　不能　享受　是　不说

11. 没有　不　这是　真的　亲身经历　会　的人　相信

12. 寿命　笔记本　也　的　使用　五年　吧　电脑　就

13. 也　协调　的关系　是　的职责　邻居之间　我们

14. 头脑　成为　聪明　不能　的借口　不努力　再……也

15. 我们　的　有关系　衣食住行　和　气候　无一　不

16. 都　他　所有精力　把　用　孩子的教育　了　在……上

17. 凡是　夸他　认识他　的人　谁　聪明能干的　没有······不
18. 也　他　谁　为　做出过　公司发展　否认　巨大贡献　不能
19. 已经　建筑材料　警方　掌握了　他　的证据　销售　伪劣
20. 大院　被他　几乎　的陌生人　拦了下来　每个　进入　都

第三节　难点副词辨析

一、时间副词

1. "马上"和"立刻"的用法比较说明
　都可表示即将发生某事。

马上	立刻
(1) 可以表示即刻要发生或紧接着某件事发生，可表示比"立刻"稍大的时间幅度 例如：经理让你马上回去。 　　　他刚下班，马上就赶来了。 　　　他马上要毕业了。	**(1)** 只表示即刻要发生或紧接着某件事发生 例如：　经理让你立刻回去。 　　　他刚下班，立刻就赶来了。 　　　*他立刻要毕业了。
(2) 可用于表示客观情况的变化 例如：马上就下雨了。 　　　饭马上做好了。	**(2)** 一般不用于表示客观情况的变化 例如：*立刻就下雨了。 　　　*饭立刻做好了。

2. "一直"和"始终"的用法比较说明
　都有持续不变的意思。

一直	始终
(1) 表示从头到尾持续不变 例如：他一直没放弃希望。 　　　大家一直很信任他。	**(1)** 表示从头到尾持续不变 例如：他始终没放弃希望。 　　　大家始终很信任他。
(2) 动词后可带时间补语 例如：他一直睡到中午。 　　　雨一直下了三天。	**(2)** 动词后不带时间补语 例如：*他始终睡到中午。 　　　*雨始终下了三天。

3. "一直"和"直"的用法比较说明
　都可表示不间断。

一直	直
(1) 侧重表示动作行为或状态持续 例如：他一直在等你。 　　　他身体一直很好。 　　　他一直带病工作。	**(1)** 侧重表示不间断，多修饰身体动作或言语动词 例如：*他直在等你。 　　　他冻得直哆嗦。 　　　他直劝我别着急。

一直	直
(2) 表示行为延续的时间或到达的处所，常构成"(从)……一直+动词+到……"形式 例如：他从早晨一直忙到深夜。 　　他从公司一直走到家。	**(2)** 表示行为延续的时间或到达的处所，只修饰单音节动词 例如：他直到深夜才忙完。 　　这趟火车直达北京。
(3) 后面可跟肯定或否定形式 例如：我求了他半天，他还是一直摇头。 　　我求了他半天，他还是一直不点头。	**(3)** 后面只能跟肯定形式，不能跟否定形式 例如：我求了他半天，他还是直摇头。 　　*我求了他半天，他还是直不点头。

4. "正"和"在"的用法比较说明

　　都可表示动作正在进行或状态持续。

正	在
(1) 强调在某一时点动作正在进行 例如：他正睡觉呢。 　　他正上课呢。	**(1)** 强调状态持续 例如：他在上课。 　　时代在发展。
(2) 后面可跟介词"从" 例如：太阳正从江边升起。 　　雨水正从屋顶流下来。	**(2)** 后面不能跟介词"从" 例如：*太阳在从江边升起。 　　*雨水在从屋顶流下来。
(3) 不能表示动作反复进行或状态持续 例如：*你又正吃什么呢？ 　　*他一直正等你呢。	**(3)** 可以表示动作反复进行或状态持续 例如：你又在吃什么呢？ 　　他一直在等你呢。

二、否定副词

"不必""未必"和"何必"的用法比较说明

　　都可以表示否定意义。

不必	未必	何必
(1) 是"必须"的否定形式，表示"不需要，用不着" 例如：你不必等我。 　　你不必着急。	**(1)** 是"必定"的否定形式，表示"不一定" 例如：他未必能来。 　　这药未必有效。	**(1)** 用反问语气表示"不必" 例如：一家人何必这么客气？ 　　没感情何必在一起呢？
(2) 后面只能接肯定形式 例如：你不必担心。 　　*你不必不放心。	**(2)** 后面可以接肯定形式或否定形式 例如：他未必想来。 　　他未必不想来。	**(2)** 常与"这么""那么"或"呢"配合使用 例如：时间还早，你何必这么着急？ 　　何必跟孩子生气呢？

三、频率副词

1. "常常" 和 "往往" 的用法比较说明

都表示频率。

常常	往往
(1) 侧重指动作行为发生的频率，常带有主观意愿 例如：他常常工作到深夜。 　　　他常常周末去打篮球。	**(1)** 侧重指动作行为发生的规律性，一般不带有主观意愿 例如：他往往工作到深夜。 　　　他周末往往去打篮球。
(2) 可用于过去的情况，也可用于限定将来时间的句子用 例如：以前他常常来这儿玩儿。 　　　欢迎你以后常常来玩儿。	**(2)** 只用于过去的情况或一般规律，不用于限定将来时间的句子中 例如：　人一成熟往往就老了。 　　　*欢迎你以后往往来玩儿。

2. "再三" 和 "反复" 的用法比较说明

都含有 "不止一次" 的意思。

再三	反复
(1) 多修饰和说话有关的动词 例如：他再三谢绝邀请。 　　　他再三表示感谢。	**(1)** 多修饰和说话有关的动词，也可以修饰一般性动词 例如：他反复解释了好几遍。 　　　这个动作得反复练习。
(2) 可用在动词后做动量补语 例如：他考虑再三，还是放弃了。 　　　我犹豫再三才开口。	**(2)** 可以重叠使用 例如：他反反复复就听一首歌。 　　　奶奶反反复复地嘱咐着。

四、语气副词

1. "千万" 和 "万万" 的用法比较说明

都可以表示 "无论怎样"，用在主语后、谓语前做状语。

千万	万万
(1) 只用于祈使句中，后面可接肯定或否定形式 例如：你千万不要相信他！ 　　　你千万别酒后开车！ 　　　你可千万要小心啊！	**(1)** 可用于祈使句中，后面只能接否定形式 例如：　你万万不要相信他！ 　　　你万万别酒后开车！ 　　　*你可万万要小心啊！
(2) 不能用在陈述句中 例如：*千万没想到他会来。 　　　*千万没想到会出现这种问题。	**(2)** 可用在陈述句中，后面只能接否定形式 例如：万万没想到他会来。 　　　万万没想到会出这种问题。

2."不免"和"难免"的用法比较说明
　　都可表示由于某种原因而导致结果不理想。

不免（副词）	难免（形容词）
(1) 只能用于肯定句，不能用于否定句，只做状语 例如：　粗心大意，不免会出错。 　　　　＊粗心大意，不免不会出错。	**(1)** 既能用于肯定句，也能用于否定句，可做状语 例如：粗心大意，难免会出错。 　　　　粗心大意，难免不会出错。
(2) 不做定语，不能用在"是……的"格式中 例如：＊粗心大意，出错是不免的。 　　　　＊粗心大意，出错是不免的事。	**(2)** 可做定语，可用在"是……的"格式中 例如：粗心大意，出错是难免的。 　　　　粗心大意，出错是难免的事。

五、情态副词

1."逐步"和"逐渐"的用法比较说明
　　都可表示动作行为或状态慢慢地变化。

逐步	逐渐
多用于可自己控制的行为，只能修饰动词性词语，不能修饰形容词性词语 例如：　新技术逐步推广开来。 　　　　问题逐步得到了解决。 　　　　＊天气逐步暖和起来了。	多用于不可自己控制的行为，既能修饰动词性词语，也能修饰形容词性词语 例如：新技术逐渐推广开来。 　　　　他的身体逐渐康复了。 　　　　天气逐渐暖和起来了。

2."互相"和"相互"的用法比较说明
　　都有"彼此"的意思。

互相（副词）	相互（副词/形容词）
只能做状语，不能做定语，修饰双音节动词 例如：　母女俩互相依靠。 　　　　夫妻应该互相信任。 　　　　＊我们能听到互相的声音。 　　　　＊夫妻要了解互相的缺点。	既能做状语，又能做定语，修饰双音节动词或名词 例如：母女俩相互依靠。 　　　　夫妻应该相互信任。 　　　　我们相互的感情很深厚。 　　　　这件事不会影响我们相互的友谊。

实力测试

一、请选出正确答案。

1. 这（　　）是为什么？
   A. 究竟　　　　　　B. 毕竟　　　　　　C. 竟然

2. 他（　　）看着那封信。
   A. 反复　　　　　　B. 再三　　　　　　C. 不断

3. 你（　　）是怎么想的？
   A. 终于　　　　　　B. 到底　　　　　　C. 终于

4. 这块手表（　　）不准。
   A. 曾经　　　　　　B. 终于　　　　　　C. 一直

5. 我看他（　　）愿意帮忙。
   A. 不必　　　　　　B. 未必　　　　　　C. 何必

6. 外边风大，（　　）进屋来。
   A. 赶紧　　　　　　B. 赶忙　　　　　　C. 连忙

7. 别让孩子（　　）乱跑。
   A. 到处　　　　　　B. 顺便　　　　　　C. 总是

8. 这事你（　　）别忘了。
   A. 一定　　　　　　B. 必须　　　　　　C. 必然

9. 有钱人（　　）幸福吗？
   A. 果然　　　　　　B. 居然　　　　　　C. 真的

10. 爷爷（　　）住在老家。
    A. 到底　　　　　　B. 从来　　　　　　C. 始终

11. 爸爸（　　）也会喝两杯。
    A. 偶然　　　　　　B. 偶尔　　　　　　C. 突然

12. 鱼离开水（　　）就会死亡。
    A. 马上　　　　　　B. 急忙　　　　　　C. 赶紧

13. 酒后开车（　　）不出事故。
    A. 不免　　　　　　B. 难免　　　　　　C. 未免

14. 年轻人就应该（　　）学习。
    A. 反复　　　　　　B. 不断　　　　　　C. 重复

15. 我不能（　　）适应新环境。
　　A. 立刻　　　　　　B. 马上　　　　　C. 立即

16. 世界上（　　）还是好人多。
　　A. 毕竟　　　　　　B. 一直　　　　　C. 从来

17. 后来，私立学校才（　　）出现。
　　A. 陆续　　　　　　B. 持续　　　　　C. 继续

18. 他太累了，（　　）坐着睡着了。
　　A. 竟然　　　　　　B. 忽然　　　　　C. 果然

19. 人的精力（　　）有限，不能什么都做。
　　A. 总是　　　　　　B. 总算　　　　　C. 毕竟

20. 父母（　　）是过来人，应该听听他们的意见。
　　A. 反而　　　　　　B. 毕竟　　　　　C. 反正

二、请改正下列病句。

1. 以前常常我去游泳。
2. 父母挺高兴看到我学业进步。
3. 许多海洋物种正在逐步消失。
4. 是否努力是取得好成绩的关键。
5. 粮食源源不断地陆续运往灾区。
6. "我不必你帮忙"，她冷冷地说。
7. 我和弟弟一起先后考上了大学。
8. 画中人那明亮的眼睛很好像真人的。
9. 水立刻就开了，我给你冲杯咖啡吧。
10. 他们互相相爱很多年，终于结婚了。
11. 饭店服务员对客人的态度比较冷冰冰。
12. 汉语越学越很有意思，但也越学越难。
13. 千万不想一句玩笑话，他竟然当了真。
14. 多完善的制度也会出现这样那样的问题。
15. 这事在我很小的时候，父亲曾经告诉我。
16. 塑料饭盒加热后难免保证其不带有毒性。
17. 失败再给你一次重新开始的机会，未必是坏事。
18. 非常认真有时也会吃亏的，所以不能事事认真。
19. 从小到大，身边都曾经有不同的人陪伴我成长。
20. 自从出现以来，人类对自然的挑战就从来没有停止过。

三、完成句子。

1. 常常　运动　一两天　就　一次　去　他

2. 认为　他并没　始终　我　什么　做错

3. 前前后后　婚礼　总共　好几万　花了

4. 参加　的　有　晚会　大约　吧　六七十人

5. 提　那些　不必　从前　不愉快的　事　了　再

6. 未必　的东西　就　低　价格　质量　不好

7. 到底　弄清楚　他　想　我　总算　什么　干　了

8. 好几趟　他　房间　急得　走了　反复　在……里

9. 主张　平等　法律　历来　我们　面前　人人

10. 消除了　这件事　误会　我们之间　彻底　的

11. 闯　不得不　红灯　的司机　接受　的　处罚　警察

12. 简直　世界杯　的开幕式　精彩　足球赛　太……了

13. 没想到　帮过　他这样　万万　曾经　他　对待　的人

14. 没想到　谁　奇迹般地　也　病人　活了下来　竟然

15. 就是　他　这么　一副　从来　都　什么　的　样子　不在乎

16. 老师　妈妈　帮忙　嘱咐　我　遇到　再三　紧急情况　就找

17. 出国旅行时　使用　安全　往往　比　国际信用卡　现金　更

18. 坦率　领导　大家的　尊重　承认　反而　赢得了　自己无知

19. 老年朋友　他　利用　为　业余时间　健康讲座　举办　常常

20. 他觉得　可能　就像　自己　那　的　树叶　随时　落下来　死去

第七章

介词

第一节　介词分类及语法特点

一、介词分类

介词一般用于名词、代词或名词性短语前面，构成介词短语。

常用介词有：

意义	例
表示时间	从　自　由　打　在　于　当　离　距　趁　乘　自从
表示处所	从　自　由　打　在　于　离　距
表示方向	朝　向　往　沿　顺
表示对象	和　跟　同　与　把　被　叫　让　为　给　替　朝　向　比　对　对于　关于　至于　除　除了
表示依据	按　按照　依　依照　照　据　根据　本着　以　凭　由　拿
表示原因	为　为了　为着　由　由于

二、介词的语法特点

一般不能单独使用，构成介词短语，在句中做状语、定语或补语。

1. 做状语：这是介词短语的主要语法功能。

例如：请向前看！

他比我高。

我朝他招手。

2. 做定语：介词短语与中心语之间一定要加"的"。

例如：朝南的房子很暖和。

得搞好和同事的关系。

他在学校的表现不错。

3. 做补语：能做补语的介词只有"向""往""给""自""到""于""在"等少数。

例如：他来自北京。

小鸟飞向天空。

作业交给老师了。

4. 有的介词可以用"A 不 / 没 A"形式提问。

例如：你跟不跟我去超市？

你给没给家里写信？

这件事对不对他说？

实力测试

一、请选出正确答案。

1. 我被她的歌声（　　）。
   A. 很感动　　　　　B. 感动了　　　　　C. 真感动

2. （　　）街的房子很贵。
   A. 沿　　　　　　　B. 顺　　　　　　　C. 对

3. 他挣的钱比我（　　）多。
   A. 还　　　　　　　B. 太　　　　　　　C. 真

4. 他偶尔会（　　）我发脾气。
   A. 给　　　　　　　B. 向　　　　　　　C. 对

5. 泪水（　　）她脸上流下来。
   A. 从　　　　　　　B. 在　　　　　　　C. 往

6. 她（　　）我说了她的心事。
   A. 给　　　　　　　B. 跟　　　　　　　C. 朝

7. 这次选举，他又被（　　）了。
   A. 入选　　　　　　B. 当选　　　　　　C. 选上

8. 他（　　）文学方面很有才华。
   A. 从　　　　　　　B. 对　　　　　　　C. 在

9. 姐姐（　　）装饰新房的任务。
   A. 对我交给　　　　B. 交给我　　　　　C. 给我交

10. （　　）我看来，根本不该答应他。
    A. 在　　　　　　　B. 从　　　　　　　C. 对

11. 他想（　　），又担心其他人反对。
    A. 把亲戚升职　　　B. 对亲戚升职　　　C. 升亲戚的职

12. 他让儿子（　　）朋友写封回信。
    A. 向　　　　　　　B. 给　　　　　　　C. 对

13. 电灯是什么时候（　　）出来的?
    A. 被发明　　　　　B. 发明　　　　　　C. 发明了

14. 总公司同意（　　）我当部门经理。
    A. 把　　　　　　　B. 被　　　　　　　C. 由

15. 当我难过（　　），他就来安慰我。
    A. 时候　　　　　　B. 的时间　　　　　C. 的时候

16. 他的军队（　　　），他也成了俘虏。

　　A. 打败　　　　　　B. 打了败　　　　C. 被打败了

17. 孩子经常（　　　）一些奇怪的问题。

　　A. 对我问　　　　　B. 给我问　　　　C. 问我

18. 按照爸爸的（　　　），妈妈出远门了。

　　A. 说　　　　　　　B. 说话　　　　　C. 说法

19. 除了上海，我（　　　）去过南京、杭州。

　　A. 都　　　　　　　B. 还　　　　　　C. 又

20. 污染的空气会（　　　）人体产生不良影响。

　　A. 给　　　　　　　B. 对　　　　　　C. 使

二、请改正下列病句。

　1. 我把中国同学教过日语。

　2. 你把脏衣服放在洗衣机吧。

　3. 上个月，我在公司辞职了。

　4. 妈妈去上班时就关我在家里。

　5. 你把我的事情根本没放在心上。

　6. 这张床就是我平时睡在的地方。

　7. 上个月，我到北京大学转学了。

　8. 网络让我认识了很多在北京朋友。

　9. 我走进房间，看到挂着墙上的照片。

10. 我第一次是爸爸妈妈一起来中国的。

11. 父亲一个人住在家，常感到很孤独。

12. 从我们宿舍不远的地方就是运动场。

13. 老猎人无名无姓，过着打猎为生的生活。

14. 亲人的去世对病人家庭带来巨大的痛苦。

15. 听到这个消息，笑容一下子从他的脸消失了。

16. 爸爸从小就对我告诉"做人要诚实"的道理。

17. 其他沿海城市相比，大连有其独特的城市精神。

18. 东郭先生放书在狼的上面，然后把袋口扎紧了。

19. 他问大臣："你看来，像我这样的人能带多少兵？"。

20. 地球为人类所提供了水、空气和食物等维持生命的物质。

三、完成句子。

　1. 把　盖在了　奶奶　小孙子　身上　薄被

　2. 离　我们单位　儿子　的　幼儿园　远　不

3. 运输　方便面　被　过程　都　压碎了　在……中

4. 从来　怀疑　没　我们　过　对　产生　他的话

5. 他每天　给　打电话　会　爸爸妈妈　都

6. 必须　对于　违反　规则　者　处理　交通　严肃

7. 的　包裹　帮我　邮局　吗　能　取回来　你　把……给

8. 当代　对　陌生　这个名字　鲁迅　年轻人　并不

9. 掉下来的　爸爸　用　把　粘上了　胶水　桌子腿

10. 画家　彩笔　用　挂　画了　一片树叶　树枝　在……上

11. 接近　谁也　意外　没想到　他　终点　摔倒了　在……时

12. 一般　的人　不会　自信　讲话　在公共场合　害怕

13. 希望　银行　能　我　投资　举办　一些　关于……的讲座

14. 深呼吸　缓解　神经的　过度紧张　用……的方式可以

15. 预订　你　节省　提前　酒店　旅游费用　可以　以……的方式

16. 对方球员　被罚　我们　踢进了　一个球　下场　趁　……的机会

17. 学习语言　忽视　不能　它　日常生活　的　交际功能　在……中

18. 人　的　和　生活习惯　密切的　健康状况　有着　平时的　关系

19. 移动互联网公司　费用　通过　客户　技术服务　收取　为……提供

20. 通过　健身房　职业中介机构　教练　他　找到了　一份　的　工作

第二节　常用介词辨析

一、表示时间和处所的介词

1. "从"和"离"的用法比较说明

从	离
表示时间、空间的起点	表示两者在时间、空间上相隔
例如：他从小就离开了父母。 　　　从那以后，就没见过他。 　　　从宿舍到食堂就几步路。 　　　他从里到外换了新衣服。	例如：离高考只有几天了。 　　　离放假没几天了。 　　　宿舍离食堂很近。 　　　这儿离车站不远。

2. "当"和"在"的用法比较说明

　表示事情发生的时间或处所。

当	在
(1) "当"构成的介词短语只能表示时点，不能表示时段	(1) "在"构成的介词短语既能表示时点，又能表示时段
例如：当我回来时，他已经睡了。 　　　当钟声敲响时，全场沸腾了。	例如：毕业典礼将在明天举行。 　　　他在中国留学时，我们相识了。

当	在
(2) 表示处所时，不能与处所词、方位词组合，只能与表示"人"的名词组合 例如：　他当众承认了错误。 　　　*他当众人面前承认了错误。 　　　你当着大家的面说清楚。 　　　*你当着大家的面前说清楚。	**(2) 表示处所，可和处所词、方位词组合，不能与表示"人"的名词组合** 例如：*他在众人承认了错误。 　　　他在众人面前承认了错误。 　　　*你在大家的面说清楚。 　　　你在大家的面前说清楚。

二、表示对象、方向、范围的介词

1. "对"和"跟"的用法比较说明

　　都可引进动作行为的对象。

对	跟
(1) 表示动作行为的对象或人与人之间的对待关系 例如：我对他很信任。 　　　她对顾客很热情。	**(1) 引进动作协同的对象** 例如：他跟同事有矛盾。 　　　我有事跟你商量。
(2) 多用于单方行为，谓语通常是表示人的情感或态度的词语 例如：爸爸对我很严厉。 　　　他对我有意见。	**(2) 多用于双方行为，谓语动词通常是表示双方参与的词语** 例如：他跟我合得来。 　　　我跟他聊了聊。

2. "为"和"给"的用法比较说明

　　都可以引进动作行为的对象。

为	给
(1) 引进动作行为的受益者 例如：学校为他提供住处。 　　　这是为你准备的。	**(1) 引进动作行为的受益者** 例如：学校给他提供住处。 　　　这是给你准备的。
(2) 不能引进动作行为的受损者或接受者 例如：*他总为我出难题。 　　　*别为别人添麻烦。 　　　*你为他回个电话吧。 　　　*他为我介绍了新朋友。	**(2) 可以引进动作行为的受损者或接受者** 例如：他总给我出难题。 　　　别给别人添麻烦。 　　　你给他回个电话吧。 　　　他给我介绍了新朋友。

3. "向""朝"和"往"的用法比较说明

　　（1）"向"和"朝"都可以指明动作行为的对象。

续表

向	朝
(1) 动词可以是与身体动作有关的具体动词，也可以是与身体动作无关的抽象动词 例如： 我向他挥挥手。 　　　他向我点点头。 　　　我向你表示感谢。 　　　他向我了解情况。	**(1)** 动词可以是与身体动作有关的具体动词，不能是与身体动作无关的抽象动词 例如： 我朝他挥挥手。 　　　他朝我点点头。 　　　* 我朝你表示感谢。 　　　* 他朝我了解情况。
(2) 介词后不可以紧跟"着" 例如： * 我向着他挥挥手。 　　　* 他向着我点点头。 　　　* 我向着他招招手。	**(2)** 介词后可以紧跟"着" 例如： 我朝着他挥挥手。 　　　他朝着我点点头。 　　　我朝着他招招手。

（2）"向""朝"和"往"都可以指明动作行为的方向

向	朝	往
① 动词可以是表示动作行为的动词 例如： 请大家向前看。 　　　他向家里跑去。 　　　汽车向南开去。	① 动词可以是表示动作行为的动词 例如： 请大家朝前看。 　　　他朝家里跑去。 　　　汽车朝南开去。	① 动词可以是表示动作行为的动词 例如： 请大家往前看。 　　　他往家里跑去。 　　　汽车往南开去。
② 动词可以是表示动作状态的动词 例如： 门向东开着。 　　　他脸向里躺着。 　　　车头向南停着。	② 动词可以是表示动作状态的动词 例如： 门朝东开着。 　　　他脸朝里躺着。 　　　车头朝南停着。	② 动词不能是表示动作状态的动词 例如： * 门往东开着。 　　　* 他脸往里躺着。 　　　* 车头往南停着。
③ 介词后可以紧跟"着" 例如： 汽车向着远方开去。 　　　孩子向着家里跑去。 　　　他脸向着里面躺着。	③ 介词后可以紧跟"着" 例如： 汽车朝着远方开去。 　　　孩子朝着家里跑去。 　　　他脸朝着里面躺着。	③ 介词后不能有"着" 例如： * 汽车往着远方开去。 　　　* 孩子往着家里跑去。 　　　* 请大家往着前看。
④ 可用于既指明动作行为的对象，又指明动作方向的句子 例如： 她向客人要小费。 　　　小偷向他刺了一刀。 　　　他向小狗踢了一脚。	④ 可用于既指明动作行为的对象，又指明动作方向的句子 例如： 她朝客人要小费。 　　　小偷朝他刺了一刀。 　　　他朝小狗踢了一脚。	④ 不能用于既指明动作行为的对象，又指明动作方向的句子 例如： * 她往客人要小费。 　　　* 小偷往他刺了一刀。 　　　* 他往小狗踢了一脚。
⑤ 可以用在动词后面，动词限于"转""冲""走""指""飞""通""推""流"等少数单音节动词 例如： 孩子跑向妈妈。 　　　小鸟飞向天空。 　　　小河流向大海。	⑤ 不能用在动词后面 例如： * 孩子跑朝妈妈。 　　　* 小鸟飞朝天空。 　　　* 小河流朝大海。	⑤ 可以用在动词后面，动词限于"开""送""寄""派""飞""通""运""发"等少数单音节动词 例如： 这趟车开往北京。 　　　这批货运往上海。 　　　这封信寄往西安。

4. "对"和"对于"的用法比较说明

　　都可以表示人、事物之间的对待关系。

对	对于
(1) 可用于表示人与人之间的对待关系或动作行为的对象 例如：他对我很冷淡。 　　　他对我招招手。 　　　他对病人很负责。	**(1)** 不能用于表示人与人之间的对待关系或动作行为的对象 例如：＊他对于我很冷淡。 　　　＊他对于我招招手。 　　　＊他对病人很负责。
(2) "对"组成的介词短语可以用在能愿动词、副词前边或后边 例如：你得对这事负责。 　　　你对这事得负责。 　　　乱吃药才对身体有害。 　　　乱吃药对身体才有害。	**(2)** "对于"组成的介词短语只能用在能愿动词或副词前边 例如：＊你得对于这事负责。 　　　你对于这事得负责。 　　　＊乱吃药才对于身体有害。 　　　乱吃药对于身体才有害。

5. "对于"和"关于"的用法比较说明

　　如果介词的宾语既表示动作涉及的对象，又表示动作涉及的范围，用"对于""关于"都可以。

　　　例如：对于这个问题，大家看法一致。　　关于这个问题，大家看法一致。
　　　　　　对于幼儿教学，他有自己的方法。　　关于幼儿教学，他有自己的方法。

对于	关于
(1) 用于引进动作行为的对象 例如：对于文化遗产，我们应该保护。 　　　对于员工的困难，我们会抓紧解决。 　　　对于中国历史，他很感兴趣。	**(1)** 用于指出动作行为所涉及的范围或内容 例如：他给我讲了关于春节的习俗。 　　　关于他的事迹，我也听说了。 　　　别相信关于世界末日的说法。
(2) "对于"组成的介词短语可用于句首或动词前做状语，一般不能用在宾语前做定语 例如：　对于春节的习俗，我了解一些。 　　　我对于春节的习俗了解一些。 　　　＊我了解一些对于春节的习俗。	**(2)** "关于"组成的介词短语可用于句首或宾语前做定语，不能用在动词前做状语 例如：　关于春节的习俗，我了解一些。 　　　＊我关于春节的习俗了解一些。 　　　我了解一些关于春节的习俗。

三、表示凭借或依据的介词

1. "按"和"按照"的用法比较说明

　　都表示动作行为所遵循的标准或依据。

按	按照
(1) 后面可跟单音节或双音节词语，后面如跟双音节词语可以加"着"	**(1) 后面只跟双音节词语，不能跟单音节词，后面不能加"着"**
例如：按说，也该降温了。 　　　会议会按期举行的。 　　　应该按客观规律办事。 　　　你得按公司规定去做。 　　　就按着原计划进行吧。	例如：*按照说，也该降温了。 　　　*会议会按照期举行的。 　　　应该按照客观规律办事。 　　　你得按照公司规定去做。 　　　*就按照着原计划进行吧。
(2) 后面可跟表示单位时间的名词或量词	**(2) 后面不能跟表示单位时间的名词或量词**
例如：大学学费按年度缴纳。 　　　员工工资按月份发放。 　　　翻译的报酬按小时计算。 　　　出租车是按公里计价的。	例如：*大学学费按照年度缴纳。 　　　*员工工资按照月份发放。 　　　*翻译的报酬按照小时计算。 　　　*出租车是按照公里计价的。

2. "据"和"根据"的用法比较说明

都表示以某种事物或动作行为为前提或基础。

据	根据
(1) 可以跟单音节名词或单音节动词组合	**(1) 不能跟单音节名词或单音节动词组合**
例如：你应该据理力争。 　　　你应该据实报告。 　　　据说，中国人口最多。 　　　据传，公司股票大涨。	例如：*你应该根据理力争。 　　　*你应该根据实报告。 　　　*根据说，中国人口最多。 　　　*根据传，公司股票大涨。
(2) 后面一般跟双音节动词（此处动词不能带宾语），不能跟双音节名词	**(2) 后面可以跟双音节动词（此处动词不能带宾语）或双音节名词**
例如：　据预报，明天开始降温。 　　　　据鉴定，花瓶出自明朝。 　　　*电影是据同名小说改编的。 　　　*学校是据学生水平分班的。	例如：根据预报，明天开始降温。 　　　根据鉴定，花瓶出自明朝。 　　　电影是根据同名小说改编的。 　　　学校是根据学生水平分班的。
(3) 后面可以跟"某人说""某人看来"之类的小句	**(3) 后面不能跟"某人说""某人看来"之类的小句**
例如：据你看，比赛能赢吗？ 　　　据我看，他不会这么做。 　　　据他说，他会五门外语。 　　　据院方称，近日无新增病例。	例如：*根据你看，比赛能赢吗？ 　　　*根据我看，他不会这么做。 　　　*根据他说，他会五门外语。 　　　*根据院方称，近日无新增病例。

实力测试

一、请选出正确答案。

1. 他在吃穿（　　　）很讲究。

    A. 上　　　　　　　　B. 下　　　　　　　　C. 中

2. 我看到他（　　　）我走来。

    A. 向　　　　　　　　B. 往　　　　　　　　C. 对

3. 任何事都要（　　　）好里想。

    A. 对　　　　　　　　B. 往　　　　　　　　C. 向

4. 这列火车是（　　　）北京的。

    A. 开往　　　　　　　B. 开到　　　　　　　C. 去到

5. 演唱会一律（　　　）票入场。

    A. 按　　　　　　　　B. 凭　　　　　　　　C. 据

6. 他应该（　　　）股票非常在行。

    A. 对于　　　　　　　B. 关于　　　　　　　C. 对

7. 学生食堂（　　　）图书馆很近。

    A. 往　　　　　　　　B. 离　　　　　　　　C. 从

8. 他每周都（　　　）家里打电话。

    A. 往　　　　　　　　B. 对　　　　　　　　C. 朝

9. 就连父母都（　　　）他没办法。

    A. 对　　　　　　　　B. 和　　　　　　　　C. 对于

10. 只（　　　）经验办事是不够的。

    A. 凭　　　　　　　　B. 依　　　　　　　　C. 以

11. 火车就要开（　　　）北京来了。

    A. 到　　　　　　　　B. 向　　　　　　　　C. 往

12. （　　　）您看，这病能治好吗？

    A. 依　　　　　　　　B. 从　　　　　　　　C. 在

13. 他（　　　）着屋里喊"有人吗？"。

    A. 向　　　　　　　　B. 对　　　　　　　　C. 往

14. 父母千万别（　　　）着孩子的面吵架。

    A. 在　　　　　　　　B. 当　　　　　　　　C. 对

15. 这孩子似乎（　　　）数学没什么兴趣。

    A. 对于　　　　　　　B. 对　　　　　　　　C. 关于

16. 所有观众都把目光投（　　　）主持人。

  A. 向   B. 给   C. 往

17. 我回来时，她正（　　　）锅里加水呢。

  A. 到   B. 往   C. 在

18. 这幅画出（　　　）一个 5 岁孩子之手。

  A. 自   B. 从   C. 在

19. 蔬菜（　　　）孩子来说是不可缺少的。

  A. 从   B. 对   C. 在

20.（　　　）他的话中，我能了解他的无奈。

  A. 从   B. 在   C. 自

二、请改正下列病句。

1. 我对他一直是好朋友。

2. 从此之前，我没出过国。

3. 我不满意对食堂的饭菜。

4. 从我来看，他没做错什么。

5. 他从初中就已经戴眼镜了。

6. 父亲当年轻的时候来过中国。

7. 您能给我允许进去看看他吗？

8. 我是从中国上海出生的美国人。

9. 她分手了男朋友，心里很难过。

10. 他一不小心在楼梯上摔了下来。

11. 我和同屋的关系从一开始不太好。

12. 这家工厂的设备都是日本运来的。

13. 从以前我一直不了解父母有多辛苦。

14. 我每天都到后半夜做作业才能做完。

15. 我对父母把现在的学习情况告诉了。

16. 小鸟展开翅膀，飞翔向美丽的天空。

17. 我长这么大，爸爸给我没送过什么礼物。

18. 他向带路的农民问：“这儿附近有水吗？”。

19. 他无名无姓，人们关于他的一切都不知道。

20. 有关部门对他提供了一条经过特殊训练的狗。

三、完成句子。

1. 的　帮了　到来　可　给　大忙　志愿者　我们

2. 的 进行着 按照 预想 公开课 事先 步骤

3. 应该 自己的 身材 特点 衣服 选择 根据

4. 借书证 请 凭 本人 同学们 办理 护照

5. 事情 他 又 把 讲了 一遍 经过 从头到尾

6. 的经验 他 都 实践教学 得到的 是 从……中

7. 比赛 运动员的 成绩 会 情绪 影响 对……产生

8. 统治 公司内部 确立了 在 的 地位 逐渐 他

9. 贸易 他 为 双方的 促进 合作 贡献 做出了

10. 这些 废旧机器 先 在 暂时 仓库里 存放 吧

11. 日程 游览的 安排 由 这次 一家旅行社 是……的

12. 逐渐 发展来 由 从前的 火柴 打火机 吗 是……的

13. 竞争对手 被 他的 顽强 就 精神 感动了 连……也

14. 变成固体冰 什么情况 可以 液体水 呢 在……下

15. 以 公司 一直 质量第一 成立 为原则 自……以来

16. 根据 有些植物 变化 环境的 而 颜色 改变 可以

17. 关于 这部 是 如何 医患关系 的 电视剧 处理

18. 他 懂事时 就 有爱心的人 教育他 父母 要做个 从……起

19. 代表团 不同 和地区 国家 的气候专家 来自 由……组成

20. 的 发生 自然灾害 人们 对 的 破坏 密切 环境 和……相关

第三节 难点介词辨析

一、"把"字句和"被"字句

"把"和"被"的用法比较说明

	"把"字句	"被"字句
基本概念	由介词"把"构成的介词短语做状语的句子。"把"字的主要功能是：让原来的宾语处于谓语动词的前边，增强处置作用（原来的宾语成为处置的对象）	由介词"被"构成的介词短语做状语的句子。"被"字的主要功能是：构成被动句（表示一种被动行为）。多用于表示"遭受"或"不希望"的情况
常见句式	**1.** 主语＋把＋宾语＋动词＋了／着 例如：我把钱包丢了。 　　　爸爸把我打了。 　　　把雨伞带着吧。 　　　把窗户开着吧。	**1.** 主语＋被／叫／让＋宾语＋动词＋了／过 例如：我被爸爸打了。 　　　他被老师批评过。 　　　文件被他修改过。 　　　钱包让我丢了。

续表

	"把"字句	"被"字句
常见句式	**2. 主语＋把＋宾语＋给＋动词＋其他成分** 例如：我把钥匙给丢了。 我把咖啡给喝了。 我把密码给忘了。 小猫把鱼给吃光了。	**2. 主语＋被/叫/让＋宾语＋给＋动词＋其他成分** 例如：钱包被我给丢了。 咖啡被我给喝了。 密码让我给忘了。 鱼叫小猫给吃光了。
	3. 主语＋把＋宾语＋动词＋成/作/为＋宾语 例如：把小说译成汉语吧。 把这里看成你家吧。 我把他当作亲兄弟。 他把挫折视为新起点。	**3. 主语＋被＋宾语＋动词＋成/作/为＋宾语** 例如：小说被他译成汉语了。 这里被我当成了家。 他被我当作亲兄弟。 挫折被他视为新起点。
	4. 主语＋把＋宾语＋动词＋补语 例如：我把证件弄丢了。 你把空调关上吧。 你把我搞糊涂了。 你把我吓了一跳。	**4. 主语＋被/叫/让＋宾语＋动词＋补语** 例如：证件被我弄丢了。 空调叫他关上了。 我让你搞糊涂了。 我被你吓了一跳。
	5. 主语＋把＋宾语＋动词重叠 例如：你把房间整理整理吧。 你把状态调整调整吧。 你把想法跟大家说说。 得把这个句子再改改。	**5. 主语＋被＋动词＋其他成分** 例如：我被搞糊涂了。 孩子被吓坏了。 哥哥被批评了。 叉子被弄坏了。
	6. 主语＋把＋宾语＋动词＋给/在/到＋宾语 例如：我把球票送给朋友了。 我把这件事交给他了。 你把沙发摆在客厅吧。 请把词典放到书柜里。	**6. 主语＋被/为＋宾语＋所＋动词** 例如：他被表面现象所欺骗。 我们不能被金钱所累。 我被他的精神所感动。 他不会被人们所遗忘。
注意	**1. "把"的宾语应该是确指的** 例如：我把那张球票送给他了。 *我把一张球票送给他了。 我把作文写完了。 *我把一篇作文写完了。	**1. "被"的主语应该是确指的** 例如：那张球票被我送给他了。 *一张球票被我送给他了。 房间被她打扫干净了。 *一个房间被她打扫干净了。
	2. "把"的谓语动词后应该有其他成分 例如：我把钱包丢了。 *我把钱包丢。 他把房门关上了。 *他把房门关。	**2. "被"的谓语动词后应该有其他成分** 例如：钱包被我丢了。 *钱包被我丢。 房门被他关上了。 *房门被他关。

	"把"字句	"被"字句
注意	3.可能补语不能用在"把"字句中 例如：　他看得懂中文报纸。 　　　　*他把中文报纸看得懂。 　　　　我搬不动这张桌子。 　　　　*我把这张桌子搬不动。	3.可能补语不能用在"被"字句中 例如：　你看得懂中文报纸吗？ 　　　　*中文报纸被你看得懂吗？ 　　　　我搬不动这张桌子。 　　　　*这张桌子被我搬不动。
	4.否定词、能愿动词应放在"把"的前面 例如：别把宠物带进超市！ 　　　　不能把责任推给别人。 　　　　你想把小狗送人吗？ 　　　　你得把真相说出来。	4.否定词、能愿动词应放在"被"的前面 例如：小心别被他给骗了。 　　　　他的方案没被采用。 　　　　建议会被大家接受的。 　　　　我怎么会被他骗呢？
	5.表示感知或认知的动词不能做"把"的谓语 例如：　他发现了你的秘密。 　　　　*他把你的秘密发现了。 　　　　公司知道了这件事。 　　　　*公司把这件事知道了。	5.少数表示感知或认知的动词可以做"被"的谓语 例如：他发现你的秘密了。 　　　　你的秘密被他发现了。 　　　　公司知道了这件事。 　　　　这件事被公司知道了。
	6.表示人体自身动作的动词可以做"把"的谓语 例如：他把头抬了起来。 　　　　他把手伸出了车窗。 　　　　你快把嘴闭上吧。 　　　　他把双手举了起来。	6.表示人体自身动作的动词不能做"被"的谓语 例如：　他把头抬了起来。 　　　　*头被他抬了起来。 　　　　孩子把手伸出车窗。 　　　　*手被孩子伸出车窗。

实力测试

一、请选出正确答案。

1.我把故事内容（　　）了。

A.看懂　　　　　　B.明白　　　　　　C.很懂

2.图书证被我（　　）了。

A.找得到　　　　　B.找到　　　　　　C.找

3.老师（　　）我写一篇作文。

A.使　　　　　　　B.让　　　　　　　C.把

4. 行李被我（　　　）姐姐那儿了。
　　A. 寄到　　　　　　　B. 寄给　　　　　　　C. 寄在

5. 看到她这么瘦，我（　　　）了。
　　A. 很吃惊　　　　　　B. 被吃惊　　　　　　C. 太吃惊

6. 我（　　　）101 房间住了。
　　A. 被换到　　　　　　B. 被换在　　　　　　C. 换到

7. 你不能把零食（　　　）主食吃。
　　A. 称为　　　　　　　B. 当成　　　　　　　C. 叫作

8. 我把书包忘（　　　）姥姥家了。
　　A. 到　　　　　　　　B. 在　　　　　　　　C. 给

9. 妹妹（　　　）送到幼儿园去了。
　　A. 被　　　　　　　　B. 把　　　　　　　　C. 让

10. 我把新买的玻璃杯（　　　）了。
　　A. 打　　　　　　　　B. 打碎　　　　　　　C. 碎

11. 这款手机（　　　）年轻人欢迎。
　　A. 被　　　　　　　　B. 把　　　　　　　　C. 受

12. 饭没有（　　　），他就被叫走了。
　　A. 吃得完　　　　　　B. 被吃完　　　　　　C. 吃完

13. 她的态度（　　　）我感到不快。
　　A. 让　　　　　　　　B. 把　　　　　　　　C. 被

14. 我刚买的杂志被弟弟（　　　）了。
　　A. 破　　　　　　　　B. 脏　　　　　　　　C. 撕

15. 请你把音乐声（　　　）一点儿吧。
　　A. 小　　　　　　　　B. 放小　　　　　　　C. 小小

16. 他的顽强精神（　　　）我们感动。
　　A. 把　　　　　　　　B. 被　　　　　　　　C. 使

17. 长城是（　　　）最喜爱的景点之一。
　　A. 游客　　　　　　　B. 被游客　　　　　　C. 把游客

18. 这款电脑（　　　）了，我想买一台。
　　A. 被降价　　　　　　B. 降价　　　　　　　C. 降价过

19. 你不能总（　　　）消极情绪所左右。
　　A. 叫　　　　　　　　B. 把　　　　　　　　C. 被

20. 这一年来，我的汉语水平（　　）了很多。

  A. 提高   B. 有提高   C. 被提高

二、请改正下列病句。

  1. 我曾经被他上过当。

  2. 我把电视剧看烦了。

  3. 他踢球时把脚受伤了。

  4. 这次活动被我们很期待。

  5. 那些书被还给图书馆了。

  6. 这本书是被北语出版的。

  7. 我被敲门声一下子醒了。

  8. 他一直把汉语学得很努力。

  9. 你能翻译这句话成汉语吗？

  10. 对不起，我把你的衣服脏了。

  11. 人类有责任把野生动物保护。

  12. 父母在我身上放全部的希望。

  13. 这个月我都把故宫去过两次了。

  14. 你怎么能随便把他的话相信呢？

  15. 这次的失败把我一下子长大了。

  16. 对不起，您不能把照相机进博物馆。

  17. 他被家庭的影响，从小就喜欢京剧。

  18. 没过多久，我就把自己的自行车有了。

  19. 我把大学毕业以后就找到了一份工作。

  20. 刚来中国的时候，我根本把汉语课听不懂。

三、完成句子。

  1. 合伙人　他　生意上　的　骗了　被……给

  2. 门口　行李箱　你　先　放到　客厅　把　吧

  3. 孩子　的　都　在场的　人　话　逗笑了　把……给

  4. 把　挂　墙上　了　他　世界地图　在　书房的

  5. 收拾　把　碗筷　一下　赶紧　你　桌子上的

  6. 坐地铁时　被　给　偷走了　钱包　她　小偷

  7. 保险柜的　不小心　钥匙　弄丢了　他　把……给

  8. 的　奋斗　主持人　经历　嘉宾　感动了　被……给

  9. 已经　补充　老师　材料　了　发给　同学们　把

10. 抱进　冻得　把　小猫　发抖的　屋里　小姑娘

11. 被　每天　孩子应该　允许　父母　和……在一起

12. 这些文件　保存　最好　把　在　你　银行保险箱里

13. 并没有　把　钱包　告诉　的　事情　别人　他　被偷走

14. 富有　那只残疾狗　爱心　一位　的　女士　被　收养了

15. 弱小的　一直　宋国　楚国的　楚王　附属国　把……视为

16. 那个　的　行人　警察　被　没　遵守　拦了下来　交通规则

17. 他的小说　被　文字　在　翻译成　20多种　发行　全世界

18. 小狗　电梯门口　的　阿姨　牵着　被　挡在了　宾馆服务员

19. 他　的　形式　全世界　把　讲故事　中国文学　通过　介绍给

20. 我　把自己　和　问题　别人　通过　自己的　比较　的方式　发现

第八章

助词

基本概念： 附在词或词组后面或在句子末尾起某种语法作用的词。主要有结构助词、动态助词和语气助词。

一、结构助词

基本概念： 附在词或词组后起某种语法作用的词，包括"的""地""得""所""给"。

(一)"的"的用法说明

1. 结构助词"的"连接定语与中心语，是定语的主要标志。
   　　例如：卧室的灯很亮。
   　　　　　鞋的质量不错。
   　　　　　她做的菜很咸。

2. 结构助词"的"用在名词、代词、动词、形容词或主谓短语后面，构成"的"字结构，相当于名词。
   　　例如：餐桌是木头的。
   　　　　　唱歌的是我姐。
   　　　　　去买点儿好吃的吧。

(二)"地"的用法说明

结构助词"地"连接状语和中心语，是状语的主要标志。
1. 双音节形容词做状语，一般要加"地"。
   　　例如：她伤心地哭了。
   　　　　　他认真地听着。
   　　　　　她安静地坐着。

2. 短语做状语，一般要加"地"。
   　　例如：她很兴奋地说着。
   　　　　　她很热心地帮我。
   　　　　　他一动不动地坐着。

(三)"得"的用法说明

结构助词"得"连接补语与动词或形容词，是补语的主要标志。
1. 用在动词或形容词后，表示程度。
   　　例如：他吃得很香。
   　　　　　我累得要死。
   　　　　　他说得很好。

2. 用在动词或形容词后，表示可能。
   　　例如：他听得懂汉语。
   　　　　　我做得完作业。
   　　　　　他买得起好车。

(四)"所"的用法说明

1. 用在"的"字结构的前面，代替名词。
   例如：水是生命所必需的。
   　　　这是我们所期望的。

2. 用在"的"字结构的前面，修饰名词做定语。
   例如：这是我们所期望的结果。
   　　　我所了解的情况就这些。

3. 构成"为 / 被……所……"形式，表示被动。
   例如：别为金钱所迷惑。
   　　　他被谎言所欺骗。

(五)"给"的用法说明

结构助词"给"用在动词前，可有可无，有"给"更口语化。
1. 用在主动句中。
   例如：我把钥匙给丢了。
   　　　妈妈把我给说了。
   　　　哥哥把他给打了。

2. 用在被动句中。
   例如：钥匙被我给丢了。
   　　　我被妈妈给说了。
   　　　他被哥哥给打了。

二、动态助词

基本概念：表示动作或状态进行阶段的词，包括"了""着""过"。

(一)"了"的用法说明

1. 表示动作行为的发生或状态的出现。既可以表示动作行为已经发生或完成，也可以表示将发生或假定完成。
   例如：我喝了一杯茶。
   　　　我睡了一会儿。
   　　　吃了药病会好的。
   　　　到了给我打电话。

2. 在单句中，如果宾语前有数量词或其他定语，那么"了"用在动词后面，是动态助词；如果宾语前没有数量词或其他定语，"了"用在句末，是语气助词。
   例如：我买了一条裙子。
   　　　他请了辅导老师。
   　　　我买了裙子了。
   　　　他请了老师了。

3. 连动句中，V$_1$ 完成后才出现 V$_2$，V$_1$ 后可以用 "了"。
   例如：我毕了业就出国。
   　　　我下了课去找你。
   　　　你吃了饭去哪儿？
   　　　她看了信就哭了。

4. 动词带有补语时，"了" 一般放在补语后面。
   例如：他寄来了一封信。
   　　　我听懂了他的话。
   　　　他累瘦了两公斤。
   　　　他把票送给了我。

5. "了" 的常见错误分析

要点提示	正误例举
(1) 表示经常性或反复多次进行的动作，动词后不用 "了"	最近常常下雨。 ＊最近常常下了雨。 他每天去散步。 ＊他每天去散了步。
(2) 表示持续性动作的动词，动词后不用 "了"	这几天持续阴天。 ＊这几天持续阴了天。 这孩子一直发烧。 ＊这孩子一直发了烧。
(3) 表示心理活动的动词及能愿动词，动词后不用 "了"	我打算去旅行。 ＊我打算了去旅行。 他会弹钢琴。 ＊他会了弹钢琴。
(4) 连动句中，V$_1$ 表示 V$_2$ 的行为方式，V$_1$ 后不能用 "了"，可以用 "着"	老师站着讲课。 ＊老师站了讲课。 他开车上班。 ＊他开了车上班。
(5) 连动句中，V$_2$ 表示 V$_1$ 的目的，V$_1$ 是 "来""去""到" 时，V$_1$ 后不能用 "了"	她来中国学京剧。 ＊她来了中国学京剧。 他去医院看病了。 ＊他去了医院看病了。
(6) 兼语句的 V$_1$ 一般不能用 "了"	公司派他出国学习。 ＊公司派了他出国学习。 他请朋友吃饭。 ＊他请了朋友吃饭。

续表

要点提示	正误例举
(7) 动态助词"了"不能放在离合动词的宾语后面，应放在动词和宾语之间	我散了一会儿步。 *我散步了一会儿。 我们聊了半天天儿。 *我们聊天儿了半天。
(8) 动词重叠形式表示过去已完成的动作时，"了"应放在动词之间，不能放在重叠动词的后面	他摇了摇头。 *他摇摇了头。 他冲我笑了笑。 *他冲我笑笑了。
(9) 动词和结果补语之间不能用"了"，应将表示完成意义的"了"放在结果补语后面	我写完了作业。 *我写了完作业。 他弄丢了钱包。 *他弄了丢钱包。
(10) 谓语动词后带有主谓短语宾语时，动词后不用"了"	我听说他回国了。 *我听说了他回国了。 我知道他汉语很好。 *我知道了他汉语很好。
(11) 谓语动词带有动词或动词短语宾语时，动词后一般不用"了"	他开始学汉语了。 *他开始了学汉语。 他拒绝接受建议。 *他拒绝了接受建议。
(12) 动词前有否定副词"不"或"没"，动词后或动补结构后不用"了"	我今天没吃早饭。 *我今天没吃了早饭。 他昨天没写完作业。 *他昨天没写完了作业。
(13) 在"⋯⋯以前""⋯⋯的时候"的结构中，动词后不能用"了"	我结婚以前不会做饭。 *我结了婚以前不会做饭。 我坐车的时候，丢了钱包。 *我坐了车的时候，丢了钱包。
(14) "是⋯⋯的"结构中，动词后不能用"了"	我是坐船来中国的。 *我是坐了船来中国的。 词典是他送给我的。 *词典是他送给了我的。

（二）"着"的用法说明

1. 表示动作正在进行或状态正在持续。

例如：她正看着你呢。

他穿着件绿色的上衣。

他不理我，一直往前走着。

姐姐往箱子里装着东西。

2. 连动句中，V_1 表示 V_2 的方式，一般 "着" 放在 V_1 后。

    例如：请站着说话。

        他坐着睡着了。

        别躺着看书！

        他走着上班。

3. 两个动词连用，重复使用 V_1 和 "着"，表示 V_1 正在进行时，出现了 V_2。

    例如：他说着说着，笑起来。

        他走着走着，迷路了。

        他看着看着就睡着了。

        我听着听着就流泪了。

4. "着" 的常见错误分析

要点提示	正误例举
(1) "着" 不能放在动宾结构的宾语后面，应该放在动词与宾语之间	外边下着雨呢。 * 外边下雨着呢。 走路别低着头。 * 走路别低头着。
(2) "动词 + 着" 一般不带处所宾语	你站在前边吧。 * 你站着前边吧。 书放在桌上吧。 * 书放着桌上吧。
(3) 谓语动词后，"着" 与 "在 + 处所词语" 不能同时出现	你站在前边吧。 * 你站着在前边吧。 书放在桌上吧。 * 书放着在桌上吧。
(4) 不强调动作本身，而说明一种状态，动词后应该用 "着"	墙上挂着一张画。 * 墙上挂一张画。 他穿着一身黑西装。 * 他穿一身黑西装。
(5) 谓语动词后有数量补语时，不能用 "着"，可以用 "了"	他病了很久了。 * 他病着很久了。 我都说了三遍了。 * 我都说着三遍了。
(6) 除了表示疑问、假设或回答问题，纠正问话人的误解外，"动词 + 着" 一般不用否定形式	你不带着她去玩儿吗？ 不站着看看不清楚啊！ 游泳馆周末不开！ * 游泳馆周末不开着。

（三）"过"的用法说明

1. 表示过去曾经发生或经历过某事。

例如：他来过北京。

她没出过国。

他就没胖过。

我们没红过脸。

2. "过"的常见错误分析

要点提示	正误例举
(1) 句中有表示经常性的词语，动词后不用"过"	我每天看报纸。 *我每天看过报纸。 他常常去游泳。 *他常常去过游泳。
(2) 动词前有表示不确定时间的词语，动词后不能用"过"	我爬过香山。 *一天，我爬过香山。 我们吵过架。 *我们有时吵过架。
(3) "过"应放在动宾结构的动词后，不能放在宾语后	我们没见过面。 *我们没见面过。 他从来没请过假。 *他从来没请假过。
(4) V_2 是 V_1 进行的目的，V_1 是"来""去""到"时，V_1 后不用"过"	他去医院看过病。 *他去过医院看病。 我到上海旅行过。 *我到过上海旅行。

三、语气助词

基本概念：用于句末，表示各种不同的语气。常用的语气助词有"吗""呢""吧""啊""了"。

（一）"吗"的用法说明

1. 用在疑问句（是非问句）的句尾，表示疑问语气。

例如：你会说汉语吗？

你想喝咖啡吗？

你们俩认识吗？

2. 用在反问句的句尾，加强语气。

例如：难道我没告诉你吗？

你这不是为难我吗？

他不就是想要钱吗？

(二)"呢"的用法说明

1. 用在疑问句（正反问句、选择问句、特指问句）的句尾，表示疑问语气。
    例如：你能不能说汉语呢？
        你喝咖啡还是茶呢？
        他想去哪儿玩儿呢？

2. 用在反问句的句尾，加强语气。
    例如：你怎么能这样做呢？
        他为什么要放弃呢？
        你何必要这样做呢？

3. 用在陈述句的句尾，表示确认事实，有时含有夸张的语气。
    例如：他在房间睡觉呢。
        他的汉语才好呢。
        他的新房可大呢。

(三)"吧"的用法说明

1. 用在疑问句的句尾，含有推测、估计的语气。
    例如：您是王校长吧？
        比赛很精彩吧？
        他可能病了吧？

2. 用在陈述句的句尾，含有不太确定的语气。
    例如：他家里没人吧。
        你还没吃饭吧。
        他找到工作了吧。

3. 用在祈使句的句尾，含有缓和语气的作用。
    例如：你就帮帮他吧！
        我们坐车去吧！
        你就吃点儿吧！

4. 用在假设句中，含有左右为难的意味。
    例如：问吧，不好意思说；不问吧，又不明白。
        吃吧，实在不好吃；不吃吧，她为我做的。
        管吧，是人家的事；不管吧，又看不下去。

(四)"啊"的用法说明

1. 用在感叹句的句尾，表示感叹语气。
    例如：多懂事的孩子啊！
        多美丽的风景啊！
        多糟糕的天气啊！

2. 用在祈使句的句尾，含有提醒的意味。

　　例如：你明天得来啊！

　　　　　你千万别去啊！

　　　　　您记得吃药啊！

3. 用在疑问句的句尾，含有缓和语气的意味。

　　例如：你什么时候来啊？

　　　　　这是谁干的啊？

　　　　　这是怎么回事啊？

（五）"了"的用法说明

1. 表示出现新情况，谓语多是动词或带有补语。

　　例如：姐姐出差了。

　　　　　作业写完了。

　　　　　教室打扫干净了。

2. 表示事物的性质、状态发生变化，谓语多是形容词或状态动词。

　　例如：苹果红了。

　　　　　衣服洗短了。

　　　　　他都累瘦了。

实力测试

一、请选出正确答案。

1. 你会不会滑冰（　　　）？

　　A. 吗　　　　　　　B. 呢　　　　　　　C. 着

2. 西藏的风景才美（　　　）！

　　A. 了　　　　　　　B. 呢　　　　　　　C. 啊

3. 我还没去过长城（　　　）。

　　A. 呢　　　　　　　B. 啊　　　　　　　C. 吧

4. 我们的（　　　）非常愉快。

　　A. 聊天　　　　　　B. 说话　　　　　　C. 交流

5. 妹妹长（　　　）不比姐姐矮。

　　A. 的　　　　　　　B. 地　　　　　　　C. 得

6. 她每天给我（　　　）电话。

　　A. 打过　　　　　　B. 打了　　　　　　C. 打

7. 老师正等着你（　　）！

  A. 呢   B. 了   C. 吗

8. 我和他同时来（　　）北京。

  A. 着   B. 了   C. 的

9. 你在哪儿买（　　）这本书?

  A. 过   B. 的   C. 了

10. 他累（　　）腿都抬不起来了。

  A. 的   B. 得   C. 了

11. 他笑着（　　）:"请屋里坐"。

  A. 说了   B. 说着   C. 说

12. 合理（　　）搭配饮食尤为重要。

  A. 的   B. 地   C. 得

13. 人活（　　）总得有点儿追求吧。

  A. 了   B. 着   C. 过

14. 你这是承认错误的态度（　　）?

  A. 吗   B. 呢   C. 吧

15. 老师跟我（　　）毕业论文的事。

  A. 谈谈了   B. 谈谈过   C. 谈了谈

16. 这家公司面临（　　）破产的危险。

  A. 过   B. 了   C. 着

17. 那只蛾子正在痛苦地挣扎（　　）。

  A. 了   B. 着   C. 的

18. 这是我从朋友那里听来（　　）。

  A. 了   B. 过   C. 的

19. 我的童年是伴随（　　）音乐长大的。

  A. 了   B. 着   C. 过

20. 他们还在为一件小事争论（　　）。

  A. 着   B. 了   C. 过

二、请改正下列病句。

1. 他来中国快 7 个月。

2. 这个假期我变了很胖。

3. 他被对方球迷打得重伤。

4. 这个暑假我打算了去旅行。

5. 他讲很好，你应该认真听。

6. 韩国的度假一般从八月开始。

7. 我感冒了，昨天没来上课了。

8. 卧室的地板上放哥哥新买的球鞋。

9. 妈妈把花瓶摆着客厅的桌子上了。

10. 他经常买彩票，却一直没中了大奖。

11. 母亲吹蜡烛时将说出了自己的心愿。

12. 他们在路边坐着半天，谁也不说话。

13. 老师摇头着说："照片是不能发芽的"。

14. 爸爸喜欢买彩票，但从来没有中奖过。

15. 上个学期我一直在学校宿舍过着生活。

16. 昨天那件事使我获得宝贵的人生经验。

17. 教室的灯一直打开着，里面却没有人。

18. 妈妈回来时看到我没写着作业就生气了。

19. 在学习上，妈妈从来没向我提什么要求过。

20. 忙碌的生活使我们错过多少美丽的风景吗？

三、完成句子。

1. 着 走来 他 笑 向 这边 我

2. 的 我 替 买 小礼物 这 朋友 是

3. 过 曾经 几次 请 他 帮 忙 我们

4. 了 我 买 矿泉水 超市 一瓶 去

5. 了 把 学校 停在 汽车 爸爸 门口

6. 啊 东西 还 就 拿不动 这么点儿

7. 过 要 旅行 去 我想 沙漠 都 没想

8. 了 就 去 我想 操场 下 课 踢足球

9. 的 这次 他 又 一个人 旅行 自己 去

10. 职工 工资卡 经理 把 交给了 会计

11. 了 妈妈 为 一家老小的 操 心 碎 生活

12. 的 孝顺 是 做 父母 儿女的 尽 责任 应

13. 着 的 谈判 代表 各自 自己 利益 双方

14. 了 的 他 专门 个 懂法律 咨询 找了 一下

15. 了 我 再发生 以后 保证 不会 这种事情

16. 了　新手　隔离带上　拐弯　撞到　驾驶员　在……时
17. 得　这种现象　明显　人际交往　表现　最　在……中
18. 所　网络　可以　你　需要的　任何资料　查阅到　在……上
19. 日记　像　这样　属于　保护　私人　的　物品　受到　法律　是……的
20. 呢　怎么　一场　利益　基础　的婚姻　可能　长久　建立　在……上

第 二 篇

句 法 （ 一 ） 句 子 成 分

第一章

主语

基本概念： 主语是句子陈述的对象，指明说明的是"什么人"或"什么事物"，一
般由名词性词语或各类短语充当。

可以充当主语的词语：

1. 名词（名词短语）或代词做主语。

　　例如：我是警察。

　　　　　新房很漂亮。

2. 数词或数量短语做主语。

　　例如：六是幸运数字。

　　　　　一斤才一块钱。

3. 动词（动词短语）或形容词（形容词短语）做主语。

　　例如：吃住都解决了。

　　　　　骄傲使人落后。

4. "的"字短语做主语。

　　例如：红的更好看。

　　　　　开车的是我哥。

5. 主谓短语做主语。

　　例如：环境保护是大事。

　　　　　材料真实很重要。

6. 重叠形式做主语。

　　例如：尝尝就行了。

　　　　　家家都有难处。

7. 连动式短语做主语。

　　例如：走着上班累吗？

　　　　　出国学习挺好。

8. 兼语形式做主语。

　　例如：请他帮忙可以吗？

　　　　　派他去谈没问题。

实力测试

一、请选出正确答案。

　　1.（　　）卫生不容忽视。

　　　A. 产品　　　　　　　　B. 商品　　　　　　　　C. 食品

　　2. 这个统计（　　）准确吗？

　　　A. 数额　　　　　　　　B. 数据　　　　　　　　C. 数量

3. (　　) 门口有一座雕像。

    A. 城市　　　　　　　　　　B. 城　　　　　　　　　　C. 城墙

4. 他们的 (　　) 很幸福。

    A. 婚姻　　　　　　　　　　B. 婚　　　　　　　　　　C. 结婚

5. 我们班国际 (　　) 不少。

    A. 学生们　　　　　　　　　B. 学校　　　　　　　　　C. 学生

6. 我 (　　) 旅游业很发达。

    A. 国家　　　　　　　　　　B. 首都　　　　　　　　　C. 国

7. 冬季蔬菜 (　　) 上涨。

    A. 价格　　　　　　　　　　B. 价值　　　　　　　　　C. 身价

8. 四川 (　　) 的菜比较辣。

    A. 滋味　　　　　　　　　　B. 味道　　　　　　　　　C. 口味

9. 儿童商品的 (　　) 很大。

    A. 利率　　　　　　　　　　B. 利息　　　　　　　　　C. 利润

10. 前方修路，禁止 (　　) 通行！

    A. 车厢　　　　　　　　　　B. 轿车　　　　　　　　　C. 车辆

11. 这次出国学习 (　　) 很大。

    A. 获得　　　　　　　　　　B. 收获　　　　　　　　　C. 收入

12. 超市 (　　) 摆放很有讲究。

    A. 货品　　　　　　　　　　B. 货币　　　　　　　　　C. 货色

13. 盖 (　　) 的材料都准备好了。

    A. 房间　　　　　　　　　　B. 房子　　　　　　　　　C. 房屋

14. 爷爷的健康 (　　) 令人担忧。

    A. 状态　　　　　　　　　　B. 状况　　　　　　　　　C. 心态

15. 我爷爷有很多老 (　　)。

    A. 观点　　　　　　　　　　B. 观念　　　　　　　　　C. 概念

16. (　　) 各异的雪花很是漂亮。

    A. 形式　　　　　　　　　　B. 形象　　　　　　　　　C. 形状

17. 病人出现了药物过敏 (　　)。

    A. 反复　　　　　　　　　　B. 反映　　　　　　　　　C. 反应

18. 老北京 (　　) 小吃有哪些?

    A. 特点　　　　　　　　　　B. 特征　　　　　　　　　C. 特色

19. 他找到一份（   ）不错的工作。

    A. 待遇   B. 对待   C. 职业

20. 他当着大家的（   ）承认了错误。

    A. 前面   B. 面前   C. 面

二、请改正下列病句。

1. 网络对爷爷是陌生的。

2. 文章开头得很有意思。

3. 他很聪明，但他不太努力。

4. 通过阅读使我增长了知识。

5. 花多少钱都买不到就是健康。

6. 冬天的哈尔滨是最美丽的季节。

7. 饿着肚子，怎么可能快速度呢？

8. 现在人们的生活水平越来越改善了。

9. 猎人走了以后，从口袋里狼出来了。

10. 我父亲每天他工作都很忙，不常在家。

11. 学生是否努力是决定成绩的重要条件。

12. 战国时期，赵国里有一个很有名的人。

13. 由于天气原因，使比赛不得不延期举行。

14. 猎人举枪对准了那只羊，竟然没有逃走。

15. 我回家的时候，我看到门口停着一辆车。

16. 父亲非常严格，即使有事也不敢跟他商量。

17. 看到这张照片，仿佛把我带回了童年时代。

18. 每当我去看母亲时，总让我去忙工作的事。

19. 由于他表现出色，获得了进入决赛的机会。

20. 经过我们再三解释，才使他慢慢平静下来。

三、完成句子。

1. 不 去 打招呼 拜访 是 行为 不礼貌的 就

2. 网络聊天儿 重要的 成为 我 和 沟通 方式 家人

3. 从小 孩子 非常 习惯 养成 重要 良好的 阅读

4. 以 环境 来 错误 牺牲 的 做法 经济 发展 是……的

5. 的 产品的 优劣 质量 影响 销售量 直接 服务

6. 的 这家 大部分 是 豪华 外籍专家 公寓 租住

7. 充分 会议 表现 他 敢说敢做 发言 的个性 了

8. 浏览 成了 每天 购物 几乎 姐姐的 习惯 网站

9. 马路边　停车　车辆　行驶　肯定会　乱　妨碍　正常

10. 没有　安全　世界上　任何　交通工具　一种　绝对　是……的

11. 未　允许　拆看　行为　不道德的　主人　是　经　私人信件

12. 建筑施工　噪音　正常　产生的　学校　教学　妨碍了　的

13. 场上　必然　影响　发挥　会　不理想　球队的　成绩　球员

14. 让　别人　事事　不自信　是　失望　实际上　害怕　的　表现

15. 重要的　是　学过的　把　应用到　去　实践中　理论知识

16. 吵架　经常　造成　对　成长　会　不良影响　夫妻　孩子的

17. 的法律　任何　都　需要　国家　完善　一个　逐渐　的　过程

18. 全球气候　已经　面对　共同　成为　全人类　的挑战　变暖

19. 使用　环保袋　对　白色污染　提倡　减少　产生了　积极作用

20. 放鞭炮　是　避免　有效措施　的　禁止　环境污染　春节期间

第二章

谓语

基本概念：谓语是对主语的陈述，说明主语"是什么"或"怎么样"，一般由动词或形容词性词语充当，名词性词语只限于说明时间、天气、价格、年龄、籍贯、容貌的词语。

可以充当谓语的词语：

1.动词或动词短语做谓语。

例如：他喜欢运动。

姐姐结婚了。

2.形容词或形容词短语做谓语。

例如：服务员很热情。

水果不新鲜了。

3.名词性词语做谓语。

例如：今天晴天。

我都十八了。

4.主谓短语做谓语。

例如：他个子很高。

她头脑聪明。

实 力 测 试

一、请选出正确答案。

1.他上课时（　　　）了。

    A. 睡眠　　　　　　　　B. 睡着　　　　　　　　C. 睡梦

2.非常感谢你（　　　）。

    A. 帮我忙　　　　　　　B. 我帮忙　　　　　　　C. 帮忙我

3.请问您怎么（　　　）？

    A. 称号　　　　　　　　B. 称呼　　　　　　　　C. 姓名

4.上课应该积极（　　　）。

    A. 发表　　　　　　　　B. 发话　　　　　　　　C. 发言

5.姐姐（　　　）得非常棒。

    A. 舞蹈　　　　　　　　B. 舞跳　　　　　　　　C. 跳舞

6.我不懂事，他常常（　　　）。

    A. 生我气　　　　　　　B. 生气我　　　　　　　C. 对我生气

7. 请不要（　　）我说的话。

A. 疑虑　　　　　　　B. 疑问　　　　　　　C. 怀疑

8. 你的条件（　　）公司标准。

A. 合适　　　　　　　B. 合格　　　　　　　C. 符合

9. 昨天，我（　　）了老朋友。

A. 见面　　　　　　　B. 碰到　　　　　　　C. 碰面

10. 这儿真美，我们一起（　　）吧。

A. 照片　　　　　　　B. 照样　　　　　　　C. 照相

11. 读书可以（　　）自己的生活。

A. 充实　　　　　　　B. 充足　　　　　　　C. 充满

12. 他一生（　　）了很多失败。

A. 经验　　　　　　　B. 经历　　　　　　　C. 实验

13. 运动员（　　）的他身体很好。

A. 出生　　　　　　　B. 出身　　　　　　　C. 产生

14. 这件衣服（　　）你，买吧！

A. 适合　　　　　　　B. 合适　　　　　　　C. 适应

15. 我想（　　）一下法律问题。

A. 打听　　　　　　　B. 询问　　　　　　　C. 咨询

16. 他一直在（　　）电子词典。

A. 找　　　　　　　　B. 找一找　　　　　　C. 找了找

17. 这条裙子（　　）。

A. 漂亮　　　　　　　B. 很漂亮　　　　　　C. 很漂亮了

18. 请问这套西装（　　）多少钱？

A. 优惠　　　　　　　B. 打折　　　　　　　C. 折扣

19. 他马上就到，您再（　　）吧。

A. 等候　　　　　　　B. 等待　　　　　　　C. 等等

20. 我可以（　　）这张光盘吗？

A. 复制　　　　　　　B. 复印　　　　　　　C. 印刷

二、请改正下列病句。

1. 他把电脑在书桌上。

2. 我想你再走慢点儿。

3. 他生活并不富裕的人。

4. 他来自美国的留学生。

5. 你是怎么自我修养的呢?

6. 我听说了他已经回国了。

7. 我希望儿子很优秀的人。

8. 你应该把你的态度注意一下。

9. 他退休后想写作一本回忆录。

10. 大臣向国王劝告了一个建议。

11. 观众用呐喊声来加油运动员。

12. 西藏是我连梦都想去的地方。

13. 父母对我的成绩很感到满意。

14. 周末我哪儿都没去,整天睡眠。

15. 我们家虽然不是富裕,但很幸福。

16. 他从小就跟父母旅行过很多国家。

17. 谁又能保证蔬菜价格会不会涨呢?

18. 请到我家便饭吧,尝尝我的拿手菜。

19. 我知道自己不够能力,还不能独立。

20. 这种药效果不错,向病人广告一下吧。

三、完成句子。

1. 出门　房门　锁好　时　记得　把

2. 我　他　诗一般的　感染　语言　被……所

3. 有些人　你　根本　不　对他　好　值得

4. 不合理的　我们　不能　这种　要求　满足

5. 证明　自己的　希望　工作　他　来　价值　通过

6. 他　忘得　把　显然　的　事　干干净净　交简历

7. 睡前　改善　喝杯牛奶　质量　睡眠　有助于

8. 可以　购物　价格　你　较低的　选择　商店　去

9. 捐给了　把　挣的钱　需要　他　的人　帮助　自己

10. 旅游业　的　产业　带动了　的发展　繁荣　相关

11. 令人　他　比赛　的表现　不能　本场　满意　在……中

12. 进行了　针对　分析　整个　状况　他　建筑行业的

13. 对　事物　的　较强　年轻人　相对　接受能力　新鲜

14. 无法　性格　使　手脚　小心谨慎的　他　做事　放开　去

15. 会计　经理　把　自己的　钱　存入了　背着　银行账户

16. 我觉得　让　做事　机器人　很困难　人　是……的　像……一样

17. 用 就业 企业 劳动时间 的方式 缩短 来 增加 人数
18. 外表 赢得 的 男生 更 英俊 别人的 容易 好感
19. 艺术品投资 搞 得 有 经济风险 敢于 的 勇气 承担
20. 会 采取 必要 蔬菜价格的 措施 过快 控制 上涨 政府

第三章

宾语

基本概念：宾语表示动作行为所涉及的对象、时间、处所、数量，回答"谁"或
　　　　　　"什么"一类问题，一般由名词性词语或各类短语充当。

可以充当宾语的词语：

1. 名词（名词短语）或代词做宾语。

　　例如：我喜欢电影。

　　　　　请坐这儿吧。

2. "的"字短语做宾语。

　　例如：我喜欢蓝色的。

　　　　　做点儿吃的吧。

3. 数词或数量短语做宾语。

　　例如：一加一等于二。

　　　　　车子花了 10 万。

4. 动词（动词短语）或形容词（形容词短语）做宾语。

　　例如：他喜欢跳舞。

　　　　　请保持冷静。

5. 主谓短语做宾语。

　　例如：我希望你参加。

　　　　　我相信他知道。

实力测试

一、请选出正确答案。

1. 日本是一个（　　　）。

　　A. 岛　　　　　　　　　　B. 岛国　　　　　　　　C. 岛屿

2. 汉语发音有几个（　　　）。

　　A. 声　　　　　　　　　　B. 声音　　　　　　　　C. 声调

3. 爷爷的腰（　　　）复发了。

　　A. 病例　　　　　　　　　B. 疾病　　　　　　　　C. 病

4. "沉默"是什么（　　　）？

　　A. 词　　　　　　　　　　B. 词语　　　　　　　　C. 词汇

5. 场上响起了热烈的（　　　）。

　　A. 掌声　　　　　　　　　B. 欢呼　　　　　　　　C. 鼓掌

6. 他走到（　　　），站住了。

　　A. 书柜里　　　　　　　　B. 书柜前　　　　　　　C. 书柜

113

7. 学校门口有一家（   ）店。
    A. 饮食   B. 食物   C. 食品

8. 婚姻大事得自己拿（   ）。
    A. 主张   B. 建议   C. 主意

9. 故事发生在哪个（   ）？
    A. 朝代   B. 期间   C. 朝

10. 我们两国是贸易合作（   ）。
    A. 伙伴   B. 同伴   C. 朋友

11. 有关专家提出了指导（   ）。
    A. 想法   B. 意见   C. 看法

12. 最近银行调整了存款（   ）。
    A. 利率   B. 利息   C. 利润

13. 复印机又出（   ）了。
    A. 毛病   B. 差错   C. 缺点

14. 他是个很有经济（   ）的人。
    A. 头脑   B. 脑袋   C. 脑力

15. 请参赛者遵守比赛（   ）。
    A. 规定   B. 规则   C. 规矩

16. 上了（   ）的人别太累了。
    A. 年龄   B. 年纪   C. 年级

17. 他用行动赢得了大家的（   ）。
    A. 信心   B. 相信   C. 信任

18. 这个海滨小城三面都是（   ）。
    A. 海水   B. 海   C. 海洋

19. 请写清楚收件人的详细（   ）。
    A. 地点   B. 地区   C. 地址

20. 他打破了百米短跑世界（   ）。
    A. 纪录   B. 记忆   C. 记录

二、请改正下列病句。

    1. 他是第一个被称为伯乐。

    2. 我希望自己能及格听力考试。

    3. 诚实是每个学生所必须具备的。

4. 晋朝有一个名叫乐广，非常好客。

5. 我七岁时，父母接我回城市上学。

6. 请过来一下，我们需要你的帮忙。

7. 一个没有主观的人是做不成大事的。

8. 这样做有助于降低感冒病毒的传播。

9. 孩子的教育问题是一个复杂的过程。

10. 他渐渐无聊网络游戏，后来不玩儿了。

11. 通过努力，他完成了出国留学的梦想。

12. 他的表演受到了全场观众的热烈鼓掌。

13. 老猎人从草原上消失了，没有人知道。

14. 这是我第一次独自生活，感觉孤独感。

15. 学校决定扩大减免家庭困难学生学费。

16. 有关专家对已完工的教学楼通过了检查。

17. 当有人来找我当翻译工作时，我非常吃惊。

18. 当我高兴地跑向他时，却发现自己错了人。

19. 这种化妆品可以有效改善面部皮肤营养缺乏。

20. 提高和培养工人的技术水平是企业的一件大事。

三、完成句子。

1. 参观了　热情地　带　她　我　她的新房

2. 钥匙　把　锁　我　不小心　在房间里　了

3. 建议　我　医生　吃　多　蔬菜水果　尽量

4. 对　好处　改善　葡萄酒　身体素质　大有

5. 我朋友　我　他的　邀请　参加　生日聚会

6. 促进　普及　远程教育的　了　网络

7. 医生　请　需要　开　学生　诊断证明　病假

8. 不正确　疼痛　的　站立　导致　姿势　会　腰背

9. 饮用　可以　适量　有效　疲劳感　咖啡　消除

10. 传染性　给　了　人类　疾病　巨大　健康　带来　威胁

11. 自己的　实际　周围的人　他　用　行动　影响着

12. 开　为什么　空调　干燥　室内空气　会　导致　呢

13. 应该　我们　控制　采取　感冒病毒的　措施　传播

14. 将　向　家庭困难　提供　免费教材　学校　的　学生

15. 应该　成果　对　古代文明　的　现代人　尊重　保持

16. 经济昌盛　过上　是　的基础　百姓　好日子　国家

17. 合法权益　怎样　受　消费者　才能　避免　损害　呢

18. 获得 善于 经验教训 更大的 的人 才能 进步 总结
19. 认为 饮食 传统医学 能 状态 保持 平衡 身体健康
20. 居住地 的 城里人 选择 开始 农村 越来越多 作为

第四章

定语

基本概念：定语是指主要用来修饰主语或宾语的成分。

一、定语分类

类别	限定性定语	描写性定语
特点	从数量、时间、处所、领属、范围等方面来说明中心语，主要由数量词、时间词、处所词、名词、代词、介词短语充当	从性质、状态、特点、用途、质料、职业、人的穿着打扮等方面来说明中心语，主要由实词或短语充当
例句	表示数量的定语 我有一位辅导老师。 门前停着一辆新车。 表示时间的定语 昨天的比赛很精彩。 上午的考试结束了。 表示处所的定语 车在地下停车场呢。 超市门口有很多人。 表示领属的定语 朋友的房间很大。 我的词典丢了。 表示限定范围的定语 那个人你认识吗？ 旁边那个是我哥。	描写人或事物性质的定语 好人会有好报。 他戴着黑领带。 描写人或事物的特点的定语 好可爱的娃娃脸。 他看过历史课本。 表示质料的定语 玻璃杯容易碎。 纯棉衣服吸汗。 表示职业的定语 他是健身教练。 大学老师不坐班。

特别提示	多项限定性定语同时出现，一般的顺序是：
	（1）表示处所或范围的定语；
	（2）表示领属的定语；
	（3）表示时间的定语；
	（4）表示数量或指量的定语
	例如：
	教室里 我们班的 那群 学生已经走了。
	  处所 领属 指量
	他是 国家队的 一位 教练。
	      领属 数量
	姐姐的 那条 围巾丢了。
	  领属 指量
		多项描写性定语同时出现，一般的顺序是：
		（1）主谓短语；
		（2）动词（短语）、介词短语；
		（3）形容词（短语）、描写性词语；
		（4）描写性名词、不用"的"的形容词
		例如：
		他有 一套 很有价值的 古典 书籍。
		   数量词 动词短语 形容词
		她有着 一双 蓝蓝的 大 眼睛。
		    数量词 形容词短语 形容词
		姐姐买了 一件 做工精致的 白 连衣裙。
		     数量词 主谓短语 形容词

二、定语与"的"

结构助词"的"是定语形式上的主要标志，但不是所有的定语都加"的"。大致规律如下：

定语类型		充当定语的词语	例
数量词	加"的"	表示描写关系	一地的水　一手的汗
	不加"的"	表示限定关系	一本书　一张纸
名词	加"的"	表示领属关系	顾客的意见　服装的款式
		表示时间	将来的计划　明天的比赛
		表示处所	隔壁的邻居　旁边的超市
	不加"的"	表示质料	木头桌子　塑料杯子
		表示职业	银行职员　足球裁判
		比喻意义	牛脾气　　水蛇腰
		专有名词	首都机场　长城饭店
		由动宾短语转化而来的偏正式名词短语、由两个双音节词构成	市场调查　疾病预防
代词	加"的"	表示领属关系	彼此的关系　各自的利益
		表示处所	这里的商店　那里的学校
		表示方式、式样	这样的问题　什么样的人
	不加"的"	表示亲属关系	我爷爷　他哥哥
		中心语是表示集体、机构的名词	我国　我公司
		指量短语	这几年　那些人
		中心语是方位名词	公园附近　黑板旁边
形容词定语	加"的"	表示强调的单音节形容词	新的计划　旧的家具
		双音节形容词	温暖的天气　痛苦的表情
		重叠形式的形容词	大大的眼睛　红红的太阳
	不加"的"	单音节形容词	好朋友　厚袜子
		有的双音节形容词与某些名词构成固定短语	老实人　发达国家
动词定语	加"的"		购买的商品　准备的材料
	不加"的"	表示人或事物的性质	庆祝活动　结婚典礼
短语	加"的"		非常宝贵的资源　勤劳勇敢的民族

三、复杂定语的顺序

（一）并列关系的定语

定语之间是并列关系，没有主次之分，有时受习惯、对事物认识的先后规律的影响。

例如：男女的体力是不同的。（从男到女）

金银制品价格比较贵。（价值从高到低）

他国内国外的朋友很多。（从近到远）

家里、家外事儿不少。（从里到外）

他们走过了相识、相知、相爱的过程。（按照发展的规律）

（二）递进关系的定语

几个定语在说明一个中心语时，具有层次关系，一般限定性的定语在前，描写性的定语在后。

例如：他买了一辆新车。

他获得大量珍贵的资料。

他收藏了一些古典家具。

昨天的足球比赛很精彩。

多项限定性定语和多项描写性定语的一般排列顺序是：

1. 表示领属关系的名词或代词，
2. 表示时间或处所的词语，
3. 数量短语（后面为描写性的定语），
4. 主谓短语、介词短语、动词短语，
5. 数量短语（前面为限定性定语），
6. 双音节形容词、形容词短语，
7. 不用"的"的形容词或描写性名词。

例如：

我认识一位 在高中任教的 数学 老师。
      数量词   动词短语 描写性名词

他是 一位 令人尊敬的 好 导师。
    数量词   动词短语 形容词

这是朋友送给我的 生日 礼物。
    主谓短语   描写性名词

实 力 测 试

一、请选出正确答案。

1. 你随身带些（　　）用品就行。

A. 经常　　　　　　　B. 通常　　　　　　　C. 日常

2.（　　）高温天气真让人难受。

    A. 继续　　　　　　　　　B. 不断　　　　　　　　　C. 持续

3.（　　）我的是一位高个儿姑娘。

    A. 招待　　　　　　　　　B. 对待　　　　　　　　　C. 接待

4.（　　）的外国留学生很多。

    A. 上海　　　　　　　　　B. 上海里　　　　　　　　C. 在上海

5. 父亲对我（　　）儿子很严格。

    A. 这个　　　　　　　　　B. 一个　　　　　　　　　C. 一位

6. 他是（　　）意志坚强的人。

    A. 一个　　　　　　　　　B. 一位　　　　　　　　　C. 一名

7.（　　）的事情根本就不该发生。

    A. 这种　　　　　　　　　B. 这样　　　　　　　　　C. 什么

8. 过了（　　），我们就和好了。

    A. 时间　　　　　　　　　B. 一段时间　　　　　　　C. 很多时间

9. 那天发生了（　　）事。

    A. 难忘的　　　　　　　　B. 难忘的一件　　　　　　C. 一件难忘

10. 当（　　）是我的理想。

    A. 一名律师　　　　　　　B. 一位律师　　　　　　　C. 律师

11. 我想学（　　）外语。

    A. 一门　　　　　　　　　B. 一门流利　　　　　　　C. 流利的

12. 我留学期间（　　）中国朋友。

    A. 很多交过　　　　　　　B. 交过很多　　　　　　　C. 交很多过

13. 我觉得人类的（　　）优点就是善良。

    A. 最大　　　　　　　　　B. 大的　　　　　　　　　C. 最

14. 有一天，我会成为（　　）的。

    A. 一名好律师　　　　　　B. 好的一名律师　　　　　C. 好律师一名

15. 我在日本公司（　　）。

    A. 翻译做工作　　　　　　B. 做翻译工作　　　　　　C. 工作做翻译

16. 爷爷小时候（　　）。

    A. 很多吃过苦　　　　　　B. 吃过很多苦　　　　　　C. 吃过苦很多

17. 我是（　　）女儿，爸妈很疼爱我。

    A. 在家里最年龄小的　　　B. 年龄最小的在家里　　　C. 家里年龄最小的

18. 我的房东是（　　　）。
　　A. 一位善良的阿姨　　　　　B. 一位阿姨善良的　　　　　C. 善良的一位阿姨

19. 这是我来中国后（　　　）。
　　A. 最印象深的一件事　　　B. 一件最深印象的事　　　C. 印象最深的一件事

20. 姐姐买了（　　　）高跟鞋。
　　A. 一双看起来很时髦的白色
　　B. 看起来很时髦的一双白色
　　C. 一双白色的看起来很时髦的

二、请改正下列病句。

1. 我是十七岁的高中生。

2. 没有很多人知道这事。

3. 她在菜市场租了摊位。

4. 我只会一点儿说汉语。

5. 邻居奶奶是个真好的人。

6. 他是一位我以前的上司。

7. 这是留学生住在的公寓。

8. 我是在家里最小的女儿。

9. 我是个非常不足耐心的人。

10. 他是很可爱的一个小男孩。

11. 画展很成功，来了多人参观。

12. 当一个老师是我儿时的梦想。

13. 他在南方的有一所大学里学汉语。

14. 我特别怀念过去那些的美好日子。

15. 售货员对每位顾客都热情地对待。

16. 我们班很多有来自世界各国的同学。

17. 我再也没找到那些帮过我的一群人。

18. 在一般人看来，我的印象是乐观的人。

19. 我想买一辆汽车，不想买一辆自行车。

20. 这里人没有遵守时间的习惯，迟到是很平常的事。

三、完成句子

1. 唯一　是　永远　检验　实践　真理　的　标准

2. 一种　每个人　独特　身上　有　都　的　气味

3. 中国　文化　饮食　生活　许多　包含着　智慧

4. 未来　国家　教育　关系到　发展　是　的大事

5. 赚钱　一个　自己　买汽车　哥哥　的　梦想　是

6. 艺术家　受人　他　是　尊敬　的　京剧　一位　表演

7. 独立　的能力　孩子　处理问题　需要　培养　从小

8. 是　在陆地上　目前　的　最大　生活　的动物　大象

9. 想象得出　乘船　你　能　学校　的情景　每天　去　吗

10. 那个人　戴运动帽的　前面　就是　电影　的导演　这部

11. 这样那样　丰富　经验　的人　会　犯　的错误　不免　再……也

12. 一位　需要　经验　大型晚会　我们　主持　的主持人　具有

13. 安装　这是　负责　专门　和　维护　一家　的公司　大型设备

14. 消费　有　很难　把钱　使用信用卡　花出去　的　感受　真实

15. 能回到　祖先　的地方　是　曾经　生活过　件　令人激动　的事

16. 一位　主持过　担任了　曾经　比赛解说员　的嘉宾　娱乐节目

17. 承担　住院期间　孩子　的　企业　愿意　全部　一家　治疗费用

18. 是　几十年　一位　有着　出版经验　的　隔壁　住在　的老编辑

19. 公共区域　宿舍楼的　由　学校　一位阿姨　雇佣的　打扫　负责

20. 从小就　自己　习惯　的他　逐渐　独立　拿主意　养成了　的个性

第五章

状语

基本概念：状语是指主要用来修饰谓词性词语的成分。

一、状语分类

类别	特点		例
限定性状语	主要从时间、处所、范围、对象、目的、程度等方面来说明中心语	表示时间的状语	他上周回国了。 我明年毕业。
		表示语气、关联、频率、范围的状语	你千万别忘了。 请再说一遍。
		表示肯定、否定、程度的状语	他一定会来的。 天还没亮呢。
		表示处所、路线、方向的状语	他在上海工作。 请你往前看。
		表示目的、依据、对象的状语	他对我有意见。 我会按法律办事。
描写性状语	主要对动作本身进行修饰描写，或对动作者做动作时的表情、姿态及心理活动加以描写	描写动作的状语	孩子一天天长大了。 他悄悄地走了出去。
		描写动作者的状语	他激动地解释着。 他委屈地看着我。

二、多项状语的顺序

1. 并列关系的状语

　　状语之间是并列关系，没有主次之分。但有时会受到习惯、对事物认识的先后顺序的影响。

　　例如：你近来每天忙什么？

　　　　　这儿的人我全都认识。

　　　　　他这辈子也就这样了。

2. 递进关系的状语

　　几个状语按一定顺序递次修饰后面的谓语部分，每个状语在意义上都和中心语存在修饰关系。

（1）语义指向动作者的状语在前，描写动作的状语在后。

　　例如：他开心地大笑起来。

　　　　　他谨慎地一件件处理着。

　　　　　她兴奋地一下跳了起来。

（2）多项限定性状语的顺序一般是：时间——语气——目的/依据/关联/协同——处所/空间/方向/路线——对象。

　　例如：我早就跟他商量过了。

　　　　　律师当然会依法办案。

　　　　　他从包里把书拿了出来。

（3）多项限定性状语和描写状语同时出现时，一般按下列顺序排列：

① 表示时间的状语，

② 表示语气、关联、频率、范围的状语，

③ 描写动作者的状语，

④ 表示目的、依据、协同的状语，

⑤ 表示处所、空间、方向、路线的状语，

⑥ 表示对象的状语，

⑦ 描写动作的状语。

例如：他又被老师批评了。

他总是向别人借钱。

我得跟你好好儿谈谈。

注意：

1. 句中多个副词同时出现时，一般顺序是：时间副词——语气副词——关联副词——频率副词——范围副词。

例如：他也经常来这儿。

你就再说一遍吧。

他们又都没上课。

我偶尔也会出差。

2. 表示空间、处所、路线、范围、对象的状语，有时根据需要，位置可前后移动。描写动作的状语有时为了突出描写的作用也可以放在前面。

例如：他飞快地向南跑去。

他向南飞快地跑去。

我已经在家吃过饭了。

我在家已经吃过饭了。

实力测试

一、请选出正确答案。

1. 奶奶病得很重，（　　）去世了。

　　A. 就不久　　　　　　B. 很久就　　　　　　C. 不久就

2. 他（　　）做出这么不道德的事。

　　A. 究竟　　　　　　　B. 既然　　　　　　　C. 居然

3. 上课了，同学们（　　）走进教室。

　　A. 陆续　　　　　　　B. 继续　　　　　　　C. 连续

4. 这个方案（　　　）证明了公司实力。

    A. 充实　　　　　　　　　B. 充足　　　　　　　　　C. 充分

5. 我（　　　）成为像他那样的人。

    A. 也将来要　　　　　　　B. 将来也要　　　　　　　C. 也要将来

6. 父亲（　　　）："做人要诚实！"。

    A. 对我说经常　　　　　　B. 对我经常说　　　　　　C. 经常对我说

7. 第一次参赛就获得冠军，（　　　）！

    A. 是真不简单　　　　　　B. 真是不简单　　　　　　C. 不简单真是

8. 我们班（　　　）外籍学生。

    A. 一共有 10 个　　　　　B. 有一共 10 个　　　　　C. 是一共 10 个

9. 别客气，（　　　）！

    A. 多一点儿吃　　　　　　B. 吃多一点儿　　　　　　C. 多吃一点儿

10. 你好好儿干，（　　　）工作。

    A. 要继续努力　　　　　　B. 继续要努力　　　　　　C. 继续努力要

11. 刚来时，我只（　　　）汉语。

    A. 会说一点儿　　　　　　B. 一点儿会说　　　　　　C. 会一点儿说

12. 我（　　　）感兴趣。

    A. 对京剧非常　　　　　　B. 非常对京剧　　　　　　C. 对非常京剧

13. 他喝醉了，（　　　）。

    A. 只好我陪着他　　　　　B. 我陪着他只好　　　　　C. 我只好陪着他

14. 慢慢地，我（　　　）。

    A. 很感到自信了　　　　　B. 感到很自信了　　　　　C. 感到了很自信

15. 你回来后，（　　　）。

    A. 跟我赶紧联系　　　　　B. 赶紧联系跟我　　　　　C. 赶紧跟我联系

16. 他（　　　）游览了很多国家。

    A. 随父母从小就　　　　　B. 从小随父母就　　　　　C. 从小就随父母

17. 他（　　　），难得见他一面。

    A. 工作总是很忙　　　　　B. 总是工作很忙　　　　　C. 很忙总是工作

18. 他（　　　），跟不上时代发展了。

    A. 已经没工作十年了　　　B. 已经十年没工作了　　　C. 十年已经没工作了

19. 他（　　　）的人。

    A. 是对我来说最重要　　　B. 最重要是对我来说　　　C. 对我来说是最重要

20. 她（　　　）的人。
　　　A. 是在我心目中最完美
　　　B. 是最完美的我心目中
　　　C. 在我心目中是最完美

二、请改正下列病句。

1. 他的病一点儿好了。
2. 这是到底怎么回事？
3. 从睡梦中他刚醒来。
4. 我住了两年在青岛。
5. 我从明年打算出国留学。
6 这是我见他流泪的第一次。
7. 运动给身体能带来很多好处。
8. 三星手机是在我国很有名的。
9. 婚事要跟父母很多商量再决定。
10. 那些旧衣服被妈妈都送人了。
11. 我也小时候是个调皮的孩子。
12. 我希望能认识多些中国朋友。
13. 我完全不感兴趣对于网络游戏。
14. 你的判断基本上是完全正确的。
15. 你把作业不做完，就别想睡觉。
16. 父母很多给我讲了做人的道理。
17. 我留学在南京，是一名高中生。
18. 家庭是对每个人来说都最重要的。
19. 她声音激动着说："这是真的吗？"。
20. 在经济上，我得到过他多多少少的一些帮助。

三、完成句子。

1. 兜　拿了出来　钱包　他　把　从……里
2. 房间了　已经　阿姨　把　送回　照相机
3. 没　基本　学业　他　遇到过　什么挫折　在……上
4. 主动　孩子　下课后　帮助　总是　擦黑板　老师
5. 他　做　会　每个周末　都　去　志愿者　老人公寓
6. 分析　详细　一下　结构　请你　这篇文章的　特点
7. 趁　猴子　管理员　狡猾的　香蕉　不注意　抢走了
8. 拒绝了　老板　直接　提高　要求　待遇　他　的　请求

9. 自己的　大家的　信任　他　用　实际　赢得了　行动

10. 读书　强烈　引发　就会　自然　对文学的　多了　兴趣

11. 生意上　他　跟　的朋友　始终　的距离　保持着　适当

12. 大学的　他　名牌　收到了　陆续　录取　几所　通知书

13. 用　的钱　新电脑　节省下来　给我　买了　妈妈　一台

14. 甚至　治疗　可以在······上　音乐　心理疾病　程度　一定

15. 总公司　辞去　递交了　向　经理职务　他　的　申请　已经

16. 应该　信誉较好的　那些　消费者　品牌产品　尽量　购买

17. 我逛商店时　买些　总会　忍不住　不需要的　根本　东西

18. 日常生活　浪费粮食　可以　经常　看到　我们　的现象　在······中

19. 公司根据　所做　员工　对公司　贡献的　进行了　大小　奖励

20. 开学典礼　优秀学生　公布了　上学期　校长　的名单　在······上

第六章

补语

第一节　动量补语　时量补语

基本概念：补语是位于动词或形容词后，起补充说明作用的成分。主要有动量补语、时量补语、趋向补语、结果补语、介词短语补语、可能补语、程度补语、情态补语等几类。

用法 ＼ 补语名称	动量补语	时量补语
基本概念	表示动作行为的数量，由动量词充当的补语为动量补语 例如：请再说一遍吧。 　　　我们吵了一架。 　　　他想大干一番。	表示动作行为持续时间的长短，由时量词充当的补语为时量补语 例如：你休息一下吧。 　　　我都等半天了。 　　　他工作两年了。
句中有宾语时的用法	1. 宾语是代词时，常构成"谓语动词＋代词宾语＋动量补语"形式 例如：他看了我一眼。 　　　我找过他两次。 　　　他说了我一顿。 2. 宾语是普通名词时，常构成"谓语动词＋动量补语＋名词宾语"形式 例如：他每周爬两次山。 　　　我们打过几次电话。 　　　我想看一场电影。 3. 宾语表示确定的人名或地名时，可构成"谓语动词＋人名／地名宾语＋动量补语"或"谓语动词＋动量补语＋人名／地名宾语"形式 例如：我找过两次老师。 　　　我找过老师两次。 　　　他去过上海一次。 　　　他去过一次上海。	1. 宾语是代词时，常构成"谓语动词＋代词宾语＋时量补语"形式 例如：我陪了他几天。 　　　我等你半天了。 　　　我住这儿两年了。 2. 宾语是普通名词时，常构成"谓语动词＋时量补语＋名词宾语"形式 例如：我看了会儿电视。 　　　她逛了一天商店。 　　　他玩儿了半天游戏。 3. 宾语是确定的人名时，可构成"谓语动词＋人名宾语＋时量补语"或"谓语动词＋时量补语＋人名宾语"形式。如果宾语表示处所，则构成"谓语动词（来／去／回／到）＋处所宾语＋时量补语"形式 例如：你等小李一下。 　　　你等一下小李。 　　　他来中国两年了。 　　　*他来两年中国了。
要点提示	1. 动量补语一般不用于否定形式。句中有否定副词时，动量词一般在谓语动词前做状语 例如：　我们没见过。 　　　　我们一次也没见过。 　　*我们没见过一次。	1. 时量补语一般不用于否定形式。句中有否定副词时，时量词一般在谓语动词前做状语 例如：　他没陪过我。 　　　　他一天也没陪过我。 　　*他没陪过我一天。

补语名称 / 用法	动量补语	时量补语
要点提示	2. 在假设句或条件句中，谓语动词前可用否定副词"不" 例如：你不再检查一下吗？ 　　　不去一趟，我不放心。 　　　不多看几遍，记不住。 3. 动量补语与谓语动词之间可加动态助词"了"或"过" 例如：他喝了几口酒。 　　　她看了我两眼。 　　　我们见过几次面。 4. 动量补语如果带有宾语，动量词是"刀""脚""拳""巴掌"时，即使宾语是名词，宾语也只能放在补语前 例如：他踢了小狗一脚。 　　　他刺了警察一刀。 　　　他打了对方一拳。 　　　我打了儿子一巴掌。	2. 在假设句或条件句中，谓语动词前可用否定副词"不" 例如：再不睡会儿，天就亮了。 　　　不休息几天，哪行啊？ 　　　不看会儿电视睡不着。 3. 谓语动词是持续性动词时，时量补语与谓语动词之间可加动态助词"了"或"过"。谓语动词是非持续性动词或带有结果补语、趋向补语时，后面如有宾语，则动词与宾语之间不能加"了"或"过" 例如：　他学了两年汉语。 　　　　他当过几年演员。 　　　　他去上海几天了？ 　　　*他去了上海几天了？ 4. 表示持续意义的动词带时量补语，补语前是一个动宾短语时，一般构成"动词＋宾语＋时量补语"或"动词＋宾语＋动词＋时量补语"形式 例如：他结婚十几年了。 　　　他结婚结了十几年了。 　　　他当老师十几年了。 　　　他当老师当了十几年了。

实力测试

一、请选出正确答案。

1. 那条狗吓（　　）我一跳。

　　A. 了　　　　　　　　B. 着　　　　　　　　C. 得

2. 你（　　），特别香。

　　A. 闻　　　　　　　　B. 闻一下　　　　　　C. 闻闻一下

3. 饭要（　　），事得一件件做。

　　A. 一口吃　　　　　　B. 一口口吃　　　　　C. 吃一口

4. 他（　　）了两周，今天才来。

　　A. 生病　　　　　　　B. 得病　　　　　　　C. 病

5. 我刚才（　　）了一会儿。

    A. 睡　　　　　　　　　　B. 睡觉　　　　　　　　　　C. 睡眠

6. 他是（　　）获得第二名。

    A. 一次　　　　　　　　　B. 第一次　　　　　　　　C. 一次次

7. 最近他一个月（　　）。

    A. 出差一趟　　　　　　　B. 出一趟差　　　　　　　C. 一趟出差

8. 经理找他（　　）。

    A. 一下谈话　　　　　　　B. 谈话一下　　　　　　　C. 谈一下话

9. 让我（　　）你们一下吧。

    A. 送送　　　　　　　　　B. 送一送　　　　　　　　C. 送

10. 他（　　）看了一本小说。

    A. 每天　　　　　　　　　B. 一天　　　　　　　　　C. 天天

11. 如果做不好，就会被他（　　）。

    A. 骂　　　　　　　　　　B. 骂几次　　　　　　　　C. 骂人

12. 快进屋（　　）吧。

    A. 避雨一下　　　　　　　B. 一下避雨　　　　　　　C. 避一下雨

13. 我想家时会偷偷地（　　）。

    A. 哭　　　　　　　　　　B. 哭几次　　　　　　　　C. 哭一下

14. （　　）几个小时，能不累吗？

    A. 坐车了　　　　　　　　B. 坐车坐了　　　　　　　C. 车坐了

15. 我们（　　），他就出国了。

    A. 认识没多久　　　　　　B. 多久没认识　　　　　　C. 没多久认识

16. 哥哥（　　），都没戒了。

    A. 戒烟过两次　　　　　　B. 戒过两次烟　　　　　　C. 两次戒过烟

17. 我们（　　），很开心。

    A. 聊了半天天儿　　　　　B. 聊天儿了半天　　　　　C. 半天聊天儿了

18. 他已经（　　）。

    A. 回了国三个月　　　　　B. 回国了三个月　　　　　C. 回国三个月了

19. 我昨天（　　），根本没睡好。

    A. 一晚上做了梦　　　　　B. 做梦了一晚上　　　　　C. 做了一晚上梦

20. 他们（　　），感情一直很好。

    A. 结婚了好几年　　　　　B. 结婚好几年了　　　　　C. 结了好几年婚

二、请改正下列病句。

1. 我学了汉语两年。

2. 我只一次去过长城。

3. 我真想踢踢他两脚。

4. 我去过广州几次出差。

5. 你记住一下这个地址。

6. 妻子跟我生气了好几天。

7. 我上个月只游泳过一次。

8. 我把课文读了半个小时。

9. 我离开了家已经半年了。

10. 他已经没工作好几年了。

11. 姐姐穿了两年这条裙子。

12. 对不起，请你原谅我一下。

13. 周末，我进了三小时城玩儿。

14. 病人都等着半天了，医生呢?

15. 她抬头看我了一眼，没说话。

16. 他回头看着我一眼，没说话。

17. 你能不能把这句话给我翻译?

18. 我会尽快翻译一下这篇文章的。

19. 我检查了半天快递员送来的网购包裹。

20. 历代皇帝都希望自己能活到很久，最好永远不死。

三、完成句子。

1. 我这里 能 来 你 抽空 一趟 吗

2. 不免 要 多 几句 父母 嘱咐 他

3. 剪过 头发 我 只 一次 半年来

4. 她 一番 打量了 上上下下 把我

5. 当时 一下 回忆 的 情景 能 吗 你

6. 两三天 大概 他 每周 公司 在 住

7. 我 每周 只 妈妈 允许 电视 看 两次

8. 学校 一次 清理 多长 游泳池 时间

9. 热烈 会场上 的 一阵阵 掌声 响起

10. 每周 辅导 音乐 我 两次 老师 都 会

11. 检查 打算 身体 一天 请假 他 陪父亲

12. 时 兼职 做过 我 曾 导游 上大学 一年

13. 开始 他 就 了 总是 四五天 运动 放弃

14. 开幕式　我　买到　才　的　门票　排队　了　半天
15. 戒烟　身体　就　开始　了　一年左右　有　变化
16. 留　你　休养　在家里　应该　好好儿　一阵子
17. 两个小时　最好　别　汽车　阳光　停　以上　在……下
18. 他　几组　的照片　拍了　反映　婚礼风俗　农村
19. 火车　我们　坐　才　坐了　到　十几个小时　目的地
20. 每天　受伤　三次　刷牙　超过　会使　提醒　医生　牙齿

第二节　趋向补语

基本概念：用在动词或形容词后，表示动作的趋向或事物发展的趋向，由趋向动词
　　　　　　充当的补语为趋向补语。

基本结构：动词／形容词＋趋向动词

例如：想起　说出　走过来　收起来　好起来　静下来

常用趋向动词

	进	出	上	下	回	过	开	到	起
来	进来	出来	上来	下来	回来	过来	开来	到……来	起来
去	进去	出去	上去	下去	回去	过去	开去	到……去	

一、趋向补语分类

简单趋向补语：补语由一个趋向动词表示。

　　例如：带来　走进　装上　跑到　扔下　想起

复合趋向补语：补语由两个趋向动词表示。

　　例如：跑过来　想起来　走下去　富起来　黑下来　瘦下去

补语名称 用法	简单趋向补语	复合趋向补语
基本结构	动词＋趋向动词 例如：你回去吧。 　　　我上去了。 　　　他出来了。 　　　他起来了。	动词／形容词＋趋向动词＋来／去 例如：他跑出去了。 　　　我想起来了。 　　　天黑下来了。 　　　我胖起来了。
句中有宾语 时的用法	1. 宾语是表示处所的词语，常构成"谓语动词＋处所宾语＋来／去"或"谓语动词＋趋向动词（除'来／去'）＋处所宾语"形式 例如：你回家去吧。 　　　你上楼来吧。 　　　他走进房间。 　　　我跑回教室。	1. 宾语是表示处所的词语，常构成"谓语动词＋趋向动词＋处所宾语＋来／去"形式 例如：他走回学校来。 　　　饭送到房里来。 　　　钱存到银行去。 　　　孩子跑下楼去。

续表

补语名称 用法	简单趋向补语	复合趋向补语
句中有宾语 时的用法	2. 宾语是表示人或物体的名词，常构成"谓语动词＋宾语＋来/去"或"谓语动词＋来/去＋宾语"形式 例如：他带来了一个朋友。 　　　他带了一个朋友来。 　　　他叫来哥哥帮忙。 　　　他叫哥哥来帮忙。 3. 宾语是存现宾语、抽象名词宾语时，常构成"谓语动词＋趋向动词＋宾语"形式 例如：班车上跳下一个人。 　　　远处飘来阵阵花香。 　　　好政策带来新希望。 　　　新计划引出新问题。	2. 宾语是表示人或物体的名词，常构成"谓语动词＋趋向动词＋来/去＋宾语"或"谓语动词＋趋向动词＋宾语＋来/去"形式 例如：他带回来一个朋友。 　　　他带回一个朋友来。 　　　他给我送过来一笔钱。 　　　他给我送过一笔钱来。 3. 谓语动词是离合词时，常构成"谓语动词＋趋向动词＋宾语＋来/去"形式 例如：大家都鼓起掌来。 　　　他回过头来看我。 　　　她高兴得跳起舞来。 　　　她害羞地低下头去。

注意：

1. 句中有趋向补语而没有宾语时，一般用复合趋向补语（不包括"上"或"开"）；句中有趋向补语又有宾语时，既可用简单趋向补语，也可用复合趋向补语。

　　例如：　他从房里走出来。
　　　　＊他从房里走出。
　　　　　他走出房间。
　　　　　他走出房间来。

2. 趋向补语的否定形式，一般用"没"否定，假设句或条件句中一般用"不"否定。

　　例如：他没做出这道题。
　　　　　他没做出来这道题。
　　　　　他没做出这道题就走了。
　　　　　我不做出这道题就不走。

二、趋向补语的引申用法

词语	释义	例
上	1. 表示人或物体通过动作由低处向高处移动	他走上楼。 他爬上山顶。
	2. 表示开始并继续	他们一见面就聊上了。 他一回来就忙上了。

续表

词语	释义	例
上	**3.** 表示合拢、添加	请你把门关上！ 这次就算上我吧。
	4. 表示附着、存在	把年画贴上吧。 请你签上名字。
	5. 表示达到目的	我住上新房了。 他考上大学了。
下	**1.** 表示人或物体通过动作由高处向低处移动	请坐下说吧。 他快步走下楼。
	2. 表示容纳一定数量。常用"坐""放""摆""装""容""盛""住""站""停""躺""睡"等动词	这儿能停下两辆车。 卧室能摆下一张床。
	3. 表示固定	请留下你的电话。 请记下我的电话。
	4. 表示完成、脱离	他摘下了眼镜。 他脱下了外衣。
过	**1.** 表示经过、通过	一道彩虹划过天空。 穿过马路就是银行。
	2. 表示通过动作，人或物体改变方向	他回过头看着我。 他转过身走了。
	3. 表示超过合适的点	我今天睡过头了。 你别坐过站了。
起	**1.** 表示通过动作，人或物体由低处向高处移动	请你抬起头！ 他站起身，走了。
	2. 表示连接、结合以至固定	河上架起一座桥。 山上搭起了帐篷。
	3. 表示突出、隆起	孩子撅起了小嘴。 你要挺起腰做人。
	4. 表示主观上有 / 无某种承受能力（多用于经济、时间、资格、精神、体力等方面），只用可能补语形式	他买不起新房。 我付得起房租。
	5. 表示进入新的状态	我们聊起了股票。 外边下起了小雨。
出	**1.** 表示从里向外	他走出房间。 他拿出课本。
	2. 表示从无到有，由隐蔽到显露	我想出办法了。 我听出你是谁了。

词语	释义	例
开	**1.** 表示通过某动作，人或物体离开某处所	请把你的手拿开！ 把这把椅子搬开。
	2. 表示分离	请你把门打开。 他睁开了眼睛。
	3. 表示舒展、分散	我们不想分开。 他掰开了饼干。
到	**1.** 表示通过动作，人或物体移动到某处所，继续到某时间	他搬到公司了。 昨天忙到深夜。
	2. 表示通过动作达到目的或有结果	我找到房子了。 我见到总统了。
起来	**1.** 表示通过动作，人或物体由低到高	请你站起来。 太阳升起来了。
	2. 表示由分散到集中。常用"包""存""叠""堆""关""合""加""捆""连""拼""收""攒""集中""收集""收拾""团结""召集""组织"等动词	把零钱攒起来吧。 把玩具收拾起来。
	3. 表示开始并继续	他突然笑了起来。 他急得哭了起来。
	4. 表示估计、评价。常用"吃""看""摸""算""听""闻"等动词	他看起来不像学生。 听起来他是本地人。
	5. 表示回忆有了结果	我想起来密码了。 我记不起来密码了。
下 （……） 来	**1.** 表示某人或某物通过动作由高处向低处移动	他走下楼来。 他跑下山来。
	2. 表示分离。常用"拔""拆""打""夺""割""剪""落""切""撕""脱""摘"等动词	他摘下眼镜来。 他脱下外衣来。
	3. 表示固定	你就留下来吧。 把日出拍下来。
	4. 表示开始出现并继续发展	校园静了下来。 灯光暗了下来。
	5. 表示动作从过去到现在	这是爷爷传下来的。 他终于坚持下来了。
	6. 表示完成（多用于费时、费力、需要克服的动作行为）。常用"背""撑""干""过""活""念""忍耐""生存"等动词	终于撑下来了。 课文背下来了。

续表

词语	释义	例
下去	1. 表示由高到低	他走下山去。 他弯下腰去。
	2. 表示继续	请你说下去。 我得学下去。
出来	1. 表示从里向外，说话人在处所外	他走了出来。 把钱拿出来！
	2. 表示由隐蔽到显露。常用"答""画""哭""笑""说""写""装""表现""创造""设计""发挥""发泄"等动词	他的病装出来的。 想哭就哭出来吧。
	3. 表示动作实现并获得某种能力。常用"熬""答""考""练""走""背诵""锻炼""回答"等动词	你能答出来吗？ 好身材是练出来的。
	4. 表示通过动作分辨、识别人或物。常用"猜""查""尝""分""看""认""算""闻""想""感觉""估计""观察""检查""想象"等动词	我能认出他来。 我没听出来是谁。
	5. 表示留出空间。常用"留""腾""打扫""收拾"等动词	我把客房收拾出来了。 请你把房间腾出来。
过来	1. 表示达到说话人所在的地方	他走了过来。 车开了过来。
	2. 表示改变方向，面向说话人。常用"侧""掉""翻""回""扭""转"等少数动词	他扭过头来看着我。 他侧过身来跟我说。
	3. 表示恢复正常、积极的状态。常用"变""改""活""救""劝""歇""醒""反应""恢复""明白""清醒""苏醒""调整"等动词	他的口音总改不过来。 病人苏醒过来了。
	4. 表示时间、能力、数量充分（多用可能补语形式）。常用"背""干""管""顾""忙""数""算""照顾""照料""照应""周转"等动词	客人太多，顾不过来。 事儿太多，忙不过来。
过去	1. 表示离开或经过自己所在的地方	他跑过去看个究竟。 我递过去一杯咖啡。
	2. 表示侥幸地通过，动作完毕。常用"混""瞒""骗""蒙""骗""掩盖""隐瞒""应付""遮掩"等动词	这事能瞒过去吗？ 你不可能混过去的！
	3. 表示失去原来的、正常的状态。常用"睡""死""晕""醉""昏迷""迷糊"等少数动词	病人晕过去了。 他昏迷过去了。

实力测试

一、请选出正确答案。

1. 天渐渐黑（　　）了。
   A. 起来　　　　　　　　　B. 下来　　　　　　　　　C. 下去

2. 他疼得又晕（　　）了。
   A. 过来　　　　　　　　　B. 过去　　　　　　　　　C. 起来

3. 你不能继续错（　　）了。
   A. 起来　　　　　　　　　B. 下去　　　　　　　　　C. 下来

4. 他没钱还债，躲了（　　）。
   A. 过来　　　　　　　　　B. 出来　　　　　　　　　C. 起来

5. 我的话他根本听不（　　）。
   A. 进去　　　　　　　　　B. 出来　　　　　　　　　C. 进来

6. 他累得都不想（　　）房间。
   A. 走出去　　　　　　　　B. 走出来　　　　　　　　C. 走出

7. （　　）别人房间请敲门！
   A. 进来　　　　　　　　　B. 进入　　　　　　　　　C. 进去

8. 您的话我都记（　　）了。
   A. 出来　　　　　　　　　B. 下去　　　　　　　　　C. 下来

9. 他急急忙忙地（　　）教室里。
   A. 跑进　　　　　　　　　B. 跑去　　　　　　　　　C. 跑向

10. 哥哥的结婚日期已经（　　）了。
    A. 定下来　　　　　　　　B. 定下　　　　　　　　　C. 下来

11. 他每天都从家里（　　）。
    A. 来带吃的　　　　　　　B. 吃的带来　　　　　　　C. 带吃的来

12. 突然一只狼从后面（　　）。
    A. 跑过来　　　　　　　　B. 跑来　　　　　　　　　C. 跑着来

13. 他把孩子（　　）了。
    A. 送回到老家　　　　　　B. 送来老家　　　　　　　C. 送回老家

14. 只要你不说，秘密就（　　）。
    A. 传不出去　　　　　　　B. 传不出来　　　　　　　C. 传不进来

15. 他没脱鞋就（　　）了。
    A. 进来房间　　　　　　　B. 进去房间　　　　　　　C. 进房间来

16. 成绩不太理想，还说得（　　　）吧。
     A. 过来　　　　　　　　B. 下来　　　　　　　　C. 过去

17. 我们得把产品销售量提高（　　　）。
     A. 上来　　　　　　　　B. 起来　　　　　　　　C. 上去

18. 这物件是从奶奶那儿传（　　　）的。
     A. 下来　　　　　　　　B. 过来　　　　　　　　C. 进来

19. 我要这件红的，请你帮我（　　　）吧。
     A. 包出来　　　　　　　B. 包下来　　　　　　　C. 包起来

20. 茶是从中国（　　　）的。
     A. 传过来日本　　　　　B. 传到日本来　　　　　C. 传进来日本

二、请改正下列病句。

1. 快把错别字改吧。
2. 所有的钉子都拔出了。
3. 我和他一直合不起来。
4. 他又回来公司上班了。
5. 小狗自己跑回到笼子睡觉去了。
6. 她委屈得就要哭了起来。
7. 天气越来越暖和起来了。
8. 你快想出来个好主意吧。
9. 农民的生活一天天富下去了。
10. 几个月后，爸爸回去老城了。
11. 他想出去大山，到城里打工。
12. 他一进屋，就坐下在椅子上。
13. 这些食品全都是从日本来的。
14. 我醒起的时候已经是中午了。
15. 老人说着，把青豆装了袋子里。
16. 老实人生起来气其实挺吓人的。
17. 父亲对子女的爱通常很少表现。
18. 老人突然把鞋脱下，扔到了桥下。
19. 后来，我们的生活才慢慢稳定起来。
20. 他把选好的蔬菜放进在了塑料袋里。

三、完成句子。

1. 他　一　就　进门　外衣　脱　了　下

2. 墙上　奶奶　在　贴　年画　上　了
3. 进　把　经理　他　叫　谈话　办公室
4. 他　从　站了　座位　上　突然　起来
5. 躲雨　纷纷　跑　人们　进　去　商店
6. 陆续　观众们　音乐　走　大厅　出
7. 房间　老人　慢慢　走出了　站　身　起
8. 两千块钱　我　才　花了　这幅画　买来
9. 用　把　起来　连忙　他　手表　勺子　捞了
10. 请　名单　志愿者　我的　写上　名字　在……上
11. 树叶　秋风　落了　一片片　地　下来　在……中
12. 突然　你　会　起　问　想　这个问题　怎么　呢
13. 观众　他　把　起来　面向　举了　奖杯
14. 把　我　不会　朋友　了　家里　带　以后　到……来
15. 撕　给我　电话号码　他　一张纸　写了　下来
16. 应该　一旦　坚定地　目标　确定　就　下去　走
17. 调皮的　被　学生　老师　叫　了　办公室　到……来
18. 群众　灾区　住　搭建　临时　起来　的　帐篷　进了
19. 过度　问题　开发　严重的　环境　带来了　资源的
20. 孩子的自信心　起来　赞美　建立　逐渐　是……的　在……中

第三节　结果补语　介词短语补语　可能补语

一、结果补语、介词短语补语

补语名称　　用法	结果补语	介词短语补语
基本概念	表示动作变化的结果，多由动词或形容词充当的补语为结果补语	由"于""向""自""给""往""在""到"等介词组成的介词短语充当的补语为介词短语补语。介词短语补语常补充说明动作行为的时间、处所、来源、方向、对象、比较项、原因等
基本结构	动词＋动词/形容词 例如：垃圾扔掉吧。 　　　酒都喝光了。 　　　同学们坐好了。 　　　衣服洗干净了。	动词/形容词＋介词短语 例如：小鸟飞向天空。 　　　火车开往北京。 　　　这辆车送给你。 　　　行李放在床下。

续表

补语名称 用法	结果补语	介词短语补语
句中有宾语时的用法	宾语放在结果补语后，不能放在谓语动词与结果补语之间 例如： 酒都喝光了。 *喝酒都光了。 衣服洗干净了。 *洗衣服干净了。	宾语放在介词短语补语后面，不能放在谓语动词与补语之间 例如： 他把信交给了我。 *他交给了我信。 他把行李放在床下了。 *他放行李在床下了。
否定形式	**1. 谓语动词前用否定副词"没"表示否定意义，补语后不能用"了"** 例如： 酒没喝光。 *酒没喝了光。 衣服没洗干净。 *衣服没洗了干净。	**1. 谓语动词前用否定副词"没"表示否定意义，补语后不能用"了"** 例如： 球票没送给朋友。 *球票没送给了朋友。 车没停在停车场。 *车没停在了停车场。
	2. 表示假设关系时，谓语动词前用否定副词"不"表示否定意义 例如：作业不做完不能睡觉。 不留住他没人能帮你。 衣服不洗干净得重洗。 病不治彻底还会复发。	**2. 表示假设关系时，谓语动词前用否定副词"不"表示否定意义** 例如：钱不还给人家可不行。 房子不留给我能给谁？ 不工作到五点算早退。 钱不存到银行不安全。
疑问形式	用正反疑问形式表示疑问，常构成"动词+结果补语+了没有"或"动词＋没＋动词＋结果补语"形式 例如：垃圾扔掉了没有？ 垃圾扔没扔掉？ 晚饭做好了没有？ 晚饭做没做好？	用正反疑问形式表示疑问，常构成"动词＋介词短语补语＋了没有"或"动词＋没＋动词＋介词短语补语"形式 例如：球票送给朋友了没有？ 球票送没送给朋友？ 钱存到银行了没有？ 钱存没存到银行？
要点提示	**1. 句中如果有动态助词"了"或"过"，应用在结果补语后，不能放在动词后** 例如： 我写完了作文。 *我写了完作文。 我做错过事情。 *我做过错事情。 **2. 谓语动词和结果补语之间不加任何成分** 例如： 作业做完了。 *做作业完了。 *做了完作业。	**1. 句中如果有动态助词"了"，"了"既可以拆分介词短语补语，放在介词后，也可以放在介词短语补语之后** 例如：球票送给了朋友。 球票送给朋友了。 书被我放到了原处。 书被我放到原处了。 **2. 动词和介词短语补语之间不加任何成分** 例如： 行李放在了床下。 *行李放了在床下。 *放行李在床下。

常用结果补语

常用结果补语	释义	例
着（zháo）	1. 表示达到目的	小偷被警察抓着了。 我买着开幕式票了。
	2. 表示产生某种结果（多用于消极方面）	你都把孩子吓着了。 拿个行李就累着了？
	3. 表示完成	我捡着一个钱包。 信用卡找着了吗？
到	1. 表示到达某处所	他搬到学校去住。 车开到停车场吧。
	2. 表示达到某时点	他一直忙到深夜。 比赛推迟到下周。
	3. 表示达到数量或某种程度	小树长到两米了。 把损失降到最低。
	4. 表示达到目的或某结果	他拿到通知书了。 我收到一封信。
住	1. 表示固定	你记住了吗？ 你得把握住机会。
	2. 表示思想、感情被控制	我一下子愣住了。 你得控制住感情。
掉	1. 表示脱离、去除	把旧书卖掉吧。 把剩菜倒掉吧。
	2. 表示消失	把短信删掉吧。 小偷跑掉了。
够	1. 表示满足了某种需要	学费终于攒够了。 买房的钱凑够了。
	2. 表示超过了适当的限度（多带不满语气）	我受够了他的气。 他过够了苦日子。
开	1. 表示分开	盒子能打开。 你放开我！
	2. 表示扩大或扩展	他迈开大步走了。 消息很快就传开了。
	3. 表示容纳，用于"放""站""睡""坐"等少数动词	卧室能放开两张床。 操场能站开多少人？
	4. 比喻"清楚"，用于"看""说""想"等少数动词	有些事看开了就好了。 遇事得想开点儿，没什么大不了的。

三、可能补语

补语名称 用法	可能补语
基本概念	表示可能或不可能含义的补语为可能补语
基本结构	**1.** 动词 / 形容词 + 得 / 不 + 结果补语 / 趋向补语 例如：你听得懂吗？ 　　　我听不懂。 　　　你们合得来吗？ 　　　我们合不来。 **2.** 动词 / 形容词 + 得 / 不 + 了（liǎo） 例如：你吃得了吗？ 　　　我吃不了。 　　　这病好得了吗？ 　　　这病好不了。 **3.** 动词 + 得 / 不得 例如：这信我看得吗？ 　　　这信你看不得。 　　　过期食品吃得吗？ 　　　过期食品吃不得。
句中有宾语时 的用法	宾语放在可能补语之后或谓语动词前，常构成"动词 + 可能补语 + 宾语"形式或"动词 + 宾语 + 动词 + 可能补语"形式 例如：我听不懂汉语课。 　　　我听汉语课听不懂。 　　　我看不进去书。 　　　我看书看不进去。
否定形式	将"得"换成"不"，构成"动词 / 形容词 + 不 + 补语"形式 例如：我发不好这个音。 　　　我听不清你的话。 　　　我进不去会议室。 　　　我吃不下这么多。
疑问形式	用正反疑问形式表示疑问，构成"动词 + 得 + 补语 + 动词 + 不 + 补语"形式 例如：这碗饭吃得完吃不完？ 　　　这种病治得好治不好？ 　　　这事你做得了做不了？ 　　　你们合得来合不来？
要点提示	**1.** "把"字句或"被"字句的谓语动词后不用可能补语 例如：　我看得懂中文报纸。 　　　*我把中文报纸看得懂。 　　　*中文报纸被我看得懂。 **2.** 连动句的第一个动词一般不能用可能补语 例如：　我能去中国留学。 　　　*我去得了中国留学。 　　　*我去不了中国留学。

实力测试

一、请选出正确答案。

1. 妈妈（　　）弹钢琴。
   A. 给我教　　　　　　　B. 教我　　　　　　　　C. 教给我

2. 对不起，我（　　）。
   A. 晚来了　　　　　　　B. 来晚了　　　　　　　C. 晚点儿

3. 孩子（　　）就上床睡觉了。
   A. 洗澡完　　　　　　　B. 洗澡了　　　　　　　C. 洗完澡

4. 听力太难了，我（　　）。
   A. 不能听　　　　　　　B. 听不懂　　　　　　　C. 听不会

5. 一大早，他就（　　）了我。
   A. 醒　　　　　　　　　B. 醒来　　　　　　　　C. 叫醒

6. 院里的树上（　　）了苹果。
   A. 满挂　　　　　　　　B. 满长　　　　　　　　C. 挂满

7. 衣服还（　　），先别收！
   A. 没晒干　　　　　　　B. 不晒干　　　　　　　C. 晒不干

8. 他累得一躺下就（　　）了。
   A. 睡得着　　　　　　　B. 睡着　　　　　　　　C. 睡

9. 我（　　），感觉有点儿热。
   A. 多穿点儿　　　　　　B. 穿多点儿　　　　　　C. 穿多了

10. 我跟他（　　）了，下午见面。
    A. 约好　　　　　　　　B. 约　　　　　　　　　C. 约会

11. 我刚才（　　）了一个老同学。
    A. 碰见　　　　　　　　B. 碰　　　　　　　　　C. 见面

12. 以前我常常（　　）他早起跑步。
    A. 看了　　　　　　　　B. 看过　　　　　　　　C. 看到

13. 他说得太快了，我（　　）。
    A. 不听懂　　　　　　　B. 听不懂　　　　　　　C. 听得不懂

14. 艺术来（　　）生活，又高于生活。
    A. 到　　　　　　　　　B. 于　　　　　　　　　C. 自

15. 对不起，这事我（　　）。
    A. 忙帮不上　　　　　　B. 帮不上忙　　　　　　C. 帮忙不上

16. 这块玻璃（　　）了吗?
  A. 擦不干净　　　　　　B. 擦得不干净　　　　　C. 没擦干净

17. 我们（　　）。
  A. 打比赛赢了　　　　　B. 赢了打比赛　　　　　C. 打赢了比赛

18. 车没油了，看来（　　）。
  A. 开不回去家了　　　　B. 没开回家去了　　　　C. 开不回家去了

19. 怎么去机场，（　　）?
  A. 路问了清楚吗　　　　B. 问路清楚了没有　　　C. 路问清楚了没有

20. 我一定会（　　）。
  A. 把你的话在心里记　　B. 把你的话记在心里　　C. 记在心里你的话

二、请改正下列病句。

1. 对不起，我晚来了。
2. 你理发完再洗澡吧。
3. 光线太暗，照相不了。
4. 饭太多了，我不能吃完。
5. 请你扔果皮进垃圾箱里。
6. 我们班终于打比赛赢了。
7. 我忘钱包在出租车上了。
8. 我想把这些钱换了美元。
9. 我昨晚一直到十点学习。
10. 听说明天就要下过雨了。
11. 听这个故事，他哭了起来。
12. 老奶奶住在海边的一所房子。
13. 你把那份报告到这儿送来吧。
14. 他说得比较快，你听不听懂?
15. 他挂着身上的手机掉到湖里了。
16. 你大点儿声，我不太听得清楚。
17. 放心吧，这点儿困难不能难倒我。
18. 我会把你的话牢牢记住在心里的。
19. 因为工作关系，我到上海搬家了。
20. 这个站爷爷旁边的男孩就是我，那时我 5 岁。

三、完成句子。

1. 每天　伤　熬　身体　很　到深夜　是……的

2. 看　不　这篇文章　看　也　明白　怎么

3. 怀里　紧紧地　妈妈　把　抱　孩子　在

4. 不准　把握　的声调　我　汉语　总是

5. 海风　我的　被　吹到　帽子　海里了

6. 闻到　的　气味　人类　能　狗　闻不到

7. 整天　忽略　不能　工作　家庭　忙于　而

8. 门口的　一只　停在了　小鸟　松树上

9. 哥哥　刻了　一朵　橡皮　用　给我　送　小花

10. 站　金鱼　渔夫　把　在海边　大海　扔进了

11. 来自　不见得　的消息　可靠　网络　是……的

12. 他　把　让　座位　给　上车　的老人　连忙　刚

13. 习惯　喝上　我　咖啡　饭后　一杯　浓浓的

14. 光　吃　的　巧克力　都　妹妹　被　盒子里　了

15. 没　真相　下结论　弄清楚　随便　别　在……之前

16. 适应　南方　不了　潮湿　的　气候　他　一下子

17. 把　客厅　那幅　的墙上　他　挂在了　风景画

18. 背着　故事书　姐姐　我　给　把　送　邻居哥哥了

19. 在　我　后悔　种上　几棵　没　小花园　绿色植物

20. 自己的名字　报纸　会　竟然　他　没想到　出现　在……上

第四节　程度补语　情态补语

一、程度补语

基本概念：用在动词或形容词后，表示动作达到的某种程度，主要由形容词、表示心理活动的动词或个别副词充当的补语为程度补语。

	常见类型		例
1.	基本形式	动词 / 形容词 + 极了 / 死了 / 坏了 / 透了	天气热极了。 你急死人了。 我可饿坏了。 这人坏透了。
	要点提示	(1) "极""死""坏""透"前不能用"得"，后面必用"了"	衣服漂亮极了。 *衣服漂亮得极了。 我最近忙坏了。 *我最近忙得坏了。

		常见类型	例
1.	要点提示	(2)"极"不能用在"把"字句中，"死""坏""透"可用在"把"字句中	*他把我气极了。 他把我气死了。 他把我气坏了。 他把我烦透了。
2.	基本形式	动词/形容词＋很/慌/要命/要死/不得了/什么似的/不行/可以	今天热得很。 天气闷得慌。 最近忙得要命。 最近累得不行。
	要点提示	(1) 补语前必须用"得"，补语后不能用"了"或其他成分	看他累得什么似的。 *看他累什么似的。 他忙得要死。 *他忙得要死了。
		(2)"慌"只用于表示消极意义的单音节动词后；"可以"一般只用于表示消极意义的形容词后	我烦得慌。 我饿得慌。 他笨得可以。 你懒得可以。
3.	基本形式	形容词＋得多/多了/得远/远了	他比我高得多。 今天暖和多了。 我比你差得远。 这水平差远了。
	要点提示	(1) 用于比较句	今天比昨天热多了。 我跟你比，差远了。 这次成绩高多了。 爷爷的病好多了。
		(2)"多了"一般用于同一或不同事物之间的比较，"得多"一般用于不同事物之间的比较	他的成绩比我高多了。 他的成绩比我高得多。 爷爷的病好多了。 *爷爷的病好得多。

注意：

下列情况不能用程度补语：

1. 谓语前有程度副词时。

　　例如：　今天我高兴极了。

　　　　　*今天我很高兴极了。

　　　　　他的病好多了。

　　　　　*他的病越来越好多了。

2. 谓语是形容词重叠形式时。

　　例如：　今天我高兴极了。

　　*今天我高高兴兴极了。
　　这件衣服漂亮极了。
　　*这件衣服漂漂亮亮极了。

二、情态补语

基本概念： 情态补语的功能主要是对动作或动作的结果加以描写或说明，主要由形容词（形容词短语）、重叠式形容词、动词短语、主谓短语、固定短语等充当。

常见类型	例
1. *动词 / 形容词 + 得 + 形容词 / 形容词短语 / 重叠式形容词*	他长得高。 他说得很诚恳。 我要长得高高的。
2. *动词 / 形容词 + 得 + 动词短语*	他气得直哆嗦。 她伤心得哭了。 我忙得团团转。
3. *动词 / 形容词 + 得 + 主谓短语，表示使动*	急得他走来走去。 吵得我头都疼了。 高兴得他一夜未睡。
4. *动词 / 形容词 + 得 + 固定短语*	他被问得哑口无言。 他被打得遍体鳞伤。 他被说得无地自容。
5. *动词 / 形容词 + （得）+ 个 + 情态补语*	这事我得问个明白。（未然） 我已经问了个明白。（已然） 你可别忘个干净啊！（未然） 他早就忘了个干净。（已然）

注意：

1. 句中有宾语又有情态补语时，可重复谓语动词或把宾语放在谓语动词前。
　　例如：他唱歌唱得很好。
　　　　　他歌唱得很好。
　　　　　他开车开得很快。
　　　　　他车开得很快。

2. 情态补语的疑问形式：构成"动词 + 得 +A 不 A"形式。
　　例如：你歌唱得好不好？
　　　　　爷爷病得重不重？
　　　　　你们合作得愉不愉快？
　　　　　新房装修得漂不漂亮？

3. 重叠形式的形容词不能用情态补语。
　　例如：　他胖得像个熊猫。

　　　　*他胖胖得像个熊猫。
　　　　　他肚子大得像个球。
　　　　*他肚子大大得像个球。
4. 状态形容词不能用情态补语。
　　例如：　小脸红得像苹果。
　　　　*小脸通红得像苹果。
　　　　　肚子圆得像个球。
　　　　*肚子滚圆得像个球。

实力测试

一、请选出正确答案。

1. 他（　　　）得很好。
　　A. 歌曲　　　　　　　　B. 歌唱　　　　　　　　C. 唱歌

2. 你比上学那会儿（　　　）。
　　A. 胖得很　　　　　　　B. 胖极了　　　　　　　C. 胖多了

3. 他脸（　　　），一定是害羞了。
　　A. 通红得很　　　　　　B. 通红极了　　　　　　C. 红得很

4. 这是怎么回事？请你（　　　）。
　　A. 说清楚　　　　　　　B. 清楚地说　　　　　　C. 说得很清楚

5. 医生没把奶奶的病（　　　）。
　　A. 治好了　　　　　　　B. 治得好　　　　　　　C. 治好

6. 我们两家（　　　）。
　　A. 离得不远　　　　　　B. 离不远　　　　　　　C. 不远离得

7. 师傅说我的自行车（　　　）了。
　　A. 修不好　　　　　　　B. 没修好　　　　　　　C. 修得不好

8. 阿姨细心地（　　　）生病的奶奶。
　　A. 照顾得很好　　　　　B. 照顾好　　　　　　　C. 照顾着

9. 他被人（　　　），躺在医院里。
　　A. 打了重伤　　　　　　B. 打成重伤　　　　　　C. 打得重伤

10. 电话打不通，妻子（　　　）。
　　A. 急得很慌　　　　　　B. 急得不行　　　　　　C. 急得可以

11. 孩子（　　　），送医院了。
　　A. 烧得很厉害　　　　　　B. 发烧得很厉害　　　　　C. 很厉害地发烧

12. 他有点儿胖，（　　　）。
　　A. 比较跑得慢　　　　　　B. 跑比较慢　　　　　　　C. 跑得比较慢

13. 昨天（　　　），我只好待在家里。
　　A. 下雪得很大　　　　　　B. 雪下得很大　　　　　　C. 下雪很大

14. 他画人物（　　　）?
　　A. 画得好不好　　　　　　B. 画没画好　　　　　　　C. 画不画好

15. 姐姐（　　　）。
　　A. 美得像天使　　　　　　B. 美丽得像天使　　　　　C. 像天使美丽

16. 每次工作完，我的心情就（　　　）。
　　A. 变愉快　　　　　　　　B. 变了很愉快　　　　　　C. 变得很愉快

17. 奶奶老了，（　　　）。
　　A. 糊里糊涂得厉害　　　　B. 糊涂了很厉害　　　　　C. 糊涂得厉害

18. 你最好（　　　）。
　　A. 离他离得远远的　　　　B. 离得他远远的　　　　　C. 远远的离他

19. 她很勤快，（　　　）。
　　A. 收拾房间得很整齐　　　B. 房间收拾得很整齐　　　C. 房间收拾得整齐了

20. 他（　　　）。
　　A. 快地跑得像风一样　　　B. 跑得像风一样快　　　　C. 跑像风一样快

二、请改正下列病句。

1. 他画山水画儿特别好。

2. 孩子发烧得很厉害。

3. 姐姐跳舞得非常好。

4. 他每件事都办得好。

5. 新房的墙雪白极了。

6. 他唱得很好中文歌。

7. 他的说跟上次不一样。

8. 他认真地听得很仔细。

9. 爷爷每天起床得很早。

10. 周末，我一般起很晚。

11. 你走太慢了，要迟到了。

12. 今天孩子们很高兴地玩儿。

13. 你很晚来了，他们都走了。

14. 听了这话，爸爸变很生气。

15. 好好儿的画儿让他撕了粉碎。

16. 他仍然跟前面两个人一样说。

17. 第二天，他比我更早一点儿来了。

18. 孩子们在海洋公园玩儿开心极了。

19. 软软的鸡蛋煮了以后就变得硬了。

20. 自从父亲去世以后，他变成胆小怕事了。

三、完成句子。

1. 姐姐　极了　弹　钢琴　得　好

2. 走不动　得　累　一步　了　也　他

3. 气　得　他　涨　脸　得　的　通红通红

4. 不敢　他　得　小心　说话　大声　连……都

5. 吹得　不开　风　我　眼睛　睁　了　连……都

6. 激动　他　也　不　说　出来　得　一句话

7. 这花儿　得　一团火　鲜艳　开　像……一般

8. 路上　烫脚　的　被　石子　太阳　得　晒

9. 的　冬天　新鲜　不得了　蔬菜　贵　得

10. 给　家里　他　的　可怜　少　得　生活费

11. 虚弱　他　得　站立　的　没有　力气　连……都

12. 校园　安静的　起来　一下子　热闹　变　得

13. 我　把　的女孩　赶紧　冻得　拉　屋里　进　发抖

14. 一直　她　觉得　长得　自己　比　漂亮　都　谁

15. 几个　顿时　女孩子　吓得　起来　叫　大声

16. 好像　他　被雨　刚　淋得　从水里　捞　的　出来

17. 改造　顺利　道路　工程　得　进行　不顺利

18. 街上　常　很时髦　一些　穿　的　女孩　得　能看到

19. 回到家　了　他　忘　把　答应的事　个　干干净净　一……便

20. 来信　他　的　读者　办公桌上　堆得　小山　像……似的

153

第三篇

句法（二）单句

第一章

特殊句式

一、连动句

基本概念：谓语由两个（或两个以上）动词构成，在动词短语中间没有停顿也没有
关联词，两个动词 V_1、V_2 共用一个主语，这样的句子叫连动句。

　　例如：我去图书馆借书了。

　　　　　他来医院检查身体。

（一）用法

常见类型	例
1. 表示几个动作先后发生，后一个动作发生时，前一个动作已经结束	他下了班就回家了。 他站起身走了出去。 他拿起书看了起来。
2. V_2 表示的动作行为是 V_1 表示的动作的目的，V_1 常用 "来""去""到"	他来北京工作。 我去上海出差。 请到前台结账。
3. V_1 表示 V_2 动作进行的方式	请用汉语说！ 他开车上班。 我们坐着聊。
4. V_1 表示肯定的意思，V_2 表示否定的意思，以正反两方面说明一个事实	孩子抓着我不放。 他闭上眼不看我。 他一直躺着不动。
5. V_1 是 "有"（或 "没有"），宾语多是 "理由""责任""权利""力量""办法""本事""把握""信心""机会""条件""能力""时间" 等抽象名词，多含有应该（或不应该）的意思	我有把握拿冠军。 我有理由支持他。 你没有权利拒绝。

（二）语法特点

1. 后一个动作是前一个动作的目的，动态助词 "了" 或 "过" 只能放在后一个
   动词后。

   　　例如：他去超市买了牛奶。

   　　　　　他来北京留过学。

   　　　　　他到我家做过客。

2. 表示几个动作先后发生，后一个动作进行时，前一个动作已经结束，前一个
   动作后可用动态助词 "了" 或 "过"。

   　　例如：我们吃了饭再聊吧。

   　　　　　孩子洗了澡就睡了。

   　　　　　他吃过饭就出去了。

3. 连动句的谓语动词可以以重叠形式表示，一般只重叠后一个动词。

   　　例如：我去商店逛逛。

我上网查查资料。

我想找他谈谈心。

4. 连动句的 V_1 后不能用可能补语。

例如： 他能来机场接我。

*他来得了机场接我。

我不能去游泳了。

*我去不了游泳了。

二、兼语句

基本概念： 由一个动宾短语和一个主谓短语套在一起构成的句子，句中有两个谓语动词，V_1 的宾语是 V_2 的主语（即兼语）。

例如：我请朋友吃饭。

他让你回电话。

（一）用法

常见类型	例
1. 表示使令意义的兼语句	请你离开这里。 他劝我别生气。 我请求他帮忙。
2. 表示爱憎、好恶意义的兼语句	我烦他说个没完。 妈妈夸他很聪明。 他怪我说错了话。
3. 表示称谓或认定意义的兼语句	我们选他当班长吧。 我们推选他做代表。 人们称孔子为圣人。
4. "有"或"没有"做兼语句的 V_1	门口有人找你。 刚才有人打电话。 没有人找你啊。
5. "是"做兼语句的 V_1 时，动词"是"前一般没有主语	是他一直支持着我。 是他告诉了我这事。 是他借了钱给我。

（二）语法特点

1. 兼语句的动态助词"了"一般用在 V_2 之后。

例如：他帮我借了一本书。

他让我叫了一辆车。

他怪我买了化妆品。

2. 表示否定的词语或能愿动词多数应放在 V_1 前。

例如：他不让我上网。

我没请你来啊！

你能让他来吗？

3. "有"做兼语句的 V_1 时宾语多是不确指的，常带数量定语，不能用"这个"或"那个"做定语。

例如：　有一个人找过你。

＊有那个人找过你。

有多少人来面试？

＊有这些人来面试。

三、双宾语句

基本概念： 一个谓语动词带两个宾语的句子称作双宾语句，其中宾语 $_1$（即间接宾语）指人，宾语 $_2$（即直接宾语）指事物。

例如：我送他一本书。

他问了我一个问题。

语法特点

1. 可带双宾语的动词，一般不用介词引进宾语。

例如：　老师教我汉语。

＊老师给我教汉语。

我问老师问题。

＊我对老师问问题。

2. 间接宾语和直接宾语之间不能加结构助词"的"。

例如：　我借给他一本书。

＊我借给他的一本书。

他递给我一张纸。

＊他递给我的一张纸。

四、存现句

基本概念： 表示某处存在某人或某事物，或某处有某人或某事物出现或消失的句子称作存现句。

例如：山上有一座房子。

刚才来了一个人。

常用的存现句的谓语动词

1. 常用来表示存在的谓语动词多是具有持续意义的，动词后常带动态助词"着"。

（1）谓语动词一般是"坐""睡""站""躺""蹲""围""停""住"等表示人或物体静止状态的词语。

例如：隔壁住着一位老人。

门口蹲着一条小狗。

床上躺着一个病人。

（2）谓语动词一般是"放""种""挂""插""摆""存""贴""画""写"等表示安放物体的动作词语。

例如：桌上摆着一套茶具。

院里种着几棵果树。

墙上挂着一张地图。

2. 常用来表示出现或消失的谓语动词多是跟物体移动有关的，动词后常带趋向补语或结果补语以及动态助词"了"。

（1）谓语动词一般是"来""跑""出""掉""过（来）""出（来）"等表示人或物体移动的动词。

例如：前边走来一个人。

西边开来一辆车。

兜里掉出一支笔。

（2）谓语动词一般是"飘""冒""丢""死""浮现""出现""消失"等表示人或事物出现、消失意义的动词。

例如：刚才出了一起事故。

我们班来了新同学。

昨天死了一个病人。

注意：

（1）存现句句首一般是表示处所或时间的词语，宾语一般带有数量词或其他定语。

例如：　门口停着一辆车。

　　＊门口停着车。

　　刚才来了一个人。

　　＊刚才来了人。

（2）存现句不用介词"从"或"在"引进处所词或时间词。

例如：　对面走来一个人。

　　＊从对面走来一个人。

　　隔壁丢了一只猫。

　　＊在隔壁丢了一只猫。

（3）否定句中宾语前一般不能带数量定语。

例如：　院里种着很多树。

　　＊院里没种着很多树。

　　桌上放着几本书。

　　＊桌上没放着几本书。

实力测试

一、请选出正确答案。

1. 房间里（　　）人。
   A. 满了　　　　　　　　B. 全是　　　　　　　　C. 满满

2. 他笑（　　）点了点头。
   A. 了　　　　　　　　　B. 着　　　　　　　　　C. 过

3. 床头（　　）一个闹钟。
   A. 放着　　　　　　　　B. 放在　　　　　　　　C. 有着

4. 敲门声（　　）我吵醒了。
   A. 使　　　　　　　　　B. 让　　　　　　　　　C. 把

5. 这幅画儿（　　）我吸引了。
   A. 使　　　　　　　　　B. 把　　　　　　　　　C. 让

6. 前面突然（　　）一座桥。
   A. 有了　　　　　　　　B. 出来　　　　　　　　C. 出现

7. 他（　　）不要太固执。
   A. 给我劝　　　　　　　B. 对我劝　　　　　　　C. 劝我

8. 妈妈请老师（　　）跳舞。
   A. 教我　　　　　　　　B. 教给我　　　　　　　C. 给我教

9. 道路两边（　　）很多果树。
   A. 在　　　　　　　　　B. 有　　　　　　　　　C. 是

10. 我打算（　　）一件礼物。
    A. 送他　　　　　　　　B. 送他的　　　　　　　C. 给他送

11. 公司来了（　　）新职员。
    A. 这位　　　　　　　　B. 一位　　　　　　　　C. 那位

12. 我起晚了，只好（　　）上课。
    A. 跑着去　　　　　　　B. 跑了去　　　　　　　C. 跑去

13. 公园草地上（　　）几个人。
    A. 坐在　　　　　　　　B. 坐着　　　　　　　　C. 坐出

14. 他从国外（　　）一张明信片。
    A. 寄给我　　　　　　　B. 给我寄的　　　　　　C. 寄我的

15. （　　）跑丢了一条狗。
    A. 从姑姑家　　　　　　B. 在姑姑家　　　　　　C. 姑姑家

16. 他（　　　）这个消息。
  A. 对我告诉了   B. 给我告诉了   C. 告诉了我

17. 办公室走出来了（　　　）。
  A. 老师们   B. 几位老师   C. 数学老师

18. 父母（　　　），奶奶照顾我。
  A. 出来工作   B. 工作外出   C. 外出工作

19. 我以前经常（　　　）。
  A. 开着灯睡觉   B. 开灯睡着觉   C. 睡觉开着灯

20. 弟弟做完作业就（　　　）了。
  A. 去找朋友玩儿   B. 去玩儿找朋友   C. 找去朋友玩儿

二、请改正下列病句。
1. 在停车场里停着很多车。
2. 我哥哥每年在中国旅行。
3. 我祝你婚姻的幸福、美满。
4. 服务员叫了他去前台结账。
5. 突然，从后面一只狼跑过来。
6. 父母给我教很多做人的道理。
7. 昨天，我去了超市买一些香蕉。
8. 我一直想学习服装设计去法国。
9. 他昨天把那本书去书店买回来了。
10. 这件事让他引起了强烈的好奇心。
11. 他常常对妈妈问一些奇怪的问题。
12. 周末妈妈允许让我玩儿会儿游戏。
13. 电影院门口站着观众，等着入场。
14. 努力工作才能你的生活变得更富裕。
15. 我家教很严，父母不让在外面过夜。
16. 很多年轻人喜欢旅行开着自己的车。
17. 医生鼓励病人勇气，不能放弃希望。
18. 父母为了使我们更幸福而努力工作。
19. 在这样的情况下，让我不知道怎么办。
20. 看到母亲日益消瘦的样子，使我流泪了。

三、完成句子。
1. 借　你　能　一本杂志　我　看看　吗

2. 别人　总是　的　错误　放　抓住　不　别

3. 把　介绍　朋友　公司　他　当　到　会计

4. 请你　外面　告诉　他　在　等　一会儿　我

5. 他　了　书架　取下　递给　一本书　我　从……上

6. 状况　小饭馆的　卫生　街边　人　担忧　令

7. 市场　偶尔　去　砍砍价　是　也　一种　乐趣

8. 睡觉　医生说　开着　影响　灯　会　质量　睡眠

9. 使　被　他　放弃　忽视　产生了　老师的　的　感觉

10. 帮　电脑工程师　我　游戏　软件　安装了　杀毒

11. 进行　已　有关部门　派　对　专人　这起事故　调查

12. 专家　谈判　劝说　逃跑　企图　的　罪犯　武器　放下

13. 很放松　的　颜色　粉色和蓝色　会　让人　像……这样

14. 小孩子　家长　医生提醒　经常　会　药　糖　吃　把……当成

15. 商场服务台　购物发票　活动　可　到　参加　凭　抽奖

16. 的　天气　恶劣　使　上海的　飞往　多架　延误　航班　被

17. 持续的　使　天气　高温　成为　游泳池　受欢迎　最　的　场所

18. 精神　几乎　巨大的　他　刺激　使　失去了　判断能力　是非

19. 各大　教育局　高校　要求　增加　的　录取　外地考生　比例

20. 诊断报告　没有　他的口袋　放　一直　拿出来　在……里

第二章

比较句

基本概念： 表示事物之间的比较。

常用比较句及辨析

基本结构	A＋比＋B＋比较的结果	A＋有＋B＋比较的结果	A＋像＋B＋比较的结果	A＋跟＋B＋一样（＋结果）
释义	表示不同的人或事物性质、程度上的差别 例如： 今天比昨天冷多了。 今天比昨天更冷。	表示以 B 为标准，比较 A 与 B 的相似处，多用于否定句和问句中 例如： 他有我这么倒霉吗？ 我有他那么幸运吗？	表示以 B 为标准，比较 A 与 B 的相似处 例如： 他像你这么乐观。 他像你这么活跃。	比较事物、性质的异同 例如： 我跟他一样高。 我跟他不一样高。
结构特点	表示结果的词语前面可用"还/更/稍微"，后面可用"一点儿/一些/多了/得多"等表示具体差别的词 例如： 今天比昨天还冷。 今天比昨天冷多了。	表示结果的词语前常用"这么/那么" 例如： 北方有南方这么温暖吗？ 今天有昨天那么忙吗？	表示结果的词语前常用"这么/那么" 例如： 他像你这么乐观。 你像他那么开朗。	"一样"前可加"差不多/几乎/完全/都"等副词 例如： 他跟你一样爱玩儿。 我跟他差不多一样大。
否定形式	A＋没有＋B＋比较的结果 例如： 今天没有昨天热。 今天没有昨天冷。	A＋没有＋B＋比较的结果 例如： 他没有你这么幸运。 他没有你这么活跃。	A＋不像/没有＋B＋这么/那么＋比较的结果 例如： 他不像你这么乐观。 他没有你这么乐观。	A＋跟＋B＋不一样（＋结果） 例如： 我的想法跟他的不一样。 我跟他不一样大。
要点提示	(1) 表示结果的词语前不能使用表示绝对程度的程度副词 例如： 　今天比昨天更冷。 ＊今天比昨天太冷。 (2) 否定副词"不"应该放在"比"的前面 例如： 　他不比你胖。 ＊他比你不胖。	(1) 表示结果的词语前后不能用表示具体差别的词语 例如： 　他哪有你这么胖！ ＊他哪有你更胖一点儿！ (2) 表示结果的词语前不能用程度副词 例如： 　他哪有你这么胖！ ＊他哪有你这么很胖！	(1)"像"前不能用程度副词 例如： 　他像你这么乐观。 ＊他很像你这么乐观。 (2)"这么/那么"放在表示结果的词语前 例如： 　他像你这么乐观。 ＊他这么像你乐观。	(1) 不能与表示差异的"比"一起用 例如： 　他跟你一样高。 ＊他比你一样高。 (2) 不能与程度副词一起用 例如： 　他跟你一样高。 ＊他跟你一样很高。

注意

1. 一般动词做"比"字句的谓语动词，动词前一般要带"早""晚""多""少""好""难"等状语。

例如：　他每天比我早来。
　　　　*他每天比我来早。
　　　　英语比汉语好学。
　　　　*英语比汉语学好。

2. 一般动词做"比"字句的谓语动词，后面有由形容词充当的情态补语，补语后可带"一点儿""一些""多了""得多"等，一般不用表示具体差别的数量词语。
例如：　他比我来得早一点儿。
　　　　*他比我来得早五分钟。
　　　　他比我长得高多了。
　　　　*他比我长得高十厘米。

3. 用"不如/没有"表示比较，表示结果的词语多用积极意义的词语，不能用消极意义的词语。
例如：　他不如你聪明。
　　　　*他不如你愚蠢。
　　　　他没有你大方。
　　　　*他没有你小气。

相关句式

基本结构	越 A 越 B	越来越······（了）
释义	表示在程度上 B 随着 A 的变化而变化 例如：越听越明白。 　　　越说越高兴。	表示程度随时间的推移而变化 例如：天气越来越冷了。 　　　人口越来越多。
结构特点	A 和 B 主语相同或不同都可以 例如：雨越下越大。 　　　我越解释，他越怀疑。	只能有一个主语 例如：风越来越大。 　　　朋友越来越多。
要点提示	(1) 不能和其他程度副词一起用 例如：　雨越下越大。 　　　　*雨越下越很大。 (2)"越"字不能单独使用 例如：　我越紧张就越说不出话。 　　　　*我越紧张就说不出话。	(1) 不能和其他程度副词一起用 例如：　水平越来越高了。 　　　　*水平越来越很高了。 (2) 多修饰心理活动动词或形容词，不修饰一般动词 例如：　水平越来越高了。 　　　　*水平越来越提高了。

实力测试

一、请选出正确答案。

1. 他有我（　　　）吗？
   A. 这么早来　　　　　　B. 来得这么早　　　　　C. 这么来得早

2. 我比他（　　　）。
   A. 矮点儿　　　　　　　B. 不太高　　　　　　　C. 有点儿矮

3. 你家比我家（　　　）。
   A. 不太冷　　　　　　　B. 不很冷　　　　　　　C. 还暖和

4. 他的病越来越（　　　）。
   A. 严重了　　　　　　　B. 严重多了　　　　　　C. 很严重

5. 我们班他个子（　　　）高。
   A. 太　　　　　　　　　B. 最　　　　　　　　　C. 更

6. 妹妹（　　　）姐姐矮。
   A. 没有比　　　　　　　B. 不比　　　　　　　　C. 一样

7. 健康比什么（　　　）重要。
   A. 还　　　　　　　　　B. 都　　　　　　　　　C. 更

8. 我不如他那么（　　　）。
   A. 不努力　　　　　　　B. 努力　　　　　　　　C. 贪玩儿

9. 老人的想法（　　　）改变了。
   A. 越来越　　　　　　　B. 更加　　　　　　　　C. 慢慢

10. 人类（　　　）动物聪明多少。
    A. 没有　　　　　　　　B. 不如　　　　　　　　C. 不比

11. 要说力气，他一定（　　　）你。
    A. 不如　　　　　　　　B. 没有　　　　　　　　C. 不比

12. 人们的想法（　　　）以前不同。
    A. 比　　　　　　　　　B. 像　　　　　　　　　C. 跟

13. 中国人口（　　　）我国的十倍。
    A. 比　　　　　　　　　B. 跟　　　　　　　　　C. 是

14. 这儿的生活（　　　）城里的差。
    A. 不如　　　　　　　　B. 不比　　　　　　　　C. 没有

15. 我的口语（　　　）他的那么好。
    A. 不如　　　　　　　　B. 比不上　　　　　　　C. 不是

16. 人们对食品安全越来越（　　　）。

　　A. 有关心　　　　　　　B. 很关心　　　　　　　C. 关心

17. 现在的日子（　　　）以前那么苦了。

　　A. 没有　　　　　　　　B. 不如　　　　　　　　C. 不像

18. 他不再（　　　）以前那么努力了。

　　A. 比　　　　　　　　　B. 有　　　　　　　　　C. 像

19. 他不像弟弟（　　　）。

　　A. 这么爱玩儿　　　　　B. 这么一样　　　　　　C. 一样爱玩儿

20. 听到这个消息，他比谁（　　　）高兴。

　　A. 还　　　　　　　　　B. 更　　　　　　　　　C. 都

二、请改正下列病句。

1. 他比我不高。

2. 他比我挣钱太多。

3. 他比我来得很晚。

4. 他不如我跑得慢。

5. 上海有北京一样大。

6. 雨越来越下得大了。

7. 姐姐没有我起得晚。

8. 弟弟比哥哥一点儿高。

9. 面条不如米饭很好吃。

10. 卧室有客厅那么很大。

11. 我哪有他那么学习好啊！

12. 他越解释，我越很怀疑。

13. 他的个子比我的比较高。

14. 他说得越来越很流利了。

15. 学德语和学法语一样很难。

16. 妹妹像弟弟这么一样调皮。

17. 比中国，我国人口不太多。

18. 他说得比以前越来越流利了。

19. 爷爷的身体一天比一天不好。

20. 老人的想法比年轻人的不一样。

三、完成句子。

1. 他　我　来　没有　得　早　这么

2. 舒服　站着　当然　坐着　不如

3. 无论　什么　做　比　他　别人　做得好　都

4. 其实　比　不　容易　放弃　并　坚持　多少

5. 重要　比　没有　的　世界上　了　更　健康

6. 南方　像　不　干燥　北方　的　气候　这么

7. 低的　未必　价格　商品　比　差　高的　价格

8. 这件衣服　五十块钱　便宜　了　比　那件

9. 干活儿　两个人　比　干　一个人　多了　轻松

10. 人均　的　城市　收入　比　不少　高了　农村

11. 情况　对于　他　这里的　比我　一些　熟悉

12. 教师的　今年　收入　平均　好于　普遍　去年

13. 只买　购买　往返机票　比　优惠　单程票　更

14. 猴子　一样　像　人类　也能　制作　的　工具　简单

15. 熟练　技术　的工人　更　新手　比　效率　工作　高

16. 公共场所　现在　允许　的　越来越　吸烟　少　了

17. 并　像　那样　实际上　想象　自己　人类　的　不　聪明

18. 这家　酒店　经济型　差不了　豪华　比　宾馆　多少

19. 没有　比　高兴　玩儿游戏　什么　更　几乎　让我　的　了

20. 的人　更　绝对　爱吃水果　比　的　人　健康　吃零食　爱

第四篇

句法（三）复句

基本概念： 由两个或两个以上在意义上有联系的单句构成的表达一个完整意义的句子叫复句，构成复句的单句叫分句。

复句特点：

1. 构成复句的各分句必须有语法上和意义上的联系，而且表达一个完整的意义。
2. 复句的各分句在结构上应该是相对独立的，不能做另一分句的句子成分。

关联词语的位置：

1. 两个分句主语相同时，前一分句的连词多用在主语后；两个分句主语不同时，前一分句的连词多用在主语前。

   例如：他不但汉语好，而且英语也好。

   不但他汉语好，我汉语也不错。

   你既然也想去，那就一起去吧。

   既然他不愿意，你就别勉强他了。

2. 后一分句的连词应该放在主语前。

   例如：他脸色很差，可见他真的病了。

   他认错了，所以我原谅了他。

   不是我不想去，是他不让我去。

   他年龄不大，但是读的书不少。

3. 起关联作用的副词，应该放在主语后。

   例如：尽管下雪了，天气却不冷。

   即使下雪，外边也不会太冷。

   只有努力，我们才能学好汉语。

   无论什么情况，我们都得遵守规定。

复句类型及关联词语：

   根据分句之间的语法关系，复句可分为联合复句、偏正复句两大类。分句之间的语法关系、逻辑关系大多由关联词语来表示，关联词语主要是连词和起关联作用的副词。

一、联合复句

   联合复句各分句之间的语法关系是平等的，没有主次之分。按分句之间的意义关系，分为并列复句、承接复句、递进复句、选择复句四种。

（一）并列复句

特点： 各分句之间是平等的，不互相修饰或说明。

常用关联词	释义	要点提示
既 / 又……又……	表示两个动作或两种状态同时存在 例如： 学习既要努力，又要讲究方法。 他这个人又聪明，又谦虚。	多用于同一主语的复句中，用在主语后、动词 / 形容词前 例如： 主人又是让座，又是倒茶，很热情。 这儿房租又便宜，位置又好，不错。

常用关联词	释义	要点提示
既……也……	表示两个动作或两种状态同时存在 例如： 工作既是谋生手段，也是精神寄托。 她既会唱歌儿，也会跳舞。	用于同一主语的复句中，用在主语后、动词前 例如： 噪音既破坏环境，也损害身心健康。 吸烟既对自己有害，也对他人无益。
也……也……	表示两个动作或两种状态同时存在 例如： 家里也吵，单位也闹，烦死人了。 风也停了，雨也小了，可以走了。	多用于不用主语的复句中，多修饰动词；修饰形容词时，两个分句一般用相同的形容词 例如： 饭也吃了，澡也洗了，该上床睡觉了。 这座山也高，那座山也高，都上不去。

（二）承接复句

特点： 表示几个动作或事件按先后顺序发生。

常用关联词	释义	要点提示
一……就/便……	表示两个动作紧接着发生 例如： 他一回来，就打开电视。 雨刚一停，天就晴了。	"一""就"只用在主语后 例如： 他一说，我就明白了。 *他一说，就我明白了。
先……再……	表示动作发生的顺序 例如： 我先去上海，再去南京。 打折就是先涨价，再降价。	一般用于未发生的事情 例如： 男人得先立业，再成家。 先治好病，再慢慢调养。
先……又……	表示动作事件发生的顺序 例如： 我先去了上海，又去了南京。 我先吃了米饭，又喝了碗汤。	一般用于已发生的事情 例如： 孩子先洗了手，又刷了牙。 我先背了生词，又写了作文。

表示承接关系的其他关联词语：

关联词	例
……，于是……	他骗了我，于是我和他分手了。 他受到嘲笑，于是不再唱歌了。
……，然后……	你先吃饭，然后再谈公事。 得先打基础，然后学专业。

（三）递进复句

特点：后一分句比前一分句表示的意义更进一层。

常用关联词	释义	要点提示
不但 / 不仅 / 不光……而且 / 并且 / 还 / 也……	表示意思更进一层 例如： 他不但能干，而且很谦虚。 他不仅是儿子，还是父亲。	当主语相同时，"不但"等用在主语后；当主语不同时，"不但"等用在主语前 例如： 她不但唱得好，而且跳得也好。 不仅姐姐唱得好，妹妹也唱得好。
不但 / 非但……反而 / 反倒……	表示意思更进一层 例如： 病不但没治好，反而加重了。 房价不但没降，反而更高了。	多用于主语相同的复句中；关联词语之间必须有否定词语 例如： 他不但没生气，反倒笑了起来。 他非但不支持我，反而为难我。

表示递进关系的其他关联词语：

关联词	例
别说 / 不用说……就连……都 / 也……	别说吃，就连听都没听说过。 就连听都没听说过，更别说吃了。
别说 / 不用说……就是 / 即使……也……	别说吃，就是听也没听说过。 就是听也没听说过，别说吃了。
连……都 / 也……何况……（呢）	连听都没听说过，何况吃呢？ 连老师都不会，何况学生呢？
……，甚至……	他不吃不睡，甚至连水都不喝。 他献出了所有，甚至是宝贵的生命。

（四）选择复句

特点：有两个或两个以上的分句，从中选择其一。

常用关联词	释义	要点提示
……或者……	表示情况的选择或交替 例如： 或者你去，或者他去，我看都可以。 喝咖啡，或者喝茶，我都没意见。	用于陈述句，不能用在疑问句中 例如： 你去，或者他去，我看都可以。 *你去，或者他去，决定了吗？
……还是……	表示选择，多用于疑问句中 例如： 你去呢，还是他去呢？ 你喝咖啡呢，还是茶呢？	"还是"可以用于陈述单句中，表示不确定的看法 例如： 他没说他是去还是不去。 我不知道他姓李还是姓刘。

续表

常用关联词	释义	要点提示
不是 …… 就是……	表示选择，两者选一 例如： 我上午不是喝咖啡，就是喝茶。 不是你去，就是他去，没别人能去。	两种选择都有可能，排除其他 例如： 他周末不是吃就是睡。 这孩子不是哭就是闹。
不是 …… 而是……	表示选择，选取后一项 例如： 不是让你去，而是让他去。 我要的不是咖啡，而是茶。	只能选取后一项 例如： 辞职的不是小王，而是小李。 不是菜不好，而是我没胃口。
宁可 / 宁愿 / 宁肯 …… 也不（要）……	比较利害后选择全部或前一项 例如： 他宁可挨打，也不放走小偷。 我宁可走着去，也不挤地铁。	所选择的取决于人的意愿 例如： 他宁可节省点儿，也不借钱。 他宁可自己吃苦，也要帮别人。
与其……（还 / 倒）不如……	表示比较后选择后一项 例如： 与其求人，不如求己。 与其凑合，不如分开。	前一分句是舍弃的，"不如"后是选取的 例如： 与其半途而废，不如就别开始。 与其羡慕别人，不如超越自己。

二、偏正复句

偏正复句中分句之间的语法关系是不平等的，有主次之分，正句是主句，偏句是从句。按分句之间的意义关系，可分为因果复句、假设复句、条件复句、转折复句、目的复句五种。

（一）因果复句

特点： 偏句表示原因，正句表示结果。

常用关联词	释义	要点提示
因为…… 所以……	表示原因和结果的关系 例如： 他因为乱停车，所以被罚款了。 因为雪太大，所以比赛延期了。	"所以"一般用在后一分句开头 例如： 他因为轻信陌生人，所以被骗了。 *所以他被骗了，因为他轻信陌生人。
既然（既）…… 那么 / 就……	表示根据已出现的事实或前提推出某结论	分句主语不同时，"既然"可用在主语前或后；主语相同时，"既然"用在主语后。"既"用在主语后。后一分句可用反问句代替与"既然"相呼应的副词

续表

常用关联词	释义	要点提示
既然（既）…… 那么 / 就……	例如： 既然选择了，就该坚持下去。 既然答应了，就得兑现诺言。	例如： 你既然答应了，就应该做！ 既然你答应了，就应该做！ 你既然做不了，何必要答应呢？
……，从而……	表示在某条件或原因下引出某结果 例如： 我们改进了方法，从而提高了效率。 我们战胜了对手，从而成为了冠军。	只用于主语相同的复句中 例如： 大家一起努力，从而战胜了困难。 *天气不好，从而飞机延迟起飞。

表示因果关系的其他关联词语：

关联词	例
由于……，因此 / 因而……	由于天气不好，因而飞机延迟起飞。 由于想法不同，因此很难达成一致。
因……而……	他因酒驾而被扣留。 飞机因大雪而延误。
……，可见 / 由此可见……	他脸色很差，可见真病了。 他买了新车，可见挣到钱了。
……不免 / 难免……	再能干的人也不免犯错。 再能干的人也难免不犯错。

（二）假设复句

特点：偏句说出一种假设，正句说出在这种情况下会出现的结果。

常用关联词	释义	要点提示
如果 / 要是 / 假如……， 那么 / 就 / 便 / 则……	前一分句提出假设情况，后一分句推出结论 例如： 如果抢救不及时，病人就危险了。 如果按计划进行，年底就能完工。	"如果"用在前一分句时，后一分句有没有关联词语都可以；用在后一分句时，含有补充的意味，一般与"的话"搭配使用 例如： 如果你能认错，他会原谅你的。 他会原谅你的，如果你认错的话。
即使 / 就是 / 就算 / 哪怕 / 即便…… 也……	表示假设兼让步 例如： 即使送医院，这病也治不好。 即使没人帮忙，你也要坚持。	不用于只含有假设而不含让步的句子 例如： 即使是一家人，想法也不同。 *即使是一家人，想法也相同。

表示假设关系的其他关联词语：

关联词	例
要不是······（，就······）	要不是你找到我，我就迷路了。 要不是你辅导我，我哪能考上。
（幸亏）······，要不 / 不然 / 否则······	幸亏警察帮忙，要不就出大事了。 幸亏坐地铁，否则就赶不上了。

（三）条件复句

特点：偏句表示条件，正句表示结果。

常用关联词	释义	要点提示
只要······，就 / 便······	表示必要条件下产生某种结果 例如： 只要努力，就一定能学好。 只要你坚持，减肥就能成功。	"只要"用在后一分句时，前一分句不用"就"；"只要"不能和"才"搭配使用 例如： 　世上无难事，只要你努力。 * 只要努力才一定能学好。
只有······才······	表示唯一条件下产生某种结果 例如： 只有努力，才能学好。 只有坚持，减肥才能成功。	"只有"用在后一句补充说明条件时，前一分句不用"才"；"只有"不能和"就"搭配使用 例如： 　想取得好成绩，只有努力。 * 只有努力，就一定能学好。
不论 / 不管 / 无论······ 也 / 都······	表示任何条件下结果都不变 例如： 无论如何，我都支持你。 不管好坏，免费的我都要。	关联词语之间必须用疑问代词或并列选择性词语 例如： 不论是谁，也离不开水。 无论去留，你都得早决定。

（四）转折复句

特点：偏句叙述一个事实，正句说出一个相反的事实。

常用关联词	释义	要点提示
虽然 / 尽管······，但是 / 可是 / 然而 / 还是 / 而 / 却······	表示事实转折，用于已然的情况 例如： 虽然他年龄不大，但阅历丰富。 工作虽然重要，但身体更重要。	"虽然"用在前一分句中时，用在主语前后都可以；用在后一分句中时，一般用在主语前 例如： 虽然他年龄不大，但阅历丰富。 他虽然年龄不大，但阅历丰富。 他阅历丰富，虽然年龄不大。

常用关联词	释义	要点提示
……，但是 / 可是 / 然而 / 不过 / 只是 / 但 / 可 / 而 / 却……	表示转折 例如： 他生活富裕，但却很节俭。 单身虽然寂寞，然而很自由。	"不过"和"只是"表示轻微的转折语气；"却"与"但是""可是""然而"配合使用时，加强转折语气 例如： 他是很不错，只是个子太矮。 他身材高大，但是却很灵活。

表示转折关系的其他关联词语：

关联词	例
……反而 / 反倒……	房价没降，反而涨了。 吃了减肥药，反而胖了。
……，其实……	成功好像很难，其实并不难。 他虽然没说，其实心里有数。

（五）目的复句

特点：偏句表示目的，正句表示为达到此目的所采取的行动。

常用关联词	释义	要点提示
为了……，……	表示目的 例如： 为了学汉语，他来到中国。 为了练口语，他请了老师。	不能用于后一分句 例如： 为了学汉语，他来到中国。 *他来到中国，为了学汉语。
……，是为了 / 为的是 / 以便……	表示目的 例如： 他来中国，是为了学汉语。 他请老师，为的是练口语。	不能用在前一分句 例如： 他来中国，是为了学汉语。 *是为了学汉语，他来中国。

表示目的关系的其他关联词语：

关联词	例
……，以 / 好 / 便于……	反复复习，以加强记忆。 沟通交流，以增进感情。
……，以免 / 省得 / 免得……	别轻信，以免上当受骗。 早做准备，免得措手不及。

实力测试

一、请选出正确答案。

1. 他不抽烟，（　　　）不喝酒。
   A. 和　　　　　　　　　　B. 而　　　　　　　　　　C. 而且

2. 我现在很幸福，（　　　）很快乐。
   A. 而　　　　　　　　　　B. 又　　　　　　　　　　C. 而且

3. 我们互相帮助，（　　　）互相支持。
   A. 而且　　　　　　　　　B. 而　　　　　　　　　　C. 和

4. 他过上了幸福（　　　）快乐的生活。
   A. 而　　　　　　　　　　B. 又　　　　　　　　　　C. 也

5. 这个职位（　　　）没有经验，也可申请。
   A. 假如　　　　　　　　　B. 如果　　　　　　　　　C. 即使

6. 他（　　　）年龄很大，可是身体很好。
   A. 尽管　　　　　　　　　B. 不管　　　　　　　　　C. 只是

7. （　　　）性格不同的人，也能成为朋友。
   A. 不管　　　　　　　　　B. 即使　　　　　　　　　C. 如果

8. （　　　）多复杂的问题，都有解决的方法。
   A. 尽管　　　　　　　　　B. 不管　　　　　　　　　C. 尽量

9. 小说（　　　）内容简单，意义却很深刻。
   A. 即使　　　　　　　　　B. 虽然　　　　　　　　　C. 如果

10. （　　　）他从小就离开父母，因此很独立。
    A. 要是　　　　　　　　　B. 由于　　　　　　　　　C. 虽然

11. （　　　）一个人受不了压力，就会选择放弃。
    A. 如果　　　　　　　　　B. 即使　　　　　　　　　C. 虽然

12. （　　　）我胃不好，所以不能随便吃东西。
    A. 即使　　　　　　　　　B. 尽管　　　　　　　　　C. 因为

13. （　　　）你愿不愿意，人生都会遇到挫折。
    A. 尽管　　　　　　　　　B. 即使　　　　　　　　　C. 不管

14. 有些话（　　　）妻子不说，丈夫也该知道。
    A. 如果　　　　　　　　　B. 即使　　　　　　　　　C. 要是

15. （　　　）你觉得不合理，但很多人这样做。
    A. 尽管　　　　　　　　　B. 如果　　　　　　　　　C. 即使

16. 其实不是没饭吃，（   ）有饭却没人做。

    A. 而是   B. 而且   C. 并且

17. 旅行不是为了玩儿，（   ）为了增长知识。

    A. 就是   B. 但是   C. 而是

18. 起初我感到很困难，（   ）我们也用汉字。

    A. 因为   B. 所以   C. 虽然

19. 他们（   ）路上碰见了，也不互相打招呼。

    A. 即使   B. 既然   C. 如果

20. 你（   ）依靠自己，不靠别人，才能达到目的。

    A. 只有   B. 只要   C. 如果

二、请改正下列病句。

1. 天上的月亮又大又圆圆。

2. 他一高中毕业就工作了。

3. 他是一个有智慧并勇敢的人。

4. 这座小城不大，但是非常美丽。

5. 我一听就心里觉得爽快了一些。

6. 他努力工作，为了家人的幸福。

7. 谁都不认识他，所以他无名无姓。

8. 新来的同事很年轻，做事很成熟。

9. 父母工作调动，从而我停止了学习。

10. 父母不放心如果我一个人出国留学。

11. 我决定帮他，正是被他的坚持感动了。

12. 猎人举枪对准了羊，羊既然没有逃走。

13. 他是个普通人，但她又漂亮又家境好。

14. 我是医生，但是母亲的病却我治不了。

15. 你得提前通知我，所以我早点儿准备。

16. 蔬菜的供应量增加了，反而价格上涨了。

17. 如果不是我当时太小，父母早就离婚了。

18. 虽然他生活在中国，所以只会一点儿汉语。

19. 不但情绪能影响人的行为，还能影响人的生活。

20. 我们是同学，即使认识了三年，也没什么交流。

三、完成句子。

1. 多　聪明　头脑　努力　得　啊　无论……也

2. 在家吃　出去吃　我　意见　都　没　还是

3. 使用　污染　塑料袋　限制　减少　为的是

4. 他　导致　大赛　不足　经验　失败　比赛　因……而

5. 驾驶　司机　安全　谨慎　保证　应该　行人　以

6. 使用　增加　粮食　农民　农药　的　产量　从而

7. 死亡　痛苦　看来　能　疾病　摆脱　的　只有……才

8. 他的　抽烟　而　牙齿　变成了　黄色　因为……的缘故

9. 引起了　人士　单身　减少　增多　人口　的　问题　从而

10. 受到　环境　问题　关注　人民　世界各国　的　因此

11. 健康　没有　上周　总理　出席　的　会议　由于……原因

12. 就　价值观　或许　不同　这　误会　吧　是因为……造成的

13. 价格　会　材料　上涨　商品的　生产　的　增加　随着……而

14. 发达　现代人　网络的　变小了　使　的　交际圈　反而

15. 参加　看小说　愿意　他　在家　公司聚会　宁愿……也不

16. 懂得珍惜　我　珍惜　失去　的机会　了　却　在……的时候

17. 贷款　提高　利率　限制　政府　过快增长　房价　是为了

18. 见到　小姑娘　陌生人　妈妈身后　害羞的　躲到　一……就

19. 希望　他　将来　喜欢动物　能　成为　专业兽医　并且

20. 从来没有　永远不会有　犯错误　世界上　不　的人　而且

答案与解析

第一篇　词类
第一章　名词

一、请选出正确答案。

1. C 　2. A 　3. B 　4. C 　5. C 　6. A 　7. C 　8. B 　9. A 　10. B

11. B 　12. B 　13. A 　14. A 　15. C 　16. A 　17. B 　18. C 　19. B 　20. C

二、请改正下列病句。

1. 汉语的语序是"主谓宾"，而本句语序是"主宾谓"。故应改为"您能帮我提高口语水平吗？"。

2. 名词一般不受副词修饰。故应改为"除了上海，姐姐还去过西安"。

3. 名词"以前"不受副词修饰。故可改为"这个故事发生在很久以前"。

4. 除了表示时间、日期、天气、季节、籍贯、身份的名词（短语）可做谓语外，一般名词不能做谓语。故应将名词"睡眠"改成动词"睡"，即改为"我每天睡八个小时还睡不够"。

5. 方位词"前"一般只跟在单音节名词后，中间不加"的"，如"门前""窗前"等。故应改为"她走到我的面前"。

6. 国名、地名后面不能用方位词"里"。故应去掉"里"，即改为"像这样的咖啡厅上海有很多"。

7. 介词"从"修饰处所词，表示处所起点。故应在名词"眼睛"后加上方位词，使之变成处所词，即改为"眼泪从她眼睛里一滴滴地落下来"。

8. 汉语中单双音节名词与其他词搭配时一般遵循"单对单、双对双"的原则，如可以说"我国"，也可以说"我们国家"，但不能说"我国家"或"我们国"。故可将"声音"改为"声"，即改为"你能大声一点儿吗？"。

9. 除了带有数量词的名词短语和时间名词可以做状语，一般名词不能单独做状语。故可将名词"怒气"改成心理活动动词"生气"，即改为"他生气地问我"。

10. 汉语中单双音节名词与其他词搭配时一般遵循"单对单、双对双"的原则，故应将"窗外面"改为"窗外"或"窗户外面"，即改为"窗外好像有什么声音"或"窗户外面好像有什么声音"。

11. 趋向补语"到"应带处所宾语。故应在一般名词"院墙"后加上方位词，表示处所，即可改为"一些人来到院墙下"。

12. "第二天"指某一天的下一天，一般跟具体时间相对应的，如"我到家的第二天，就上班了"，指"我到家的那天的下一天"，一般用在表示过去的句子中；而"明天"指今天的下一天，与"今天"相对应，可用在表示现在的句子中。故应将"第二天"改为"明天"。

13. "时间"和"时候"都表示有起点和终点的一段时间，但是"时候"所表示的时段往往带有比较模糊的起点，时间跨度也比较灵活，可长可短，如"别在开车的时候打电话"；而"时间"所表示的时间则比较具体，如"上午

8:00—12:00 是他上课的时间"。本句所指的时间不需要精确地表达出来，所以应将"时间"改为"时候"。

14. "车辆"表示各种车的总称，是集合名词。集合名词一般不受个体量词修饰，即不能说"一辆车辆""一张纸张"等。故应改为"一辆汽车坏在了高速路上，车上装满了苹果"。

15. 名词一般不受副词修饰。故应改为"他是个又有礼貌又谦虚的人"。

16. 介词"在"修饰处所词，表示处所。故应在一般名词"塑料袋"后加上方位词，使之表示处所，即可改为"贴在塑料袋上"。

17. 表示人的名词前有数量词语或句中有表示多数的词语，表示人的名词后不能加"们"。故应去掉"们"，即改为"晚会上，很多老师和同学都表演了精彩的节目"。

18. 除了表示时间、日期、天气、季节、籍贯、身份的名词（短语）可做谓语外，一般名词不能做谓语。故应将名词"愿望"改为动词"希望"，即改为"我希望将来能为两国人民的友好做出自己的贡献"。

19. "人类"是集合名词，不能用数量词修饰，故应改成"一个人正常的生命过程是由矮长高、由小到老"。

20. 名词"海"指靠近大陆、比洋小的水域；"海洋"指海和洋的总称，是集合名词。故应将"海"改成"海洋"。

三、完成句子。

1. 加油的时候打电话是很危险的。
2. 妈妈小心地把花瓶摆在窗台上。
3. 请把邮票贴在明信片的右上角。
4. 爷爷偶尔会跟我说起从前的事情。
5. 这种心脏手术的技术还不够成熟。
6. 骄傲的他根本没把对手放在眼里。
7. 上年纪的人要尽量少吃油炸食品。
8. 互联网拉近了人与人之间的距离。
9. 爸爸的信用卡开通了自动还款功能。
10. 战争纪念馆将于本月中旬对外开放。
11. 我前前后后去了十几趟才找到负责人。
12. 过马路时一定得注意来往的各种车辆。
13. 师傅三下两下就把我的自行车给修好了。
14. 学校餐厅炒的菜符合大部分学生的口味。
15. 老人委托律师办理房产过户的相关手续。
16. 我时刻提醒自己要保持积极向上的心态。
17. 我们争取在本周内完成展览会的设计方案。

18. 比赛举办方答应赔偿受伤观众的经济损失。

19. 在学校西门附近有个专门卖文具的小商店。

20. 人与人之间需要相处一段时间才能彼此了解。

第二章　代词

一、请选出正确答案。

1. C　 2. C　 3. A　 4. A　 5. B　 6. A　 7. A　 8. C　 9. B　 10. B

11. C　 12. C　 13. B　 14. B　 15. B　 16. C　 17. A　 18. A　 19. B　 20. C

二、请改正下列病句。

1. "这么""那么"修饰形容词，表示程度，"这么"指代的事物离说话人比较近，"那么"指代的事物离说话人比较远。本句中"我"指的是说话人自己，故应将"那么"改成"这么"，即改为"你哥哥有我这么高吗？"。

2. 动词"看来"表示经过观察而做出某种判断，判断人即为说话人，因此不必带主语。故应去掉代词"我"，即改为"看来他今天不太高兴"。

3. "这么"可以修饰形容词，表示程度，如"这么高兴""这么暖和"等；也可以修饰单音节、表示积极意义的形容词，前面受"才""只""就"限制，表示消极意义，如"才这么高啊""就这么多了"等，但不能修饰否定形式的形容词。故可改为"这孩子怎么这么矮呢"或"这孩子怎么才这么高呢"，表示"矮"的实际意义。

4. 副词"互相"，只能独立做状语，不能用在介词后构成介宾短语做状语。故可将副词"互相"改成"双方"，表示在某种场合中相对的两个人或两个集体，即改为"这场战争对双方都没有好处"。

5. 数词"一"表示不确指，指示代词"这"或"那"表示确指。如果听话人知道说话人所说的人或物是哪一个，应该用"这/那+（数）量词"形式表示；反之，则用数词"一"表示。本句听话人知道说话人所指的裙子就是"我穿的裙子"，故应将"一"改成"这"，即改为"我穿的这条裙子是姐姐送我的"。

6. "很多"的否定形式不是"没有很多"，而是"没有多少"。故应改为"快走吧，我们没有多少时间了"。

7. 根据语境，不必加表示领属关系的代词定语。故应改为"他吃完饭，就穿上外衣出去了"。

8. "这么"修饰动词或形容词，表示方式或程度，如"这么写"（表示方式）、"这么难"（表示程度）等。本句表示程度，故应改为"孩子长这么大"。

9. "每"指全体中的任何个体，一般不能直接和名词连用，常构成"每+（数词）+量词"形式，如"每个同学""每篇文章"等；少数带有量词性质的名词，可以与"每"连用，如"每年""每小时"等。故本句"每"不能直接修饰名词"公民"，应该加上量词，即应改为"每个年满十八岁的公民都具有选举权"。

10. 指量短语 "这个" "那个" 做定语不加 "的"。故应去掉 "的"，即改为 "作为成年人，你应该明白这个道理"。

11. 主语缺失。在向别人陈述一件事时，应该有主语，否则意义表达不清。故可改为 "早上我有点儿发烧，便直接去了校医院"。

12. 根据语境判断 "我丢了电子字典"，即 "电子字典" 是确指的，不能用表示不确指的数词 "一"。故可改为 "我的电子字典丢了，我只好再买一个"。

13. 主语 "我们" 重复，应去掉其一。故可改为 "我们是同屋，所以经常一起吃饭"。

14. "不 + 怎么 + 动词 / 形容词" 表示程度不高，如 "这菜不怎么好吃" "天气不怎么冷" 等。故可改为 "画展虽然按期举行了，但不怎么成功"。

15. 指示代词 "这样" "那样" 做定语时应该加 "的"。故应改为 "我们预计搭建这样的舞台大概需要 20 天"。

16. "彼此" 的意思是 "那个和这个"，即表示双方，所以不能说 "和彼此说话"，故应改为 "他们吵架了，已经好几天不和对方说话了" 或 "他们吵架了，已经好几天彼此不说话了"。

17. 汉语中单、双音节名词与其他词语搭配时一般遵循 "单对单、双对双" 的原则。故可将 "我国家" 改成 "我国" 或 "我们国家"。

18. "其中" 即有 "这里面" 的意思，与 "这里面" 使用重复。故应去掉其一，即改为 "他给我讲了很多，这里面很多我从来没听过" 或 "他给我讲了很多，其中很多我从来没听过"。

19. "那么" 修饰形容词表示程度，"多" 也可以修饰形容词表示程度，使用重复，应该去掉其一。故可改为 "在他的帮助下，我没用多大力气就收拾完了" 或 "在他的帮助下，我没用那么大的力气就收拾完了"。

20. "什么" 可以用在动词或形容词后，表示否定意义。故应将 "什么好啊" 改成 "好什么啊"。

三、完成句子。

1. 这家超市的水果不怎么新鲜。
2. 他这样做只是想得到父亲的称赞。
3. 结果并没有我们想象得那么糟糕。
4. 这条新买的牛仔裤一点儿都不结实。
5. 到底是什么样的环境使他变成这样？
6. 本公司专门从事各种健身器材的销售。
7. 不相信奇迹的人怎么可能创造奇迹呢？
8. 谁也别想让我放弃属于我自己的权利。
9. 这几天的相处使我对他有了新的了解。
10. 谈判双方在关键问题上达成一致意见。
11. 阅读可以帮助人们提高自身综合素质。

12. 这种以自我为中心的个性是不该提倡的。

13. 难道就不能培养出来自自身的安全感吗？

14. 各级政府应该把工作重点放在经济建设上。

15. 那把京剧人物扇子被我送给朋友做纪念了。

16. 各地方电视台对这一事件进行了详细报道。

17. 人生的不同阶段都会遇到这样那样的烦恼。

18. 这儿的房价远远超出了我的经济承受能力。

19. 他连续三年获得我省"技术能手"的荣誉称号。

20. 生活在城市的现代人几乎没有谁会为吃穿发愁了。

第三章　数词、概数和量词

一、请选出正确答案。

1. A　2. B　3. B　4. A　5. B　6. A　7. B　8. C　9. A　10. C
11. C　12. A　13. B　14. C　15. C　16. A　17. B　18. A　19. C　20. B

二、请改正下列病句。

1. 表示"完全没有"时，一般用"一"与动量词放在谓语动词前做状语，构成 "一……都／也没……"形式。故应改为"北京烤鸭我一次也没吃过"。

2. "数量词＋多"表示概数，数词是小于10的整数时，常构成"数词＋量词＋ 多＋（名词）"形式。故应改为"他回国已经一个多月了"。

3. "近"与"多"同时使用，造成语义矛盾。故应去掉其一，即改为"我近三 个月没见到他了"或"我三个多月没见到他了"。

4. 副词"至少"表示最低限度，如"至少两个月"，即表示只可能比两个月多， 不可能比两个月少；而"左右"表示概数时，指比某个数量稍多或稍少，如 "两个月左右"即表示既有比两个月少的可能，也有比两个月多的可能。故 "至少"和"左右"不能同时使用，应去掉其一，即改为"他看起来至少50 岁"或"他看起来50岁左右"。

5. "第"用在动量词前面，表示次序，一般在句中做状语，如"第一次出国" 等，不能做补语。故应改为"这个词我已经第二次用错了"。另外，动作行 为的数量可以用动量词表示，故也可改为"这个词我已经用错两次了"。

6. 量词"名"用于有某种职业或身份的人，如"一名教师""一名游客"等。"孙子" 作为家庭中的一员，应该用"个"，即改为"他有一个正在上小学的孙子"。

7. 离合动词带动量补语时，由动量词充当的动量补语应放在动词和宾语之间， 而非宾语后面。故应改为"天太热了，他每天洗三次澡"。

8. "一点儿"一般不能直接用在动词或形容词前做状语，多放在动词或形容词 后做补语。故应改为"这条裙子能再便宜一点儿吗？"。

9. "第"用在动量词前面，表示次序，在句中一般做状语，如"第一次出国" 等，不能修饰名词性词语做定语。故应改为"他是第一个理解我苦恼的人"。

10. "左右"表示概数，常构成"数词＋量词（＋名词）＋左右"形式，如"一百块钱左右"等。故应改为"参加者大概有二十个人左右"。

11. "左右"表示概数时，指可能比某个数值略多、也可能略少，如"两天左右"，只能放在确定的数量词后面，不能与表示概数的"两三次"连用；另外，表示动作行为的数量，动量词应该放在动词后做动量补语。故应改为"他一个月来看我两三次"。

12. "左右"表示概数时，指可能比某个数值略多、也可能略少，如"两天左右"，只能放在确定的数量词后面，即可以说"十度左右"，不能说"八到十度左右"。表示两点（两个时间、两个地点、两个数量）以内的范围可用"之间"，故应将"左右"改为"之间"，即改为"今天夜间气温在八到十度之间"。

13. 动量词一般放在动词或形容词后做动量补语。故应改为"为了减肥，她每天只吃两顿饭"。

14. "动词＋多"后面一般不带数量词，而要带"了"，并且往往表示客观结果；"多＋动词"后面一般可以带数量词，往往表示主观希望。本句表示祈使，故应改为"外面冷，出去时多穿一点儿吧"。

15. 序数词"第"与数词或数量词组一起用，表示次序，如"第一次""第一名"等；表示等级序列，不能加"第"。故应去掉"第"，即改为"他在演讲比赛中得了一等奖"。

16. 宾语是名词时，由时量词充当的时量补语应放在宾语前，常构成"谓语动词＋时量补语＋名词宾语"形式。故应改为"我只学了半年汉语"。

17. 量词"名"用于有某种职业或身份的人，如"一名导游""一名大学生"等，不能用作企业的量词。故应将"名"改为"家"，即"他已经成为这家大公司的董事长"。

18. "一点儿"一般不能直接用在动词或形容词前做状语，可以用在动词后表示数量。故可改为"我上高中时曾经学过一点儿汉语"。

19. 副词"差不多"表示接近，如"差不多两年了"，即接近两年、不到两年；而"左右"表示概数时，指可能比某个数值略多、也可能略少，因此"差不多"和"左右"同时使用，造成前后矛盾，故应去掉其一，即改为"小丽来北京差不多五个月了"或"小丽来北京五个月左右了"。

20. 在"天""周（星期）""月""年"这些表示时间的名词中，除了"月"以外，其他词语都可以做量词，直接和数词组合，如"一天""两周""三年"等，但表示"月"的数量时，"月"前一定要加量词。故应改为"房租一个月比一个月高，我只好搬家了"。

三、完成句子。

1. 老奶奶上上下下打量我半天。

2. 你希望离开前再见他一面吗？

3. 教室里传来一阵阵的读书声。

4. 她一颗颗地数着天上的星星。

5. 舅舅生气地一脚踢碎了玻璃窗。

6. 姑娘们个个都打扮得那么漂亮。

7. 爷爷一辈子都没离开过小山村。

8. 我们姐俩轮流照顾住院的姥姥。

9. 沙漠干旱地区一年只下一两次雨。

10. 他一点儿也没有表示感谢的意思。

11. 我希望能租到一套大一点儿的房子。

12. 留学生的演讲比赛一学期只举办一场。

13. 姑姑在一家汽车保险公司担任销售员。

14. 棉花糖是一种很受孩子们欢迎的零食。

15. 你只要把体重控制在 80 公斤左右就行。

16. 人们往往凭第一印象对陌生人做出判断。

17. 姐姐在一家旅游杂志做过五年摄影记者。

18. 演员的精彩表演赢得了观众的阵阵掌声。

19. 一辆违反交通规则的车被警察拦了下来。

20. 凡能成就一番事业者都拥有一颗坚强的心。

第四章　动词

第一节　动词分类及语法特点

一、请选出正确答案。

1. A　2. C　3. A　4. A　5. C　6. B　7. C　8. B　9. C　10. C

11. A　12. A　13. A　14. B　15. C　16. B　17. C　18. A　19. B　20. B

二、请改正下列病句。

1. 动词"关心"的否定形式不是"没有关心"，而应该是"不关心"。另外，也可以用"没有兴趣"（兴趣是名词）表达同样的意思。故可改为"我对时装没有兴趣"或"我对时装不关心"。

2. "想"表示做某事的主观愿望，带小句宾语时，如果小句的主语不是全句的主语，"想"后面一般要用表示使令意义的动词，即构成"想 + 使令动词 + 小句宾语"形式，如"我想请他参加会议"。而动词"希望"，可以直接带小句宾语，如"我希望他参加会议"。故应改为"我想请老师讲得再慢一点儿"或"我希望老师讲得再慢一点儿"。

3. 离合动词带程度补语时，常构成"（动词 +）宾语 + 动词 + 得 + 程度补语"形式。故可改为"她跳舞跳得非常好"或"她舞跳得非常好"。

4. 动态助词"过"应该放在离合动词的中间，而非离合动词后面。故应改为"从来没生过病"。

5. 离合动词带趋向补语时，常构成"动词＋趋向动词＋宾语＋来／去"形式。故应改为"发起烧来"。

6. 动词"想"做谓语，除非表示强调，否则"是"字多余。故应将动词"是"去掉，即改为"我想先上预科班，再上本科"。

7. "生气"是离合动词，多数离合动词不能带宾语，可用介词引进宾语。故可改为"他对我很生气"或"他很生我的气"。

8. "允许"表示许可，带动词宾语或主谓短语宾语，如"开会不允许抽烟""父母允许他出国留学"等，不能直接带名词宾语。故可改为"只要有我在，就不允许这种事情发生"。

9. 我们经常能听到"很多时间"或"很长时间"，但一般不说"很少时间"；而且说话人想表达的是"不经常陪父亲"，也就是"很少"应该做状语。故应改为"很少有时间陪父亲"。

10. "打猎"指在野外捕捉野兽、飞禽等，如"爷爷去打猎了"等，是离合动词，可做谓语，但不能带宾语。故应将"打猎"改成"猎杀"，即改为"以前常看到猎人猎杀各种野生动物"。

11. 谓语缺失。故应改为"老人怎么可能是盲人呢？"。

12. 离合动词带时量补语时，常构成"动词＋时量补语＋名词宾语"形式；另外，动态助词"了"应放在离合动词中间，而非离合动词后面。故应改为"我洗了半个小时澡"。

13. 离合动词带时量补语时，常构成"动词＋时量补语＋名词宾语"形式。故应改为"生这么长时间气"。

14. "旅行"不能带宾语。故应改为"他想利用寒假的时间去全国各地旅行"。

15. 动词"变"可带宾语或补语，如"变心""天气变暖"等。汉语词语搭配一般遵循"单单"搭配、"双双"搭配这样的原则，即单音节动词一般搭配单音节名词，双音节动词一般搭配双音节名词。故应将"变"改成"改变"，即改为"改变了我的生活"。

16. 谓语缺失。故应改为"她都很平静"或"她都是很平静的样子"。

17. 名词误用为动词。名词"睡眠"不做谓语，故应将"睡眠"改成"睡觉"，需要注意，离合动词"睡觉"带时量补语时应用"动词＋时量补语＋名词宾语"形式，即改为"睡了一整天觉"。

18. 动词"继续"指"不间断"，应带动词宾语，不带名词性宾语，如"继续学习""继续比赛"等。故应改为"如果你再继续说这些奇怪的话，我就走了"。

19. 离合动词不受结构助词"的"的修饰。故应改为"我们聊得非常愉快"。

20. 动词"颤抖"的意思是"哆嗦、不由自主地颤动"，不能带宾语。故应改为"我一紧张就声音颤抖"。

三、完成句子。

1. 请您去饭店服务台结一下账。

2. 公司决定由你主持下礼拜的开幕式。

3. 卧室一角堆着哥哥换下来的脏衣服。或：哥哥卧室一角堆着换下来的脏衣服。

4. 父亲的去世对他无疑是个沉重的打击。

5. 我看了两个多小时的娱乐节目。

6. 总公司每年都会举办一次球类比赛。

7. 弟弟下课后踢了一个多小时球才回家。

8. 一直喜欢自然美的她竟然也化起妆来。

9. 事故责任人居然拒绝承担伤者医药费。

10. 我把捡到的图书证交到学生管理处了。或：我把捡到的图书证交到了学生管理处。

11. 消费者应该懂得维护自己的合法权利。

12. 他把打工挣来的钱用来交下学期学费了。

13. 调皮的猴子把游客的照相机挂在了树上。或：调皮的猴子把游客的照相机挂在树上了。

14. 金融危机致使很多企业停止招聘新员工。

15. 人事部门批准了他请求离开销售部的申请。

16. 你应付老师的做法其实是对自己不负责任。

17. 他为自己的建议被总公司接受而感到得意。

18. 传播无根据的网络信息应该承担法律责任。

19. 顾客对脸上始终挂着微笑的售货员很有好感。

20. 这项新技术大大延长了手机电池的使用寿命。

第二节　动词重叠

一、请选出正确答案。

1. A　2. B　3. C　4. C　5. C　6. B　7. C　8. B　9. C　10. C

11. A　12. B　13. B　14. C　15. A　16. C　17. C　18. A　19. A　20. B

二、请改正下列病句。

1. 动词重叠后含有减少动作的量的意思，在向别人提出某种请求时，经常用动词重叠形式表达，以表示把对他人的负担减少到最低程度，表示一种委婉的语气，如"麻烦你帮我开开窗户"；而表达"为对方做某事"时，无须用委婉语气，也就不使用动词重叠形式表达。故应改为"我来帮你开窗户"。

2. 动词重叠否定的用法一般用在疑问句、反问句或表示假设、条件的紧缩句中。本句不属于以上情况，而是表示过去的某种经历，应该用动态助词"过"。故应改为"老师一次也没说过我"。

3. 动词重叠表示的事件一般是可控事件，即事件的主体能够决定事件的持续或结束，事件带有明显的主观性和随意性，如"晚上我想看看书""休息时我喜

189

欢听听音乐"等。反之，不可控事件，即事件主体不能决定事件的持续或结束，事件带有明显的客观性，句中的动词是不能重叠的，如本句"得去"证明说话人必须要去听报告，带有一定的强制性，句中的动词是不能重叠的。故应改为"我下午得去听报告"。

4. 兼语句的第一个动词不能重叠。故应改为"包裹很重，我帮你拿吧"。

5. 动词重叠表示持续的时间短或进行的次数少，一般不用于表示经常性的动作。故应改为"他每天玩儿，根本不学习"。

6. 做定语的动词不能重叠。故应改为"我想讲的是一个听来的故事"。

7. 动词重叠后带宾语时，宾语前不带不确指的数量定语。故应改为"我们会尽快想出一个办法来的"。

8. 能重叠的动词一般表示轻松、随意的意味，而本句中的"说"是"责备、批评"的意思，跟表示"用话来表达意思"的"说"不同，有较为严肃的意味，所以不能重叠。可见，动词在句中能否重叠，还要看它在句中的具体意思。故此句应改为"他上课玩儿游戏，老师说了他"。

9. 动词重叠表示短时或少量，表示一次性动作行为的动词一般不能重叠。本句表示动作行为的结果，故应用结果补语形式表达，即改为"你就收下吧"。

10. 祈使句一般是向对方提出请求、建议或愿望，动词要以重叠形式出现，以表示委婉的语气。故应改为"该为自己的父母想想了"。

11. 以 AA 形式重叠的动词，一般表示将要进行某动作行为。本句所表示的动作行为已经发生，故应该用动态助词"了"，即改为"我们聊了很多事情"。

12. 动词重叠表示短时或少量，如果表示持续意义不能用动词重叠形式表达。故应改为"我昨晚一直在想：他到底是谁呢？"。

13. 表示同时进行的动作，动词不能重叠。故应改为"我们一边吃饭，一边聊天儿，很开心"。

14. 表示正在进行的动作，动词不能重叠。故应改为"他在给我介绍机器的使用方法"。

15. 助词"着"表示动作或状态的持续，而动词的重叠形式表示动作持续时间短或进行次数少，两者不能连用。根据句意，本句宾语"玩儿"不能以重叠形式出现，应改为"整天只想着玩儿，怎么能学好呢？"。

16. 离合动词应该以 AAB 形式重叠，而不应该以 ABAB 形式重叠。故应将"散步散步"改成"散散步"。

17. 有补语的动词不能重叠。故应改为"他拍了几下我的肩膀"。

18. 本句表示的是已经发生的事情，所以不能用动词重叠形式。故应改为"我们商量以后，决定派你去参赛"。

19. 除表示假设的句子，例如"不试试怎么知道不行呢"，否定句中一般不用动词重叠形式。故本句应改为"不想跟父母说"。

20. 祈使句一般是向对方提出请求、建议或某种愿望，动词要以重叠形式出现，以表示委婉语气。故应改为"你说话不能只顾自己，也应该想想别人的感受"。

三、完成句子。

1. 他常去地里帮爸爸干干农活儿。

2. 我偶尔会和老同学联系联系。或：老同学偶尔会和我联系联系。

3. 这条牛仔裤穿穿就成这样了。

4. 你怎么不问问我就决定了呢？

5. 你们轮流去照顾照顾姥姥吧。

6. 两个人说说笑笑地走进会议室。

7. 医生让我在病房里走动走动。

8. 你也不好好想想他凭什么帮你。

9. 丈夫想跟我商量商量儿子的婚事。或：我想跟丈夫商量商量儿子的婚事。

10. 奶奶想抱着小孙子出去晒晒太阳。

11. 老人适当活动活动对身体有好处。

12. 这孩子再长长就跟爸爸一样高了。

13. 我总得嘱咐嘱咐出远门的儿子吧。

14. 跟朋友聊聊天儿也是一种放松的方式。

15. 把你的劳动成果给我们展示展示吧。

16. 我们就在这小花园里坐坐凉快凉快吧。

17. 这条路我不知来来回回走了多少次。

18. 他坐在路边看着来来往往的行人。

19. 你把公司下半年工作安排跟大家说说吧。

20. 我们得扩大扩大咱们厂在同行业中的影响力。

第三节 能愿动词

一、请选出正确答案。

1. B　2. B　3. C　4. B　5. B　6. B　7. A　8. B　9. A　10. A

11. B　12. A　13. A　14. A　15. B　16. B　17. A　18. A　19. B　20. C

二、请改正下列病句。

1. 表示有某种用途，能用"可以"，如"中药可以治疗感冒""白醋可以美容"等，但是表示否定时，不用"可以"的直接否定形式"不可以"来表达，而用"能"的否定形式"不能"来表达。故应改为"中药不能治疗近视吗？"。

2. 表示没有条件、没有能力做某事，用"不能"，不能用"不可以"。故应改为"我不能买"或用可能补语形式表示没有能力做某事，即改为"我买不起"。

3. 能愿动词"想"表示主观愿望，如果后面的小句主语不是全句的主语，"想"的后面要用使令动词，即构成"想＋使令动词＋小句"形式，而不能直接用在小句前，即可以说"我想让他早点儿回来"，不能说"我想他早点儿回来"。而同样表示主观愿望的动词"希望"则可以直接用在小句前，但不与使令动词连用，即可以说"我希望他早点儿回来"，不能说"我希望让他早点儿回来"。故应将"想"改成"希望"，即改为"我希望孩子很快适应学校的生活"。

4. 在表示假设或条件的句子中，"可以"不能用在前一分句，而"能"可以。故应将"可以"改成"能"，即改为"只要能用得着我的，就尽管开口"。

5. 能愿动词"愿意"指认为符合自己心意而同意（做某事），本句爸爸妈妈"一直陪我住在这儿"不是主观同意就可以做到的，而是一种愿望。指所盼望所想的事情成为现实，应该用动词"希望"来表达，故应将"愿意"改成"希望"，即改为"我希望爸爸妈妈一直陪我住在这儿"。

6. 推测事物发展必然如此应该用"会"，不能用"能"。故应将"能"改成"会"，即改为"老人是盲人，所以会犯这样的错误"。

7. "不要＋动词（短语）"多用于表示禁止或劝阻的句子中，如"不要抽烟""不要说话"等。表示主观意愿不想做某事，可以用"不肯"，即应改为"医生让他再休息几天，可他不肯休息"。

8. "要"表示"将要"时，句末常用"了"，不能用"的"，如"就要上课了""快要放假了"等；"要"表示"可能"时，句末常用"的"，如"去晚了，他要生气的"等。故应改为"我们肯定会赢的"，用能愿动词"会"表示推测事物发展必然如此。

9. 表示通过学习而具有某种技能，应该用"会"，不能用"能"。故应改为"我不会用手机发邮件"。

10. 能愿动词应该放在主语后做状语，不能放在主语前面。故本句应改为"你可不可以借我用一下你那辆自行车？"。

11. 能愿动词与介词短语同时出现时，能愿动词一般要放在介词短语前面做状语。故应改为"你能不能把你的辅导老师给我介绍一下？"。

12. 表示具有某种可能性，应该用能愿动词"会"或"能"。另外，本句前后两个分句主语、谓语重复，应去掉后一分句主语、谓语，即改为"我觉得你的建议非常好，经理会同意的"或"我觉得经理能同意你的建议"。

13. 能愿动词应该放在主语后做状语，不能放在主语前。故应改为"他应该不会法语"。

14. 表示具有某种能力（并达到较高程度、水平），用"能"，不用"会"。故应改为"您能治好我多年的眼病吗？"。

15. 表示客观可能性，用"能"，不用"可以"。故应改为"假如时间能停止的话，我希望永远 20 岁"。

16. "不能"表示"不应该""不允许"，如"你不能这么自私""公共场所不能抽烟"等。本句表示客观条件上不允许，应该用可能补语的否定形式表达，即改为"我们进不去"。

17. "能"和"会"都可以表示某种可能性，但"能"侧重指客观上具备某种条件；"会"侧重告诉别人某种可能性，不强调客观条件，往往表示动作主体的主观愿望。故应将"不能"改成"不会"，即改为"老人应该不会再生气了"。

18. 表示没有能力实现某动作时，一般用可能补语的否定形式表达。故应改为"他也解决不了电脑死机的问题"。

19. 推测事物发展必然如此，用"会"或"得（děi）"，不能用"能"，而"得（děi）"一般用在口语中，不宜跟"遭遇失败"共用，故本句应改为"如果公司不随着市场变化而变化，就会遭遇失败"。

20. 表示主观上不愿意、不同意做某事或客观上不允许，不用"可以"的直接否定形式"不可以"来表达，而应该用"能"的否定形式"不能"来表达。本句表示客观上不允许，故应改为"你作为责任人不能就这么走了"。

三、完成句子。

1. 这事可能得要总经理批准才行。

2. 这么重要的会议他不会不来的。

3. 身体不舒服应该赶紧去医院看看。

4. 长期吸烟会导致心肺功能出现异常。

5. 妈妈嘱咐我横穿马路时千万要小心。

6. 凭学生证可以免费参观军事博物馆。

7. 警察抓坏人也得按照法律程序做啊。

8. 能帮我翻译一下这份药物说明书吗？

9. 保持靠墙站立的姿势可以帮助减肥。

10. 单位食堂的饭菜得符合大众口味才行。

11. 喜欢占便宜的人总有一天会吃大亏的。

12. 这种病毒会给手机的使用者造成危害。

13. 困难时最能检验出一个人对朋友的真情。

14. 本院职工以外人员不得随便进出实验室。

15. 这种观点能够而且应该被大多数人所接受。或：这种观点应该而且能够被大多数人所接受。

16. 机场海关的工作人员要重新检查他的行李箱。

17. 出版社希望作者能写出符合时代特征的作品。

18. 你应该尽量把婚礼费用控制在能承受的范围内。

19. 你们大家谁有问题都可以随时向李老师请教。

20. 谁也不能否认网络游戏给我们提供了一种放松的方式。

第五章　形容词

第一节　形容词分类及语法特点

一、请选出正确答案。

　1. B　　2. C　　3. A　　4. B　　5. A　　6. C　　7. C　　8. A　　9. B　　10. B
11. B　　12. C　　13. C　　14. B　　15. B　　16. B　　17. A　　18. A　　19. C　　20. B

二、请改正下列病句。

1. 形容词"伟大"指"超出寻常、令人钦佩的",如"伟大的祖国""伟大的事业"等。表示体积、面积、强度等方面超出一般,应该用"大"。故应将"伟大"改成"大",即改为"父母对孩子的影响确实很大"。

2. 形容词不能带宾语。状态形容词"雪白"形容颜色像雪一样,如"雪白的墙壁"等。故应将形容词"雪白"改成动词"粉刷",指"用石灰等白粉或其他有色粉末涂刷墙壁",即改为"他自己动手粉刷了家里的墙壁"。

3. "幸运"做形容词时,指"运气好",在句中一般做谓语、状语或定语,如"遇到你真幸运""幸运抽奖""很幸运的人"等;做名词时,指"意外的好机会",如"幸运降临到他头上"等。本题侧重指运气好,是形容词用法,不能做动词"有"的宾语,故应将"有"去掉,即改为"那天对我来说是很幸运的日子"。

4. 形容词"多"表示数量多,而用在力度和强度方面,应该用"大",像"影响""变化""帮助""可能性"等,这些抽象的概念不能简单用数量来说明。故应将表示数量的"多"改成"大",即改为"有很大帮助"。

5. 形容词"良好"指"比较好",如"感觉良好""受过良好的教育"等,一般不受程度副词修饰,即不能说"很良好"。故应将"良好"改成"好",指各方面表现出色,即改为"各门功课成绩都很好"。

6. 形容词谓语句中,谓语前不用"是"。故应将"是"去掉,即改为"现在越来越多的人认为家庭最重要"。

7. 一般性质形容词做谓语,应该加表示程度的词,如"他很能干""他很谦虚"等。但是关联副词"又……又……"表示两种状态同时存在,并非表示较高程度,所以"又"所修饰的形容词前不能加程度副词。故应将程度副词"很"去掉,即改为"他又能干又谦虚"。

8. 形容词"相同"指"彼此没有差异",如"爱好相同""相同的房间"等。汉语一般遵循"单对单、双对双"的组词原则,即一般单音节词语修饰单音节词语,双音节词语修饰双音节词语。所以,我们可以说"大不相同""各不相同""不同",但一般不说"不相同",故可改为"但性格却大不相同"或"但性格却不同"。

9. "大量"和"很多"都有"数量多"的意思,都可以修饰名词性词语做定语,如"大量书籍""很多人"等,但是"大量"可以修饰谓词性词语做状语,如"大量收集""大量阅读"等,而"很多"不能做状语。故应将"很多"去掉,即改为"大量服用药物肯定对你的身体不好"。

10. 程度副词"真"+形容词不能做定语，如可以说"你真好"，不能说"你是真好的人"。故应将"真"改成其他程度副词，即可改为"阿姨是个很热心的人"。

11. 状态形容词不受程度副词修饰。故应将程度副词"特别"去掉，即改为"孩子伸出冰凉的小手紧紧拉住了妈妈"。

12. 形容词"多"做定语时，前面一般需要带其他修饰语，如可以说"很多天"，不能说"多天"。故应改为"花了很多钱"。

13. 形容词"错"表示"不正确"，可带补语，如"不能再错下去了""这题错得不应该"，不能直接带宾语。故应改为"手却伸错了方向"。

14. 副词"好"用在形容词前表示程度深，多用于感叹句中，一般不用在陈述句中，如"房间好大啊""好高的山"等。故应将"好"改成其他程度副词，即可改为"父母的行为对子女有很大的影响"。

15. 形容词"进步"指"人或事物向前发展、比原来好"，如"社会进步""进步很快"等，可以做谓语，但不能带宾语。故应改为"使自己进步"。

16. 形容词"薄弱"形容不雄厚、不坚强或容易受挫折、遭到破坏，多用于形容力量、能力、意志、责任心或环节等，不能说"体质薄弱"，可用"弱"形容人的身体不结实，即应改为"从小体质就很弱"。

17. 形容词"高"指在一般标准或平均程度之上。表示大量，不能用"高"，应该用"多"。故应将"高"改成"多"，即改为"因为报名人数不多，所以这次考试临时取消了"。

18. "同样"指"相同、没有差别"，可以做定语或状语，如"同样的爱好""同样重要"等，不做谓语。故应将"同样"改成"一样"，即改为"我也一样"。

19. 形容词"坏"不能直接带宾语，可以构成动补形式带宾语，如"别惯坏了孩子""别弄坏了画儿"等。故可改为"姐姐吃东西吃坏了肚子"。

20. 形容词"高"指在一般标准或平均程度之上，如"水平很高""教育程度很高"等。本句所表达的是相差的程度大，应该用"多"表示，即改为"受的教育不多"。

三、完成句子。

1. 我的留学签证办得相当顺利。

2. 我们为这次比赛做了充分的准备。

3. 观众被他幽默机智的回答逗乐了。

4. 他巧妙地解决了同事之间的矛盾。

5. 我基本听懂了老人想表达的意思。或：老人基本听懂了我想表达的意思。

6. 缺乏运动的人容易患上心理疾病。

7. 爷爷一直住在环境优美的小山村里。

8. 这种传染病大规模流行的可能性不大。

9. 被爸爸高高举起的孩子笑得开心极了。

10. 电子邮件是经理唯一公开的联系方式。或：经理唯一公开的联系方式是电子邮件。

11. 我希望你能给我详细讲讲当时的情况。

12. 目前我们公司迫切需要像你这样的人才。

13. 哥哥为自己酒后的不当言行而感到惭愧。

14. 搞艺术品投资就得承担一定的经济风险。

15. 对弱者怀有强烈同情心的人通常都很善良。

16. 双方通过沟通在原则问题上取得了一致意见。

17. 她把培养孩子良好的生活习惯作为教育的重点。

18. 交际圈太窄使他至今没有找到合适的结婚对象。

19. 企业负责人应该积极配合上级部门的调查工作。

20. 这款多功能手机相当于一台无所不能的移动电脑。

第二节　形容词重叠

一、请选出正确答案。

1. C　2. A　3. C　4. A　5. B　6. A　7. C　8. C　9. C　10. B

11. C　12. A　13. C　14. B　15. B　16. A　17. B　18. A　19. C　20. A

二、请改正下列病句。

1. 双音节形容词重叠做谓语可以不加助词"的"，而以 AA、ABB 形式重叠的形容词做谓语时，一般要加"的"。故应改为"夜深了，校园里静悄悄的"。

2. 重叠形式的形容词不能用在比较句中。故应改为"他比老人来得早"或"他早早地来到了桥头"。

3. 大部分单音节形容词修饰单音节动词做状语，如"多听""快走"等，不能直接修饰双音节或多音节动词结构做状语。而单音节形容词以 AA 重叠形式做状语则可以打破这种限制，如"好好休息""大大降低"等。故应改为"事情的严重程度远超我们的想象"或"事情的严重程度远远超出了我们的想象"。

4. 重叠形式的形容词不能接受程度副词的修饰。故可改为"阿姨把我的房间收拾得特别整齐"或"阿姨把我的房间收拾得整整齐齐"。

5. 重叠形式的形容词不能受否定副词的修饰。故应改为"我觉得咖啡不甜，喝起来没味道"。

6. 状态形容词一般以 ABAB 形式重叠。故应改为"我的脚总是冰凉冰凉的"。

7. 形容词表示的性质如果有明显的感知性，即可以被看见、听见、触摸或者可以形象地想象出来，一般可以重叠，如"胖胖的""大大的"等。如果形容词表示的性质感知性比较差，这样的形容词一般不能重叠，如不能说"笨笨的""差差的""丑丑的"等。故应改为"笨女孩最可爱"。

8. 重叠形式的形容词不能用在比较句中。故应改为"现在孩子的童年没有我们那时快乐"。

9. 以 AA 形式重叠的单音节形容词做补语时描写性增强，表示程度加深，不能表示祈使语气。而本句并不是描写对方走得多慢，而是侧重提醒和关心的祈使语气，因此 AA 式应该在句中做状语，表达较强的祈使语气。故应改为"爷爷您别着急，慢慢走，小心台阶！"。

10. "糊里糊涂"是"A 里 AB"式的重叠形式形容词，做定语时后面要加"的"。故应改为"他就是这么个糊里糊涂的人"。

11. 程度副词"有点儿"表示程度不高，一般修饰表示消极意义的动词或形容词，如"有点儿累""有点儿紧张"等；修饰重叠形式的形容词也只限于贬义的 AA 式或 AABB 式，如"有点儿傻傻的""有点儿结结巴巴的"等。故应去掉"有点儿"，即改为"这张桌子看上去挺新的"。

12. "辛苦"做形容词可以以 AABB 形式重叠，但是形容词重叠不能做宾语。故应将"辛辛苦苦"改成"辛苦"，即改为"长大后，我才慢慢体会到父母的辛苦"。

13. 重叠形式的形容词既不能加表示程度的词，也不能带程度补语。故应改为"我一听这话，心里就觉得痛快了一些"。

14. "多"的重叠形式做状语一般用于建议性的话题中，如"你该多多为别人着想"等，一般不用表示客观叙述。故应改为"我希望我的朋友都能来参加我的生日晚会"。

15. 一般表示比较具体的意义、或者可以感觉到的形容词可以重叠，比如"高高的""胖胖的"；比较抽象、不太容易感觉到的则不重叠，比如"强""错""忙"等，都不能重叠。故应改为"为了使自己变得更强壮，我每天去健身房锻炼"。

16. 除了像"小""矮""轻""薄""窄""短""细""浅""软""淡""慢"这样的少数表示消极意义的单音节形容词以外，一般表示消极意义的单音节形容词不重叠，如"贵""少""坏""错""老""丑""累""笨"等这些词都不能重叠。故可改为"我每年只有很少的时间陪父母"。

17. "好好儿"做谓语或定语时，一般含有转折的语气，即说话人认为这样的结果不应该发生，但事实已经如此了。本句表示"令人满意的"，故形容词"好"不应该重叠，可改为"你今天心情很好，是吗？"。

18. "多多少少"有"或多或少、稍微"的意思，在句中做状语，如"价格多多少少有些上涨""你多多少少吃点儿吧"等。本句指代不确定的数量，应用"多少"，即改为"每天忙忙碌碌的，错过了多少美丽的风景啊！"。

19. 书面语色彩较强的形容词不能重叠，如不能说"美美丽丽"，也不能说"伟伟大大"等。故可将"愉快"改成"快乐"，即改为"每天工作的时候，我的心情都会变得快快乐乐的"。

20. "好好儿"做定语时，一般含有转折的语气，即说话人认为这样的结果不应该发生，但事实已经如此了，如"好好儿的一本书被你弄成这样"等。本句表示"令人满意的"，故形容词"好"不应该重叠，可改为"他也没找到一份好工作"或"他也没找到一份理想的工作"。

三、完成句子。

1. 他一个人走在空空的街道上。

2. 厚厚的积雪挡住了车前行的路。

3. 我打算利用暑假好好儿玩儿几天。

4. 她走路时总是把头抬得高高的。

5. 爷爷小时候断断续续读过几年书。

6. 这个菜吃起来感觉有点儿怪怪的。

7. 做事犹犹豫豫其实是不自信的表现。

8. 他熬夜熬得眼睛都通红通红的。

9. 平平常常的日子也可以过得很精彩。

10. 妹妹把大大小小的糖果盒摆了一地。

11. 我看到他急急忙忙地向这边走来。

12. 每个人多多少少都有这样那样的缺点。

13. 他的这番话确确实实让我感到很惭愧。

14. 同学们把教室的桌椅摆放得整整齐齐。

15. 一个普普通通的农民能有多少存款呢?

16. 频繁开关机会大大影响电脑的使用寿命。

17. 我希望有一天能说一口地地道道的汉语。

18. 幼儿园门口挤满了来接孩子的男男女女。

19. 他只简简单单地收拾了一下行李就出发了。

20. 奶奶糊里糊涂地把存折交给了一个陌生人。

第六章 副词

第一节 副词分类及语法特点

一、请选出正确答案。

1. A   2. A   3. C   4. A   5. B   6. B   7. A   8. C   9. C   10. C

11. C   12. B   13. A   14. C   15. C   16. C   17. A   18. A   19. B   20. B

二、请改正下列病句。

1. 程度副词"很 + 形容词"不能做主语的定语;"太 + 形容词"可以做主语的定语。故应将"很"改成"太",即改为"太贵的衣服我买不起"。

2. 程度副词"更"用于比较,表示程度增高;表示超过同一范围内的其他事物,不能用"更",应该用"最"。故应将"更"改成"最",即改为"他个子最高"。

3. 副词"比较"表示具有一定的程度,如"他身体比较好",不能和否定词一起用。故应改为"图书馆离宿舍不太远"。

4. 范围副词"凡是"指总括某个范围内的一切，一般只能用在主语前。故应改为"凡是问题都出在态度不认真上"。

5. 副词"至少"表示最低限度，如"他至少两周才能回来""他至少有五十岁了"等，可以直接修饰数量词或动词做状语，但是不能放在动词后。故应改为"从你家到学校至少需要多长时间？"。

6. 程度副词"真＋形容词"不能做定语。"真＋形容词"在句中主要做谓语或补语，如"你真能干""你说得真好"等。本句可将程度副词"真"改成其他程度副词，即改为"一般公司都会录用那些很能干的人"。

7. 副词"只好""只得""只能"都表示"没有别的选择、不得不"。但是表示唯一的可能性，多用"只能"。本句表示失去飞行能力的蛾子唯一能够做的就是"爬行"，所以用"只能"更合适。故应改为"失去飞翔能力的蛾子只能终生爬行"。

8. 程度副词一般修饰性质形容词或心理活动动词，如"特别聪明""非常喜欢"等，不能修饰其他副词。故应改为"他跟哥哥一样，也特别喜欢体育运动"。

9. 副词"刚刚"表示发生在不久前，只能修饰谓词性词语做状语，如"他刚刚回国"等，不能修饰名词性词语做定语。故可将副词"刚刚"改成名词"刚才"，即改为"东郭先生跟路过的老农说了刚才的事情"。

10. 程度副词"有点儿"一般修饰表示消极意义的动词或形容词，如"这人有点儿讨厌""考试有点儿难"等。而本句"简单"表示积极意义，故应将"有点儿"改成其他程度副词，即改为"通常，想法比较简单的人生活更幸福"。

11. 表示承接意义的副词"就"应放在主语后、谓语前做状语。故应改为"我按了电话免提键，父亲的声音就变大了"。

12. 副词"互相"表示彼此同样对待的关系，如"互相帮助""互相支持"等，一般不修饰本身含有"互相"意义的动词，即不能说"互相告别"。故应将"互相"去掉，即改为"我跟朋友们告别时，忍不住流下了眼泪"。

13. 副词"时常"即"经常、常常"，一般修饰谓词性词语做状语，如"他时常来这里"等。故应改为"母亲脸上时常挂着微笑"。

14. 副词"一直"表示动作持续不断或状态持续不变，如"雨一直在下""天气一直很热"等，修饰谓词性词语做状语，不能修饰名词性词语。本句可用介词"由"引进施动者，即改为"我从小一直由奶奶照顾"。

15. 否定某种状态已经发生时，形容词应该用"没"否定，而非"不"，如"衣服还没干呢"等；另外，用于比较，表示程度增高，应该用程度副词"更"。故应改为"春天到了，天气一点儿也没暖和，反而更冷了"。

16. 重叠形式的形容词不受程度副词修饰。故应改为"在这短短的一个月内"或"在这很短的一个月内"。

17. 表示强调的时间副词"从来"和"一……也／都……"形式同时出现，造成语义重复，应该去掉其一。故应改为"妹妹从来没出过国"或"妹妹一次也没出过国"。

18. 副词"在"表示"正在"，如"他还在工作"等，其后的动词不能用否定式。本句所表达是"不理解"的状态并未因为"爸爸又讲了一遍"而改变，即表示某种情况持续不变，用"还是"更合适。故应改为"爸爸又讲了一遍，可是女儿还是不理解他的意思"。

19. 副词"也"，不能修饰名词性词语，只能修饰谓词性词语，在主语后做状语。故应改为"又过了五天，他很早就出发了，但这次他也比老人来得晚"。

20. 副词"是否"表示某种疑问，后面只接动词性成分或小句，如"你是否认识他""是否他也参加比赛"等，不能直接做谓语。动词"是不是"也表示某种疑问，可以直接做谓语，也可以接动词性成分或小句。如"你是不是学生""你是不是认识他""是不是他也参加比赛"等。故应将"是否"改成"是不是"，即改为"小喜，你最喜欢的人是不是爸爸？"。

三、完成句子。

1. 这件事你必须出面澄清事实。
2. 她一直觉得自己长得不够漂亮。
3. 他依然保持着每天游泳的习惯。
4. 没有谁不知道吸烟危害人体健康。
5. 人非要经历一两次失败才能长大。
6. 我亲自下厨给你们做几样好吃的。
7. 这些古典家具都是这几年陆续买的。
8. 街口的那家商店节假日也照常营业。
9. 世界人口结构正在悄悄发生着变化。
10. 这家幼儿园只接收三到六岁的儿童。
11. 翻译这本书大概得半年左右的时间。
12. 图书馆静得几乎可以听到心跳的声音。
13. 凡违反公司规定者一律解除劳动关系。
14. 判断居民生活水平不能只看平均工资。
15. 父母的错误丝毫不会影响子女的前途。
16. 店主不断地赞美她戴上蝴蝶结很漂亮。
17. 我不得不重新整理被弄乱了的行李箱。
18. 他终于明白自己的问题到底出在哪里了。
19. 你知道茶这种饮料是被偶然发明出来的吗？
20. 超市故意把利润高的商品摆在明显的位置。

第二节　常用副词辨析

一、请选出正确答案。

1. C　　2. B　　3. B　　4. A　　5. B　　6. C　　7. C　　8. B　　9. B　　10. B

答案与解析

11. A　12. B　13. C　14. B　15. A　16. B　17. A　18. A　19. C　20. A

二、请改正下列病句。

1. 否定副词与介词短语同时出现时，否定副词一般放在介词短语前做状语。另外，"没有+一+量词+不"构成固定短语，与"每+量词+都……"意思一样，如"没有一天不"即"每天都"的意思。故应改为"父母没有一天不为他担心的"。

2. 结果补语在谓语动词前用否定副词"没"表示否定意义。故应改为"国王没提起关于十五座城的事"。

3. "也"表示"类同"，多用于描述两个人或事物，本句只有一个主语"他"，且表示"他一直在上海生活"，即表示状态的持续，应该用副词"还"。故应将"也"改成"还"，即改为"几年过去了，他还在上海生活"。

4. "跟……比起来"表示比较，应该与程度副词"更"共用。故应将"很"改成"更"，即改为"跟别的同学比起来，他口语更好"。

5. 非动作性动词一般用"不"否定。故可将"没有"改成"不再"，表示没有再发生某动作行为，即改为"后来，人们不再关心画师的作品"。

6. 程度副词"太"和程度补语"（得）不得了"不能同时使用。故应去掉其一，即可改为"高考前一天，我太紧张了"或"高考前一天，我紧张得不得了"。

7. "没+动词（+名词）+了"结构表示对事实的客观描述，这种结构成立的前提是"没"的前面有表示时段的词语，表示从某个时间点开始到目前都未能实现某个事实或愿望，如"工作太忙，我两天没回家了"。否则，这种结构是不能成立的。也可以构成"不+动词（+名词）+了"结构，表示对事件的主观评价，如"我不回家了，你们先走吧"。故本句应去掉语气助词"了"，即改为"今天虽然没下雪，但还是挺冷。"或改为"今天虽然不下雪了，但还是挺冷。"

8. 副词"再"只用于将来的动作，即未实现的动作；"又"可用于过去的动作行为，即已实现的动作。故应将"再"改成"又"，即改为"我很饿，又吃了两碗米饭才吃饱"。

9. 一般性质形容词的否定用"不"。故应改为"我的办公室离母亲的病房不远。"

10. 状态形容词不能用否定形式。故可将状态形容词"通红"改成性质形容词"红"，即改为"脸一点儿也不红"。

11. 表示状态持续应该用副词"还"。本句所表达的意思是"从很多年前一直到现在，我都喜欢摄影"，即"喜欢摄影"这种状态一直持续这么多年，故应该加上"还"，即改为"这么多年过去了，摄影还是我最大的爱好"。

12. 两个程度副词不能同时使用。故应去掉其一，即改为"上班时间路上的车真多"或"上班时间路上的车太多了"。

13. 程度副词"有点儿"表示程度不高，多用于不如意的事情，一般修饰表示消极意义的动词或形容词，如"有点儿担心""有点儿累"等。故应改为"幸亏有小喜陪着父亲，我才安心了一点儿"。

14. "还"和"又"都可以表示动作再一次出现，"还"表示未实现的动作，"又"

201

表示已实现的动作。故应将"还"改成"又"，即改为"开学没多久，又有一位新同学来到我们班"。

15. 根据句意，"老师用汉语"应该是重复"我没听懂"的内容。表示动作重复进行，应该用副词"再"。故应改为"老师就用汉语再说几遍"。

16. 表示存现的状态动词"有"只能用"没"否定。故可将"不有名"改成"没有名气"，即改为"没有名气的画师"。

17. 形容词重叠没有否定形式。故应将重叠形式的形容词"漂漂亮亮"改成性质形容词"漂亮"，即改为"今天参加朋友婚礼，她却穿得不漂亮"。

18. 副词"也"表示"类同"，即表示两种事物具有同样的性状或动作行为、同一事物具有两种性状或动作行为。本句并无"类同"，不能用"也"，故应改为"如果爸爸老得走不动了，你不会烦我吧？"。

19. "才"用在表示时间和数量的词语前面，表示时间短、时间早、年龄小、数量少，句末不能用语气助词"了"。故应将"了"去掉，即改为"那时我才十六岁"。

20. 时间副词"刚"表示动作行为发生在说话前或某一时间前不久，"以后"表示比现在或某一时间晚的时间。在修饰具体时间词的时候，二者不能同时出现。故可改为"我刚到北京就找了一家汉语学院开始上课了"或"我到北京以后就找了一家汉语学院开始上课了"。

三、完成句子。

1. 你们没一起去看电影吗？
2. 那笔钱你还没有借到吗？
3. 你不跟我们一起去看电影吗？
4. 他刚刚说过的话就不承认了。
5. 每个人年轻时都曾经疯狂过。
6. 补办护照至少需要五个工作日。
7. 他的信念一生都未曾改变过。
8. 这种气候现象近百年不曾出现过。
9. 他从早上一直工作到深夜才休息。
10. 自己做饭吃不能不说是一种享受。
11. 没有亲身经历的人不会相信这是真的。
12. 笔记本电脑的使用寿命也就五年吧。
13. 协调邻居之间的关系也是我们的职责。
14. 头脑再聪明也不能成为不努力的借口。
15. 我们的衣食住行无一不和气候有关系。
16. 他把所有精力都用在孩子的教育上了。或：他把所有精力都用在了孩子的教育上。

17. 凡是认识他的人没有谁不夸他聪明能干的。

18. 谁也不能否认他为公司发展做出过巨大贡献。

19. 警方已经掌握了他销售伪劣建筑材料的证据。

20. 几乎每个进入大院的陌生人都被他拦了下来。

第三节　难点副词辨析

一、请选出正确答案。

 1. A　 2. A　 3. B　 4. C　 5. B　 6. A　 7. A　 8. A　 9. C　10. C

11. B　12. A　13. B　14. B　15. B　16. A　17. A　18. A　19. C　20. B

二、请改正下列病句。

1. 副词"常常"表示动作行为频繁发生，只能在主语后做状语。故应改为"以前我常常去游泳"。

2. "真／好／挺／多／多么＋形容词"不做状语，如不能说"挺容易找到他""真认真地检查"等。故可将程度副词"真"改成"很"，即改为"父母很高兴看到我学业进步"或改成表示承接的句子"父母看到我学业进步，很高兴"。

3. 副词"逐步"表示一步一步地发展变化，多用于自主行为，即与人的主观意识有关，具有阶段性，如"问题逐步得到解决"。而本句"海洋物种的消失"是渐变的过程，与人的主观意识无关，故应将"逐步"改成"逐渐"，即改为"许多海洋物种正在逐渐消失"。

4. 副词"是否"是"是不是"的意思，包含"是"和"不是"两种情况，宾语也应该包含"能取得好成绩"和"不能取得好成绩"两种情况。故应改为"是否努力是能否取得好成绩的关键"或改为都只说一种情况的"努力是取得好成绩的关键"。

5. 副词"陆续"指"先后、时断时续"，与表示"连续、不间断"的"源源不断"语义重复，故应去掉其一，即改为"粮食源源不断地运往灾区"或"粮食陆续运往灾区"。

6. 副词"不必"表示"不需要，用不着"，只能做状语，不能做谓语。故可将副词"不必"改成动词"不用"，即改为"我不用你帮忙"。

7. 副词"先后"表示"前后相继"，而"一起"在本句中指"同时"，语义矛盾，不可用在同一句中。根据题意，应去掉"一起"，即改为"我和弟弟先后考上了大学"。

8. 动词"好像"表示比拟，必带名词、动词或小句宾语，可以受副词"真"的修饰，表示强调，不能受程度副词"很"的修饰，如"他真好像一只好斗的公鸡"等。动词"像"表示两个事物有较多的共同点，可受程度副词"很"的修饰，故可将动词"好像"改成"像"，即改为"画中人那明亮的眼睛很像真人的"。

9. 副词"立刻"表示即将发生，不能用来表示客观情况的变化；"马上"可以用来表示客观情况的变化。故应将"立刻"改为"马上",即改为"水马上就开了"。

10. 副词"互相""相"都表示两相对待的关系,只是"互相"多修饰双音节动词,如"互相关心""互相影响"等;而"相"多修饰单音节动词,如"互不相识""兄弟相称"等。故应去掉"互相",即改为"他们相爱很多年"。

11. 重叠形式的形容词不能接受程度副词的修饰。故应改为"对客人的态度冷冰冰的"或"对客人的态度比较冷淡"。

12. 两个程度副词不能同时使用。根据题意,本句应将程度副词"很"去掉,即改为"汉语越学越有意思,但也越学越难"。

13. 副词"千万"表示"务必",只能用在祈使句中,不能用在陈述句中;而"万万"既能用在祈使句中,也能用在陈述句中。故应将"千万"改成"万万",即改为"万万不想一句玩笑话,他竟然当了真"。

14. 副词"多"多用于感叹句,带有夸张的语气和强烈的感情色彩,不能用在陈述句中。本句可用"再……也……"形式表示,含有"无论怎样(也)……"的意思,即改为"再完善的制度也会出现这样那样的问题"。

15. "曾经"强调从前曾有过某种行为或情况,所表示的行为或情况在说话前已经结束,所表示的动作、行为或事件只具有完成性而不具有延续性,所以动词后表示完成和不再延续的动态助词"过"不能省略。故应改为"父亲曾经告诉过我"。

16. 形容词"难免"表示"由于某种原因而导致结果不理想",用在不希望的结果前面,多修饰动词,动词前加"不"和不加"不"意思是一样的,如"难免生气"和"难免不生气"意思是一样的,即不可避免出现"生气"这样的结果。本句"难免带有毒性"和"难免不带有毒性"是一样的,即不可避免出现"带有毒性"这样不希望的结果。而动词"保证"表示"一定能做到",一般用于希望出现的结果,所以"难免"与"保证"不能共用。故应将"保证其"去掉,即改为"塑料饭盒加热后难免不带有毒性"。

17. 不表示动作行为重复,不能用"再"。故应将"再"去掉,即改为"失败给你一次重新开始的机会"。

18. "很""挺""真""十分""非常""太"这些程度副词,除了表示否定评价意义的"太"可以出现在主语前外,其他程度副词都不能修饰形容词后做主语。故可将"非常"改成"太",即改为"太认真有时也会吃亏的"。

19. 本句所表达的是"从过去到现在,身边一直有人陪伴着我成长",即这种状态是持续的;而"曾经"含有"一度如此,现在不这样了"的意思,所以"曾经"与本句所表达的语义是矛盾的,应该去掉"曾经",即改为"从小到大,身边都有不同的人陪伴我成长"。

20. 副词"从来"表示从过去到现在,而"自从……以来"也表示从过去到现在,同时使用造成语义重复,应去掉其一。根据题意,可以改为"自从出现以来,人类对自然的挑战就没有停止过"或"人类对自然的挑战从来就没有停止过"。

三、完成句子。

1. 他常常一两天就去运动一次。

2. 我始终认为他并没做错什么。

3. 婚礼前前后后总共花了好几万。

4. 参加晚会的大约有六七十人吧。

5. 不必再提从前那些不愉快的事了。

6. 价格低的东西质量未必就不好。

7. 我总算弄清楚他到底想干什么了。

8. 他急得在房间里反复走了好几趟。

9. 我们历来主张法律面前人人平等。

10. 这件事彻底消除了我们之间的误会。

11. 闯红灯的司机不得不接受警察的处罚。

12. 世界杯足球赛的开幕式简直太精彩了。

13. 万万没想到他这样对待曾经帮过他的人。

14. 谁也没想到病人竟然奇迹般地活了下来。

15. 他从来就是这么一副什么都不在乎的样子。

16. 妈妈再三嘱咐我遇到紧急情况就找老师帮忙。

17. 出国旅行时使用国际信用卡往往比现金更安全。

18. 领导坦率承认自己无知反而赢得了大家的尊重。

19. 他常常利用业余时间为老年朋友举办健康讲座。

20. 他觉得自己就像那落下来的树叶随时可能死去。

第七章　介词

第一节　介词分类及语法特点

一、请选出正确答案。

1. B　2. A　3. A　4. C　5. A　6. B　7. C　8. C　9. B　10. A

11. C　12. B　13. B　14. C　15. C　16. C　17. C　18. C　19. B　20. B

二、请改正下列病句。

1. "把"字句的谓语动词和宾语应该有描述和被描述的关系，而本句"教"和"中国同学"没有描述和被描述的关系，所以不能说。本句可用双宾语形式表达，即改为"我教过中国同学日语"。

2. 介词"在＋宾语"表示处所，应该带处所宾语，而不能带表示普通事物的名词宾语，应在名词宾语后加上方位词，使之变成表示处所的词语。即应改为"你把脏衣服放在洗衣机里吧"。

3. 表示处所的起点应该用"从",而非"在"。故应改为"我从公司辞职了"。

4. 表示通过动作使人或事物处于某个处所,一般不用"动词+宾语+在+处所"形式(除非宾语前有量词),而应该用"把"字句表示,即改为"妈妈去上班时就把我关在家里"。

5. 否定副词应该放在"把"的前面。故应改为"你根本没把我的事情放在心上"。

6. "在"做介宾补语时,表示通过动作使人或事物处于某个处所,后面一定要带处所宾语;另外,"动词+的"可以直接修饰表示处所的名词,故应将"在"去掉,即改为"这张床就是我平时睡的地方"。

7. 句中出现"动词+处所词+动词(+宾语)"形式,这种表达形式的后一个动作行为是发生在到达某个地点之后,并且是在该地点发生或进行的。如"我到上海旅行",该句所说的"旅行"活动只是在"上海"这个范围内进行的,连动句的这种用法,后一个动词必须是非移动性的,即动词所表示的动作行为只发生在"到"后面的那个处所里,而不能表示动作主体从一个地点移动到另一个地点。本句"转学"的终点是"北京大学",即通过"转学"的动作到达终点,故应将"到+处所词"放在动词后,即改为"上个月,我转学到北京大学了"。

8. 介语短语做定语,与中心语之间要加"的"。故应改为"网络让我认识了很多在北京的朋友"。

9. "动词+着"后面不带处所宾语,"动词+在"后面可带处所宾语。故应改为"我走进房间,看到挂在墙上的照片"。

10. 引进相关的人或事,应该用介词"和",即应改为"我第一次是和爸爸妈妈一起来中国的"。

11. "动词+在"不能带名词宾语,要带处所宾语,故应改为"父亲一个人住在家里"。

12. 本句不表示起点,而表示"宿舍"和"运动场"之间的空间距离,不能用"从",而应该用介词"离"。故应改为"离我们宿舍不远的地方就是运动场"。

13. "为生"的意思是"(以某种方式)维持生活",一般与介词"以"搭配使用。故应改为"过着以打猎为生的生活"。

14. 引进动作行为的接受者应该用介词"给",而非"对"。故应将"对"改为"给",即改为"亲人的去世给病人家庭带来巨大的痛苦"。

15. 介词"从"表示起点,应该带处所宾语,不能带普通名词宾语,可以在普通名词后加上方位词,使之表示处所。故应改为"笑容一下子从他的脸上消失了"。

16. 可带双宾语的动词,不能用介词"对"引进宾语。故应去掉"对",即改为"爸爸从小就告诉我'做人要诚实'的道理"。

17. 引进比较的对象,应该用介词"和"。故应改为"和其他沿海城市相比"。

18. 不能带双宾语的动词应该用介词引进宾语。故应改为"东郭先生把书放在狼的上面"。

19. "在……看来"构成固定短语，表示行为的主体。故应改为"在你看来，像我这样的人能带多少兵？"。

20. "为……所……"构成固定格式，表示被动意义，如"我为这部电影所吸引"等。本句"为"是引进动作的受益者，故应将"所"去掉，即改为"地球为人类提供了水、空气和食物等维持生命的物质"。

三、完成句子。

1. 奶奶把薄被盖在了小孙子身上。

2. 儿子的幼儿园离我们单位不远。或：我们单位离儿子的幼儿园不远。

3. 方便面在运输过程中都被压碎了。或：在运输的过程中方便面都被压碎了。

4. 我们从来没对他的话产生过怀疑。

5. 他每天都会给爸爸妈妈打电话。

6. 对于违反交通规则者必须严肃处理。

7. 你能帮我把邮局的包裹给取回来吗？

8. 当代年轻人对鲁迅这个名字并不陌生。

9. 爸爸用胶水把掉下来的桌子腿粘上了。

10. 画家用彩笔画了一片树叶挂在树枝上。

11. 谁也没想到他在接近终点时意外摔倒了。

12. 自信的人一般不会害怕在公共场合讲话。或：自信的人在公共场合讲话一般不会害怕。

13. 我希望银行能举办一些关于投资的讲座。

14. 用深呼吸的方式可以缓解神经的过度紧张。

15. 你可以以提前预订酒店的方式节省旅游费用。

16. 我们趁对方球员被罚下场的机会踢进了一个球。

17. 学习语言不能忽视它在日常生活中的交际功能。

18. 人的健康状况和平时的生活习惯有着密切的关系。或：平时的生活习惯和人的健康状况有着密切的关系。

19. 移动互联网公司通过为客户提供技术服务收取费用。

20. 他通过职业中介机构找到了一份健身房教练的工作。

第二节　常用介词辨析

一、请选出正确答案。

1. A　2. A　3. B　4. A　5. B　6. C　7. B　8. A　9. A　10. A

11. A　12. A　13. B　14. B　15. B　16. A　17. B　18. A　19. B　20. A

二、请改正下列病句。

1. "做好朋友"是双方行为，应该用"跟"，而非"对"。故应改为"我跟他一直是好朋友"。

2. 表示事件发生的时间，应该用介词"在"，而非"从"。故应改为"在此之前，我没出过国"。

3. 语序有误。由"对"引导的介词状语应在句中做状语，不能做补语。故应改为"我对食堂的饭菜不满意"。

4. 介词短语"从……来看"表示根据什么或从某方面谈问题，不能用来表示某人的看法，如"从营养学来看，这种吃法有害健康"。表示某人的看法，可用"在……看来"形式表达，即改为"在我看来，他没做错什么"。

5. 表示时间起点的介词"从"一般与"到""开始"等搭配使用。故应改为"他从初中就已经开始戴眼镜了"，或去掉"从"，即改为"他初中就已经戴眼镜了"。

6. "当"和"在"都可以表示事件发生的时间，但"当"后面必须跟小句或动词短语构成的时间词语，不能跟单独的时间词组合，如"当他回来时，我已经睡了""当市场发生变化时，我们也得变"。而"在"不受这个限制。故应将"当"改为"在"，即改为"父亲在年轻的时候来过中国"。

7. 兼语句中不能用介词引进兼语。故应去掉介词"给"，即改为"您能允许我进去看看他吗？"。

8. 本句所表述的是事件"我出生"发生的地点是上海，故应该用介词"在"，而非表示处所起点的介词"从"，即改为"我是在中国上海出生的美国人"。

9. 不能带宾语的动词应该用介词引进动作的对象。故应改为"她和男朋友分手了"。

10. "在+处所"与"动词+趋向补语"是不能一起用的。本句既不表示动作行为发生或进行的地点，也不表示动作行为的终点，而是表示动作行为经过的路线，故应将介词"在"改成介词"从"，即改为"他一不小心从楼梯上摔了下来"。

11. "从一开始"强调从某一个时点起就一直持续某种状态或做某事，常与副词"就"一起搭配使用。故应改为"我和同屋的关系从一开始就不太好"。

12. 本句所表示的是"设备"的来源是"日本"，故应该用表示来源的介词"从"，即改为"这家工厂的设备都是从日本运来的"。

13. "从"表示时间的起点，"以前"指比现在或所说的某一时间早的时期，两者不能搭配。根据题意，没有必要用表示时间起点的介词"从"，直接用表示时间的方位词"以前"做状语就可以。故应改为"以前我一直不了解父母有多辛苦"。

14. 本句的时点所表示的并非动作行为的时间起点，而是终点，即"后半夜"指的是"做作业"的结束时间。表示动作行为的终点，应该用"动词+到+时点"形式表示，故应改为"我每天都做到后半夜才能做完作业"。

15. 可带双宾语的动词不能用介词"对"引进宾语。故应去掉介词"对",即改为"我把现在的学习情况告诉了父母"或"我告诉了父母我现在的学习情况"。

16. 动词"飞翔"指"在空中飞旋",如"小鸟在空中飞翔",不能带介宾短语补语。故可改为"小鸟展开翅膀,飞向美丽的天空"。

17. 否定副词与介词短语同时做状语时,一般否定副词应该放在介词短语前。故应改为"爸爸没给我送过什么礼物"。

18. 可带双宾语的动词不必用介词引进宾语。故应去掉介词"向",即改为"他问带路的农民"。

19. "关于"用于引出动作行为所涉及的范围或内容,所组成的介词短语可用于句首或在宾语前做定语,不能用在动词前做状语,即可以说"关于他的情况,我了解一些",也可以说"我了解一些关于他的情况",但不能说"我关于他的情况了解一些"。故可改为"关于他的一切,人们都不知道"或"人们不知道关于他的一切"。

20. 引进动作行为的受益者,应该用介词"给"或"为"。故可改为"有关部门为他提供了一条经过特殊训练的狗"或"有关部门给他提供了一条经过特殊训练的狗"。

三、完成句子。

1. 志愿者的到来可给我们帮了大忙。

2. 公开课按照事先预想的步骤进行着。

3. 应该根据自己的身材特点选择衣服。

4. 请同学们凭本人护照办理借书证。

5. 他从头到尾把事情经过又讲了一遍。或:他又把事情经过从头到尾讲了一遍。

6. 他的经验都是从实践教学中得到的。

7. 比赛成绩会对运动员的情绪产生影响。或:运动员的情绪会对比赛成绩产生影响。

8. 他逐渐确立了在公司内部的统治地位。或:他在公司内部的统治地位逐渐确立了。

9. 他为促进双方的贸易合作做出了贡献。

10. 这些废旧机器先暂时存放在仓库里吧。

11. 这次游览的日程是由一家旅行社安排的。

12. 打火机是由从前的火柴逐渐发展来的吗?

13. 就连竞争对手也被他的顽强精神感动了。

14. 液体水在什么情况下可以变成固体冰呢?或:在什么情况下液体水可以变成固体冰呢?

15. 公司自成立以来一直以质量第一为原则。

16. 有些植物可以根据环境的变化而改变颜色。

17. 这部电视剧是关于如何处理医患关系的。

18. 父母从他懂事时起就教育他要做个有爱心的人。

19. 代表团由来自不同国家和地区的气候专家组成。

20. 自然灾害的发生和人们对环境的破坏密切相关。

第三节 难点介词辨析

一、请选出正确答案。

1. A 2. B 3. B 4. A 5. C 6. C 7. B 8. B 9. A 10. B

11. C 12. C 13. A 14. C 15. B 16. C 17. A 18. B 19. C 20. A

二、请改正下列病句。

1. 离合动词一般不能带宾语，属于不及物动词，所以不能做"被"字句的谓语动词。故应改为"我曾经上过他的当"或"我曾经被他骗过"。

2. "把"字句表示对宾语的处置，句中谓语动词与宾语需要有描述与被描述的关系，本句"看"与"电视剧"没有描述与被描述的关系，因此应改为"我看电视剧看烦了"。

3. "受伤"指身体或身体的一部分受到损伤，有被动意义，不能用在"把"字句中。故可改为"他踢球时把脚伤了"或将"把"去掉，即改为"他踢球时脚受伤了"。

4. 能用于"被"字句的谓语动词一般是有处置意义的动词，动词"期待"是心理动词，不含处置意义，不能用在"被"字句中。故应改为"这次活动我们很期待"或"我们很期待这次活动"。

5. "还""归还"等动词不能用在"被"字句中，本句动词谓语后边带有补语"给"，"给"的后面又是给予的对象"图书馆"，表示受事的主语通过动作"还"交给某一对象，应该用受事主语句表达，不用"被"字句。故应将"被"去掉，即改为"那些书还给图书馆了"。

6. 在汉语中，如果没有必要强调被动意义，只要不会发生误会，一般多用受事主语句表达，说明受事主语受动作影响而产生某结果，不用"被"字句，如"房间打扫干净了""酒都喝光了"等。故应将"被"去掉，即改为"这本书是北语出版的"。

7. "被"字句的谓语动词应该是及物动词，而且能够支配受事主语。"醒"是不及物动词，所以不能做"被"字句的谓语动词。故应改为"我被敲门声一下子惊醒了"。

8. "把"字句表示对宾语的处置，句中谓语动词与宾语需要有描述与被描述的关系，本句"学"跟"汉语"没有描述与被描述的关系，因此应改为"他学汉语一直学得很努力"。

9. 充当结果补语的"成"表示动作行为处置受事，使之变为另一种事物，应该用"把"字句表示。故应改为"你能把这句话翻译成汉语吗？"。

10. 形容词不能做"把"字句的谓语动词。根据题意,"脏"指动作的结果,应该做结果补语。故应改为"我把你的衣服弄脏了"。

11. "把"字句的谓语动词本身不能是简单形式,应带有其他成分,故可改为"人类有责任把野生动物保护起来",或去掉"把",改为"人类有责任保护野生动物"。

12. 充当结果补语的"在"表示动作行为处置受事事物后变更位置,应该用"把"字句;表示通过动作使人或事物处于某个处所,应该用"动词 + 在 + 处所宾语"形式表达。故应改为"父母把全部的希望放在我身上"。

13. 没有处置意义的趋向动词不能做"把"字句的谓语动词。故应将"把"去掉,即改为"这个月我都去过两次故宫了"。

14. 表示认知、意愿或心理感受的动词不能做"把"字句的谓语动词,如"注意""同情""感到""喜欢""后悔""担心"等。故应将"把"去掉,即改为"你怎么能随便相信他的话呢?"。

15. 不及物动词"长大"不能做"把"字句的谓语。全句主语"这次失败"给"把"的宾语"我"提供了一种条件或环境,这种条件或环境使"我"发生某种变化,或产生某种结果、出现某种状态,这种情况下,不能用"把",应该用动词"使"。故应改为"这次的失败使我一下子长大了"。

16. 本句所表示的是通过某个动作行为使"照相机"实现"进博物馆"的动作,因此本句缺少表示主语动作行为的谓语动词,而把应该做补语的趋向动词"进"当成谓语动词了。故应改为"您不能把照相机带进博物馆"。

17. 动作"影响"可以做"被"字句的谓语动词,但是因为"被"的宾语和谓语动词之间加了结构助词"的",使"被 + 宾语"变成了动词的定语,而谓语动词在本句中不再是谓语而是"被"的宾语了,所以应该将介词"被"改成动词"受",即改为"他受家庭的影响,从小就喜欢京剧"。

18. 关系动词"有"不能做"把"字句的谓语动词。故应将"把"去掉,即改为"没过多久,我就有了自己的自行车"。

19. 不及物动词不能做"把"字句的谓语动词。动词"毕业"是不及物动词,不能用在"把"字句中。故应将"把"去掉,即改为"我大学毕业以后就找到了一份工作"。

20. 可能补语不能用在"把"字句中。故应将"把"去掉,即改为"我根本听不懂汉语课"。

三、完成句子。

1. 他被生意上的合伙人给骗了。或:生意上的合伙人被他给骗了。

2. 你先把行李箱放到客厅门口吧。

3. 孩子的话把在场的人都给逗笑了。

4. 他把世界地图挂在书房的墙上了。或:他把世界地图挂在了书房的墙上。

5. 你赶紧把桌子上的碗筷收拾一下。

6. 她坐地铁时钱包被小偷给偷走了。

7. 他不小心把保险柜的钥匙给弄丢了。

8. 主持人被嘉宾的奋斗经历给感动了。

9. 老师已经把补充材料发给同学们了。或：老师已经把补充材料发给了同学们。

10. 小姑娘把冻得发抖的小猫抱进屋里。

11. 孩子应该被允许每天和父母在一起。

12. 你最好把这些文件保存在银行保险箱里。

13. 他并没有把钱包被偷走的事情告诉别人。

14. 那只残疾狗被一位富有爱心的女士收养了。

15. 楚王一直把弱小的宋国视为楚国的附属国。

16. 那个没遵守交通规则的行人被警察拦了下来。

17. 他的小说被翻译成 20 多种文字在全世界发行。

18. 牵着小狗的阿姨被宾馆服务员挡在了电梯门口。

19. 他通过讲故事的形式把中国文学介绍给全世界。

20. 我通过把自己和别人比较的方式发现自己的问题。

第八章 助词

一、请选出正确答案。

1. B　2. B　3. A　4. C　5. C　6. C　7. A　8. C　9. B　10. B

11. C　12. B　13. B　14. A　15. C　16. C　17. B　18. C　19. B　20. A

二、请改正下列病句。

1. 句中如果有表示事情即将发生的词语，如"快要""就要""要"等，句尾要用语气助词"了"。故应改为"他来中国快 7 个月了"。

2. 谓语动词和情态补语之间不能用动态助词"了"，应该用结构助词"得"。故应改为"这个假期我变得很胖"。

3. 结构助词"得"在谓语动词后引出补语，而本句"重伤"是指身体受到的严重伤害，是名词，不能做补语，但可以做结果补语的宾语。另外，表示人或事的变化，应用结果补语"成"表示。故应改为"他被对方球迷打成了重伤"。

4. 表示心理状态的动词不表示具体动作，没有完成意义，因此动词后不能加动态助词"了"。故应改为"这个暑假我打算去旅行"。

5. 谓语动词和情态补语之间应该用结构助词"得"。故应改为"他讲得很好"。

6. 结构助词"的"不能修饰动宾结构。故应改为"韩国的假期一般从八月开始。"

7. 动词前有否定副词"没"时，句尾不能用语气助词"了"。故应改为"我感冒了，昨天没来上课"。

8. 不表示动作进行，而表示动作状态的持续，动词后应该用动态助词"着"。故应改为"卧室的地板上放着哥哥新买的球鞋"。

9. "动词＋着"后面一般不带处所宾语，如果动词带处所宾语，应该用介宾短语补语表示，即用"动词＋在＋处所宾语"形式表示。故应改为"妈妈把花瓶摆在客厅的桌子上了"。

10. 谓语动词前有否定副词"不"或"没"，动词后不能用动态助词"了"。动词前有"没"，动词后应该用动态助词"过"。故应改为"他经常买彩票，却一直没中过大奖"。

11. 副词"将"表示行为或情况就要发生，与表示完成意义的动态助词"了"不能同时使用。故可改为"母亲吹蜡烛时说出了自己的心愿"或"母亲吹蜡烛时将要说出自己的心愿"。

12. "动词＋着"表示动作行为的持续，而"动词＋数量补语"指动作全过程的数量，即"动词＋着"与"动词＋数量补语"所表示的意义是矛盾的，它们不能出现在同一句子中。故可改为"他们在路边坐了半天"或"他们在路边坐着"。

13. "着"不能放在动宾结构的宾语后面，应该放在动词与宾语之间。故应改为"老师摇着头说"。

14. 动态助词"过"应放在动宾结构中的动词后，不能放在宾语后。故应改为"爸爸喜欢买彩票，但从来没有中过奖"。

15. "过生活"的宾语"生活"前带有定语时，动词"过"的后面才能用动态助词"了"或"着"，否则，动词"过"的后面不能用"了"或"着"，如"过了一段平静的生活"或"过着幸福的生活"。故可改为"上个学期我一直在学校宿舍生活"。

16. 在叙述某一时刻实现或完成某一动作行为时应该用动态助词"了"。本句"昨天那件事使我获得经验"的动作已经发生，所以应该用动态助词"了"，即改为"昨天那件事使我获得了宝贵的人生经验"。

17. 表示动作行为持续的动态助词"着"与表示完成意义的动结式"打开"不能一起用。故应改为"教室的灯一直开着"。

18. 动态助词"着"表示动作行为正在进行或状态持续。在表示否定意义时，除了分辩、回答问话，一般不能和"没有"或"没"同时使用。故应去掉"着"，即改为"妈妈回来时看到我没写作业就生气了"。

19. 动态助词"过"应放在动宾结构中的动词后，不能放在宾语后。故应改为"妈妈从来没向我提过什么要求"。

20. 表示感叹语气，应该用感叹句，句尾应该用语气助词"啊"，而非"吗"。故应改为"忙碌的生活使我们错过多少美丽的风景啊！"。

三、完成句子。

1. 他笑着向我这边走来。

2. 这是我替朋友买的小礼物。或：这是朋友替我买的小礼物。

3. 我们曾经请他帮过几次忙。或：他曾经请我们帮过几次忙。

4. 我去超市买了一瓶矿泉水。

5. 爸爸把汽车停在了学校门口。或：爸爸把汽车停在学校门口了。

6. 就这么点儿东西还拿不动啊。

7. 我想都没想过要去沙漠旅行。

8. 我想下了课就去操场踢足球。

9. 这次旅行他又自己一个人去的。

10. 经理把职工工资卡交给了会计。

11. 妈妈为一家老小的生活操碎了心。

12. 孝顺父母是做儿女的应尽的责任。

13. 谈判双方各自代表着自己的利益。

14. 他专门找了个懂法律的咨询了一下。

15. 我保证以后不会再发生这种事情了。或：我保证这种事情以后不会再发生了。

16. 新手驾驶员在拐弯时撞到了隔离带上。或：新手驾驶员在拐弯时撞到隔离带上了。

17. 这种现象在人际交往中表现得最明显。

18. 在网络上可以查阅到你所需要的任何资料。

19. 像日记这样属于私人的物品是受到法律保护的。

20. 一场建立在利益基础上的婚姻怎么可能长久呢？

第二篇　句法（一）句子成分

第一章　主语

一、请选出正确答案。

1. C　2. B　3. B　4. A　5. C　6. C　7. A　8. C　9. C　10. C

11. B　12. A　13. B　14. B　15. B　16. C　17. C　18. C　19. A　20. C

二、请改正下列病句。

1. 主宾倒置。故应改为"爷爷对网络是陌生的"。

2. 本句"开头"指"事情的开始阶段"，是名词，在句中充当主语，而非谓语动词，故应去掉结构助词"得"，即改为"文章开头很有意思"。

3. 主语重复。故应改为"他很聪明，但不太努力"。

4. 滥用介词，导致主语缺失。故可改为"阅读使我增长了知识"或"通过阅读，我增长了知识"。

5. 动词短语做主语应该加"的"。故应改为"花多少钱都买不到的就是健康"。

6. 中心语与修饰语位置颠倒，简化原句，得到"哈尔滨是季节"的错误句子。故可改为"哈尔滨的冬天是最美丽的季节"或"冬天的哈尔滨最美丽"。

7. 形容词"快"不能带宾语。故应改为"饿着肚子,速度怎么可能快呢?"或"饿着肚子,怎么可能加快速度呢?"。

8. 主谓搭配不当。动词"改善"指"使更完善",常与"环境""生活""待遇""关系"等词语搭配,不能与"水平"搭配。故应改为"现在人们的生活水平越来越高了"。

9. 表示确指的主语要放在表示空间的限定性状语前。故应改为"猎人走了以后,狼从口袋里出来了"。

10. 语义重复。"他"即"我父亲",同时使用造成语义重复,应去掉"他",即改为"我父亲每天工作都很忙"。

11. 两面性词语,即词语本身表达两个相对的意义,如"好坏""高低""是否""是不是""能否""能不能"等,因为这类词语表达的是不确定的两个方面的意思,所以要求上下文必须与之相照应,否则会造成语义上的矛盾。本句"是否"与下文造成矛盾,故应改为"学生是否努力是决定成绩好坏的重要条件"。

12. 地名、国名不能加方位词"里",如不能说"北京里"。故应改为"战国时期,赵国有一个很有名的人"。

13. 滥用介词"由于",造成主语缺失。故应去掉"由于"或"使",即改为"由于天气原因,比赛不得不延期举行"或"天气原因使比赛不得不延期举行"。

14. 前后分句主语不同时,后一分句主语不能省略。故应改为"猎人举枪对准了那只羊,羊竟然没有逃走"。

15. 主语重复。前后分句主语一致,应去掉后一小句主语"我",即改为"我回家的时候,看到门口停着一辆车"。

16. 后一分句主语缺失。后一分句的主语不是"父亲",而是说话人,即"我",故应改为"父亲非常严格,我即使有事也不敢跟他商量"。

17. 主语缺失。动词"看到"的主语应该是"我",而后一分句谓语动词"带回"的主语是"这张照片",综合上下句关系,本句应改为"这张照片仿佛把我带回了童年时代"。

18. 后一分句主语缺失。后一分句谓语动词"让"的主语显然是母亲,而不是"我",故应改为"每当我去看母亲时,她总让我去忙工作的事"。

19. 介词位置不当,导致主语缺失。谓语动词"获得"的主语是"他",而因为"由于"的位置不当,导致"他"只能做介语短语的主语,而造成整句主语缺失。故应改为"由于表现出色,他获得了进入决赛的机会"。

20. 主语缺失。使动词"使"的主语是"我",应去掉介词"经过"或"使"或将副词"才"放在主语"他"的后面。即改为"经过我们再三解释,他才慢慢平静下来"或"我们再三解释,才使他慢慢平静下来。"

三、完成句子。

1. 不打招呼就去拜访是不礼貌的行为。

2. 网络聊天儿成为我和家人重要的沟通方式。

3. 孩子从小养成良好的阅读习惯非常重要。

4. 以牺牲环境来发展经济的做法是错误的。

5. 服务质量的优劣直接影响产品的销售量。

6. 租住这家豪华公寓的大部分是外籍专家。

7. 会议发言充分表现了他敢说敢做的个性。

8. 每天浏览购物网站几乎成了姐姐的习惯。

9. 马路边乱停车肯定会妨碍车辆正常行驶。

10. 世界上没有任何一种交通工具是绝对安全的。

11. 未经主人允许拆看私人信件是不道德的行为。

12. 建筑施工产生的噪音妨碍了学校的正常教学。

13. 球员场上发挥不理想必然会影响球队的成绩。

14. 事事害怕让别人失望实际上是不自信的表现。

15. 重要的是把学过的理论知识应用到实践中去。

16. 夫妻经常吵架会对孩子的成长造成不良影响。

17. 任何国家的法律都需要一个逐渐完善的过程。

18. 全球气候变暖已经成为全人类共同面对的挑战。

19. 提倡使用环保袋对减少白色污染产生了积极作用。

20. 春节期间禁止放鞭炮是避免环境污染的有效措施。

第二章 谓语

一、请选出正确答案。

1. B 2. A 3. B 4. C 5. B 6. A 7. C 8. C 9. B 10. C
11. A 12. B 13. B 14. A 15. C 16. A 17. B 18. A 19. C 20. A

二、请改正下列病句。

1. "把"字句缺少表示处置意义的谓语动词。故应改为"他把电脑放在书桌上"。

2. 能愿动词"想"表示主观愿望，带小句宾语时，如果小句宾语不是全句的主语，则"想"的后面要带表示使令意义的动词，即构成"想 + 使令动词 + 小句"形式；而同样表示主观愿望的"希望"，则可以直接带小句宾语，不受这种限制。故可改为"我想让你再走慢点儿"或"我希望你再走慢点儿"。

3. 谓语缺失。故可改为"他是生活并不富裕的人"或"他生活并不富裕"。

4. 谓语缺失。故可改为"他是来自美国的留学生"或"他来自美国"。

5. 谓语缺失。"修养"指理论、知识、艺术、思想方面的水平，如"个人修养""艺术修养"等，是名词，不能做谓语。故应改为"你是怎么提高自我修养的呢？"。

6. 谓语动词后带小句宾语时，谓语动词后一般不用动态助词"了"。故应去掉动态助词"了"，即改为"我听说他已经回国了"。

7. 谓语缺失。故应改为"我希望儿子成为很优秀的人"或"我希望儿子很优秀"。

8. 表示认知、意愿或心理感受的动词,如"注意""同情""感到""喜欢""后悔""担心"等,不能做"把"字句的谓语。故应去掉介词"把",即改为"你应该注意一下你的态度"。

9. 动词"写作"即"写文章",不能带宾语,可以带补语,如可以说"写作到天亮",但不能说"写作小说"。故可将"写作"改成"写",即改为"他退休后想写一本回忆录"。

10. 动词"劝告"即"说明道理,使人改正错误或接受意见",一般带小句宾语,如"医生劝告他戒烟"等。本句指大臣向国王提出自己的主张,不应用"劝告",故应改为"大臣向国王提了一个建议"。

11. 动词"加油"比喻"加一把劲儿、进一步努力",不能带宾语,如可以说"为运动员加油",不能说"加油运动员"。故应改为"观众用呐喊声来为运动员加油"。

12. 缺少动词。名词"梦"缺少与之搭配的动词,故应改为"西藏是我连做梦都想去的地方"。

13. "感到"的意思是"有某种感觉",只有有无的差别,而没有量上的差别,所以不能用"很"修饰。如果要表示量的差别,可以用"很"修饰"感到"的宾语,这与其他的心理动词不同。故应改为"父母对我的成绩感到很满意"。

14. "睡眠"是名词,不能做谓语。故应改为"周末我哪儿都没去,整天睡觉"。

15. 形容词谓语句,谓语前不用"是"。故应改为"我们家虽然不富裕,但很幸福"。

16. 动词"旅行"不能带宾语。故应改为"他从小就跟父母去很多国家旅行过"。

17. 动词"保证"指"担保"或"担保做到",如"保证完成任务""保证学习效果"等,"保证"的后面不能用两面性词语"会不会"。故可改为"谁又能保证蔬菜价格一定会降呢?"或"谁又能保证蔬菜价格不会涨呢?"。

18. 名词"便饭"指日常吃的饭食,不能做谓语。故应改为"请到我家吃顿便饭吧,尝尝我的拿手菜"。

19. 动词"够"表示"满足需要的数量",可用肯定或否定形式,如"时间够用""时间不够用"等;而表示达到某种程度时,如果带宾语,一般只用肯定形式,如"够资格""够条件"等。本句指自己的能力没有达到某种程度,可用主谓短语形式表示,即改为"我知道自己能力不够,还不能独立"。

20. "广告"指通过报纸、广播、电视等方式介绍商品、娱乐或体育活动的宣传形式,是名词,不能做谓语。本句指通过讲解说明让人了解某种药物的特性,可用动词"宣传""推荐"或"介绍",故可改为"这种药效果不错,向病人宣传一下吧"。

三、完成句子。

1. 出门时记得把房门锁好。

2. 我被他诗一般的语言所感染。

3. 有些人根本不值得你对他好。

4. 我们不能满足这种不合理的要求。

5. 他希望通过工作来证明自己的价值。

6. 他显然把交简历的事忘得干干净净。

7. 睡前喝杯牛奶有助于改善睡眠质量。

8. 你可以选择价格较低的商店去购物。或：你可以选择去价格较低的商店购物。

9. 他把自己挣的钱捐给了需要帮助的人。

10. 旅游业的繁荣带动了相关产业的发展。

11. 他在本场比赛中的表现不能令人满意。

12. 他针对整个建筑行业的状况进行了分析。

13. 年轻人对新鲜事物的接受能力相对较强。

14. 小心谨慎的性格使他无法放开手脚去做事。

15. 会计背着经理把钱存入了自己的银行账户。

16. 我觉得让机器人像人一样做事是很困难的。

17. 企业用缩短劳动时间的方式来增加就业人数。

18. 外表英俊的男生更容易赢得别人的好感。

19. 搞艺术品投资得有敢于承担经济风险的勇气。

20. 政府会采取必要措施控制蔬菜价格的过快上涨。

第三章　宾语

一、请选出正确答案。

　1. B　2. C　3. C　4. A　5. A　6. B　7. C　8. C　9. A　10. A

11. B　12. A　13. A　14. A　15. B　16. B　17. C　18. B　19. C　20. A

二、请改正下列病句。

　1. 宾语缺失。故应改为"他是第一个被称为伯乐的人"。

　2. "及格"指考试成绩达到规定的最低标准，如"数学没及过格""虽然及了格，但分数很低"等，不能带宾语。故可改为"我希望自己听力考试能及格"或"我希望自己能通过听力考试"。

　3. 宾语缺失。故应改为"诚实是每个学生所必须具备的品德"。

　4. 兼语句中"有"的宾语缺失。故应改为"晋朝有一个叫乐广的人"或"晋朝有一个人名叫乐广"。

　5. 动词"回"应该带处所宾语，如"回国""回房间"等。一般名词加上方位词可表示处所，故应改为"父母接我回城里上学"。

　6. 结构助词"的"不修饰动宾结构。故可将"帮忙"改为"帮助"，即改为"我们需要你的帮助"。

7. 名词"主观"指属于人的思想意识方面的东西，如"主观意识"等；而本句指个人比较确定的见解，故应将"主观"改为"主见"，即改为"一个没有主见的人是做不成大事的"。

8. 谓宾搭配不当。动词"降低"指"使下降"，如"降低要求""降低标准"等，不能与"传播"搭配。本句意为"使感冒病毒的传播速度变慢、范围变小"，可用动词"抑制"替换"降低"，即改为"这样做有助于抑制感冒病毒的传播"。

9. 主宾搭配不当。"问题"不能是"过程"，故应改为"教育孩子是一个复杂的过程"。

10. 形容词"无聊"指"精神空虚，没有寄托"，不能带宾语，如"闲得无聊""感到很无聊"等。故可改为"他渐渐对网络游戏失去了兴趣"。

11. 谓宾搭配不当。动词"完成"指"按照规定的要求和预期目的结束或做成"，如"完成任务""完成计划"等，不能与"梦想"搭配。动词"实现"指使理想、愿望、计划等成为事实，故应改为"通过努力，他实现了出国留学的梦想"。

12. 动宾搭配不当。动词"受到"指接受、遭受，一般带动词宾语，如"受到欢迎""受到伤害"等，不能带动宾结构宾语，即不能说"受到……鼓掌"。故应改为"他的表演赢得了全场观众的热烈掌声"。

13. 宾语缺失。本句指没有人知道老猎人去的地方，可用表示着落、去处的名词"下落"或"去向"充当宾语。即改为"没有人知道他的下落"或"没有人知道他的去向"。

14. 动词"感觉"带形容词宾语，如"感觉很满意""感觉很寂寞"等，而"孤独感"指孤独的感觉，是名词，不能做"感觉"的宾语。故应将"孤独感"改为形容词"孤独"，即改为"感觉很孤独"。

15. 宾语缺失。动词"扩大"指向外扩展，多用于范围、规模方面，如"扩大规模""扩大影响"等。故应改为"学校决定扩大减免家庭困难学生学费的范围"。

16. 主宾搭配不当。根据题意，通过检查的对象应该是"教学楼"，而非"有关专家"。故应改为"有关专家对已完工的教学楼进行了检查"或"已完工的教学楼通过了有关专家的检查"。

17. 动宾搭配不当。动词"当"指"担任某职务"，如"当老师""当律师"等，不能与"工作"搭配。故应改为"当有人来找我当翻译时，我非常吃惊"。

18. "错"表示"不正确、差错"，是形容词，不能直接带宾语，可以做补语，如"这个字写错了""你认错人了"等。故应改为"却发现自己认错了人"。

19. 宾语缺失。动词"改善"指使更完善，多带名词宾语，如"改善环境""改善关系"等。故应改为"这种化妆品可以有效改善面部皮肤营养缺乏的状况"。

20. 动宾搭配不当。动词"培养"指按照一定的目标进行教育，使锻炼成长，如"培养人才""培养自学能力"等，不能与"水平"搭配，即可以说"提高水平"，不能说"培养水平"。故应改为"提高工人的技术水平是企业的一件大事"。

三、完成句子。

1. 她热情地带我参观了她的新房。

2. 我不小心把钥匙锁在房间里了。

3. 医生建议我尽量多吃蔬菜水果。

4. 葡萄酒对改善身体素质大有好处。

5. 我朋友邀请我参加他的生日聚会。

6. 网络促进了远程教育的普及。

7. 学生请病假需要医生开诊断证明。

8. 不正确的站立姿势会导致腰背疼痛。

9. 适量饮用咖啡可以有效消除疲劳感。

10. 传染性疾病给人类健康带来了巨大威胁。

11. 他用自己的实际行动影响着周围的人。

12. 为什么开空调会导致室内空气干燥呢？

13. 我们应该采取措施控制感冒病毒的传播。

14. 学校将向家庭困难的学生提供免费教材。

15. 现代人应该保持对古代文明成果的尊重。

16. 国家经济昌盛是百姓过上好日子的基础。

17. 消费者怎样才能避免合法权益受损害呢？

18. 善于总结经验教训的人才能获得更大的进步。

19. 传统医学认为平衡饮食能保持身体健康状态。

20. 越来越多的城里人开始选择农村作为居住地。

第四章　定语

一、请选出正确答案。

1. C　2. C　3. C　4. A　5. A　6. A　7. B　8. B　9. C　10. C

11. A　12. B　13. A　14. A　15. B　16. B　17. C　18. A　19. C　20. A

二、请改正下列病句。

1. 定语缺失。在"是"字句中，宾语从某个方面对主语加以说明，主语和宾语往往是不相应的，因此一般要在宾语前加上定语，以使主宾语相应。本句说明人的特征，主语是单数，应该在宾语前加上定语"一个"，以使其与主语相应。故应改为"我是一个十七岁的高中生"。

2. "很多"的否定形式不是"没有很多"，而是"没（有）多少"。故应改为"没有多少人知道这事"。

3. 定语缺失。一般单句如果谓语动词后有动态助词"了"、动词后有宾语时，宾语前一般要带数量词语或其他定语。故应改为"她在菜市场租了一个摊位"。

4. 不定量词"一点儿"做状语时常用否定形式，有"完全（没有）、确实（没有）"的意思，如"一点儿都没吃""一点儿也不好"等。本句表示少量，"一点儿"应放在名词前做定语，即应改为"我只会说一点儿汉语"。

5. 程度副词"真+形容词"不能做定语。故应改为"邻居奶奶是个很好的人"。

6. 表领属及时间的定语应放在数量定语前。故应改为"他是我以前的一位上司"。

7. "动词+在"不能做定语。故可改为"这是留学生住的公寓"或"这是留学生公寓"。

8. 除了一些相对固定的结构，如"在场的观众""在华人士"等，一般不用介词"在"引进处所词，即表示处所的词语或专有名词做定语时，前面不用介词"在"。故应改为"我是家里最小的女儿"。

9. 定语中"不足"表示"不充足"的意思时，是形容词，不能带宾语，只能说"耐心不足"，不能说"不足耐心"。故应改为"我是个耐心非常不足的人"或"我是个非常没有耐心的人"。

10. 限定性定语应放在描写性定语前。故应改为"他是一个很可爱的小男孩"。

11. 形容词"多""少"一般不能单独做定语。故应改为"画展很成功，来了很多人参观"。

12. 定语多余。动词"当"指担任某职务或充当某角色，如"当翻译""当教练"等，本句"老师"泛指从事教师职业的人，而非确指某一人，故应将数量词"一个"去掉，即改为"当老师是我儿时的梦想"。

13. 动词"有"用于泛指，如"有一次""有一天"等。中心语前带有表领属意义的名词定语时，不能同时用"有"。故应将"有"去掉，即改为"他在南方的一所大学里学汉语"。

14. 指量短语做定语不加"的"；另外，表示领属关系的时间名词定语应加"的"。故应改为"我特别怀念过去的那些美好日子"。

15. 状中短语谓语中"对待"的意思是"以某种态度或行为对人或事物"，本身就含有"对"的意思，不能与"对"搭配使用。故可改为"售货员对每个顾客都很热情"。

16. "很多"不能做状语，可以做定语。故应改为"我们班有很多来自世界各国的同学"。

17. 定语重复。"那些"与"一群"重复。故应改为"我再也没找到那些帮过我的人"。

18. 定中短语使用有误，"是"字句的前后成分应该对应，而"印象是人"有误，故应改为"在一般人看来，我是乐观的人"或"在一般人的印象中，我是乐观的人"。

19. 动词前有否定词语，宾语前一般不带不确指的数量定语。如可以说"我想买一本书"，不能说"我不想买一本书"。故应改为"我想买一辆汽车，不想买自行车"。

20. 表示领属关系的代词定语应加"的"。故应改为"这里的人没有遵守时间的习惯"。

三、完成句子。

 1. 实践永远是检验真理的唯一标准。

 2. 每个人身上都有一种独特的气味。

 3. 中国饮食文化包含着许多生活智慧。

 4. 教育是关系到国家未来发展的大事 。

 5. 自己赚钱买汽车是哥哥的一个梦想。

 6. 他是一位受人尊敬的京剧表演艺术家。

 7. 孩子独立处理问题的能力需要从小培养。

 8. 大象是目前生活在陆地上的最大的动物。

 9. 你能想象得出每天乘船去学校的情景吗?

10. 前面戴运动帽的那个人就是这部电影的导演。

11. 经验再丰富的人也不免会犯这样那样的错误。

12. 我们需要一位具有大型晚会主持经验的主持人。

13. 这是一家专门负责大型设备安装和维护的公司。或:这是一家专门负责安装和维护大型设备的公司。

14. 使用信用卡消费很难有把钱花出去的真实感受。

15. 能回到祖先曾经生活过的地方是件令人激动的事 。

16. 一位曾经主持过娱乐节目的嘉宾担任了比赛解说员。

17. 一家企业愿意承担孩子住院期间的全部治疗费用。

18. 住在隔壁的是一位有着几十年出版经验的老编辑。

19. 宿舍楼的公共区域由学校雇佣的一位阿姨负责打扫。

20. 从小就习惯自己拿主意的他逐渐养成了独立的个性。

第五章　状语

一、请选出正确答案。

 1. C　 2. C　 3. A　 4. C　 5. B　 6. C　 7. B　 8. A　 9. C　 10. A

11. A　12. A　13. C　14. B　15. C　16. C　17. A　18. B　19. C　 20. C

二、请改正下列病句。

 1. 不定量词"一点儿"做状语时常用否定形式,有"完全(没有)、确实(没有)"的意思,如"一点儿都没吃""一点儿也不好"等。"一点儿"也可用在形容词后做补语,表示程度轻,故应改为"他的病好一点儿了"。

 2. 副词应该放在谓语动词前做状语。故应改为"这到底是怎么回事?"。

3. 表示来源的处所状语不能放在主语前；另外，时间副词与表处所的介词短语同时做状语时，时间副词应放在介词短语前。故应改为"他刚从睡梦中醒来"。

4. 状语应放在谓语动词前，而非句尾。故应改为"我在青岛住了两年"。

5. 时间名词可以直接做状语，不必用介词引进时间名词状语。故应将"从"去掉，即改为"我明年打算出国留学"或"我打算明年出国留学"。

6. 前缀"第"用在动量词前面，表示次序，一般在句中做状语，如"第一次出国"。故应改为"这是我第一次见他流泪"。

7. "给"引导的介词短语做状语应放在能愿动词"能"前。故应改为"运动能给身体带来很多好处"。

8. 表处所的介词短语状语应放在主语前或主语后，不能放在"是……的"结构中。故应改为"在我国，三星手机是很有名的"或"三星手机在我国是很有名的"。

9. 程度副词"很 + 形容词"多具有评价性，做谓语是其主要语法功能，如"他工作很努力""他朋友很多"，而非状语，故应去掉"很"，即改为"婚事要跟父母多商量再做决定"。

10. 表示范围的副词状语一般放在表示对象的介词短语状语前面。故应改为"那些旧衣服都被妈妈送人了"。

11. 关联副词应放在时间状语后面。故应改为"我小时候也是个调皮的孩子"。

12. 形容词"多"表示数量大，一般在动词前做状语，如"多吃点儿"等。故应改为"我希望能多认识些中国朋友"。

13. "对于"构成的介词短语应该放在句首或主语后做状语。故应改为"对于网络游戏，我完全不感兴趣"或"我对于网络游戏完全不感兴趣"。

14. 副词"基本上"指"主要的、大体上"，而副词"完全"指"全部"，同时使用造成前后矛盾。故应去掉其一，即改为"你的判断基本上是正确的"或"你的判断是完全正确的"。

15. 否定副词与介词短语同时做状语时，否定副词一般放在介词短语前。故应改为"你不把作业做完，就别想睡觉"。

16. "很多"不能做状语，可以做定语。故应改为"父母给我讲了很多做人的道理"。

17. 表示动作进行的处所，"在 + 名词"应做状语。本句表示"留学"进行的处所是"南京"，故应改为"我在南京留学，是一名高中生"。

18. "对……来说"构成介词短语应放在主语前或后做状语，不能放在谓语动词后面；另外，"都"只能在谓语动词前做状语，不能做定语。故可改为"家庭对每个人来说都是最重要的"或"对每个人来说家庭都是最重要的"。

19. 主谓短语做状语应加结构助词"地"，而非动态助词"着"。故应改为"她声音激动地说"。

20. 副词"多多少少"即"或多或少"，应该放在谓语前做状语。故应改为"我多多少少得到过他的一些帮助"。

三、完成句子。

1. 他从兜里把钱包拿了出来。

2. 阿姨已经把照相机送回房间了。

3. 他在学业上基本没遇到过什么挫折。

4. 孩子下课后总是主动帮助老师擦黑板。

5. 他每个周末都会去老人公寓做志愿者。

6. 请你详细分析一下这篇文章的结构特点。

7. 狡猾的猴子趁管理员不注意抢走了香蕉。

8. 老板直接拒绝了他要求提高待遇的请求。

9. 他用自己的实际行动赢得了大家的信任。

10. 读书多了自然就会引发对文学的强烈兴趣。

11. 他始终跟生意上的朋友保持着适当的距离。

12. 他陆续收到了几所名牌大学的录取通知书。

13. 妈妈用节省下来的钱给我买了一台新电脑。

14. 音乐甚至可以在一定程度上治疗心理疾病。

15. 他已经向总公司递交了辞去经理职务的申请。

16. 消费者应该尽量购买那些信誉较好的品牌产品。

17. 我逛商店时总会忍不住买些根本不需要的东西。

18. 我们在日常生活中经常可以看到浪费粮食的现象。

19. 公司根据员工对公司所做贡献的大小进行了奖励。

20. 校长在开学典礼上公布了上学期优秀学生的名单。

第六章 补语

第一节 动量补语 时量补语

一、请选出正确答案。

1. A 2. B 3. B 4. C 5. A 6. B 7. B 8. C 9. C 10. B

11. A 12. C 13. A 14. B 15. A 16. B 17. A 18. C 19. C 20. B

二、请改正下列病句。

1. 谓语动词后既有名词宾语又有时量补语时，常构成"动词＋时量补语＋名词宾语"形式，或重复谓语动词，时量补语放在重复动词的后面。故可改为"我学了两年汉语"或"我学汉语学了两年"。

2. 动量词应放在谓语动词后做动量补语，动词带名词宾语时，常构成"动词＋动量补语＋名词宾语"形式。故应改为"我只去过一次长城"。

3. 有补语的谓语动词不能重叠。故应改为"我真想踢他两脚"。

4. 连动句中，V₂ 是 V₁ 的目的，V₁ 是"来""去""到"时，V₁ 后不能用动态助词"过"，应放在 V₂ 后面。另外，离合动词带动量补语时，要把离合词的动宾结构分开，动量补语放在动词后面。故应改为"我去广州出过几次差"。

5. "一下"表示轻微的量时，用在动词后做数量补语，含有尝试或时间短、数量少的语气，即"动词 + 一下"与表示完成意义的结果补语不能同时出现。故应去掉其一，即可改为"你记一下这个地址"或"你记住这个地址"。

6. 离合动词带时量补语时，要把离合词的动宾结构分开，时量补语放在动词后面；同时，动态助词"了"应放在动词后，而非名词后。故应改为"妻子跟我生了好几天气"。

7. 离合动词带时量补语时，要把离合词的动宾结构分开，时量补语放在动词后面；同时，动态助词"过"应放在动词后，而非名词后。故应改为"我上个月只游过一次泳"。

8. 时间词"半个小时"表示动作"读课文"持续的时间，并不是动作行为对受事事物"课文"处置后的结果，不应该用"把"字句。本句可用时量补语形式表达，即改为"我读了半个小时课文"。

9. 谓语动词是非持续性动词或带有结果补语、趋向补语时，如果有宾语和时量补语，则动词和宾语之间不能加动态助词"了"。故应改为"我离开家已经半年了"。

10. 句中有否定副词时，时量词一般在谓语动词前做状语。故应改为"他已经好几年没工作了"。

11. 间歇性动词，即动词所表示的动作是间歇性的，带时量补语时应该将宾语提前。故应改为"这条裙子姐姐穿了两年"。

12. "一下"表示轻微的量，用在动词后做数量补语，含有尝试或次数少、时间短的意味，一般跟动作性较强、具有持续性、反复性的动词一起使用。所以心理动词"原谅"不能带数量补语"一下"。故应将"一下"去掉，即改为"请你原谅我"。

13. 时量补语表示动作行为的持续时间，所以要求动词具有延续性，而动词"进"不具有延续性，因此不能带时量补语；而动词"玩儿"具有延续性，可以带时量补语。故应改为"我进城玩儿了三小时"。

14. "动词 + 着"表示动作行为的持续，而"动词 + 数量补语"指动作全过程的数量，即"动词 + 着"与"动词 + 数量补语"所表示的意义是矛盾的，它们不能出现在同一句子中。故应改为"病人都等了半天了"。

15. 谓语动词后既有代词宾语又有动量补语时，常构成"动词 + 代词宾语 + 动量补语"形式，动态助词"了"应该放在谓语动词后。故应改为"她抬头看了我一眼"。

16. "动词 + 着"不能带补语。表示动作持续可用"动词 + 了 + 时量补语"形式表示。故可改为"他回头看了我一眼"。

17. "把"字句的谓语动词后应该带有其他成分。根据题意，可改为"你能不能把这句话给我翻译一下？"。

18. "一下"表示轻微的量，用在动词后做数量补语，含有尝试或时间短、次数少的意味，也常用在祈使句中，表示一种请求或委婉的语气。而本句没有委婉的语气，也不表示尝试，故不应带数量补语"一下"。故应改为"我会尽快翻译这篇文章的"。

19. 如果宾语前带有较长定语，又带时量补语时，一般要将宾语提前，否则给人拖拉不清的感觉。故应改为"快递员送来的网购包裹我检查了半天"。

20. 谓语动词后表示完成意义的结果补语与时量补语不能同时出现。故应改为"历代皇帝都希望自己能活很久"。

三、完成句子。

1. 你能抽空来我这里一趟吗？
2. 父母不免要多嘱咐他几句。
3. 半年来我只剪过一次头发。
4. 她把我上上下下打量了一番。
5. 你能回忆一下当时的情景吗？
6. 他每周大概在公司住两三天。
7. 妈妈只允许我每周看两次电视。
8. 学校游泳池多长时间清理一次？
9. 会场上响起一阵阵热烈的掌声。
10. 音乐老师每周都会辅导我两次。
11. 他打算请一天假陪父亲检查身体。
12. 上大学时我曾兼职做过一年导游。
13. 他总是开始运动四五天就放弃了。
14. 我排了半天队才买到开幕式的门票。
15. 戒烟一年左右身体就开始有变化了。
16. 你应该留在家里好好儿休养一阵子。
17. 汽车最好别在阳光下停两个小时以上。
18. 他拍了几组反映农村婚礼风俗的照片。
19. 我们坐火车坐了十几个小时才到目的地。
20. 医生提醒每天刷牙超过三次会使牙齿受伤。

第二节　趋向补语

一、请选出正确答案。

1. B　2. B　3. B　4. C　5. A　6. C　7. B　8. C　9. A　10. A
11. C　12. A　13. C　14. A　15. C　16. C　17. C　18. A　19. C　20. B

二、请改正下列病句。

1. 表示恢复正常、积极的状态，应该用复合趋向补语"过来"表示。故应改为"快把错别字改过来吧"。

2. 句中有趋向补语而没有宾语时，一般用复合趋向补语表示。故应改为"所有的钉子都拔出来了"。

3. "合得来"和"合不来"是固定短语，表示关系好或坏。故应改为"我和他一直合不来"。

4. 谓语动词后既有处所宾语，又有简单趋向补语"来"或"去"时，常构成"谓语动词 + 处所宾语 + 来/去"形式。故应改为"他又回公司来上班了"。

5. "到"应带表示地点的名词宾语，不能带普通名词宾语。故应在普通名词"笼子"后加上方位词"里"，使之变成处所词，即改为"小狗自己跑回到笼子里睡觉去了"或"小狗自己跑到笼子里睡觉去了"。

6. "起来"表示"开始并继续"，不能和表示"即将发生"的"就要"一起用。故应去掉其一，即改为"她委屈得就要哭了"或"她委屈得哭了起来"。

7. "越来越"表示程度不断加深，而"起来"表示状态开始并继续，两者同时使用造成语义重复。故应去掉其一，即改为"天气越来越暖和了"或"天气暖和起来了"。

8. 句中有复合趋向补语，又有宾语时，表示已经发生的事，一般用"谓语动词 + 趋向动词 + 来/去 + 宾语"或"谓语动词 + 趋向动词 + 宾语 + 来/去"形式表示，如"我想出来了好办法""我想出好办法来了"，都可以表示已经发生的事。而表示还没发生的事，一般用"谓语动词 + 趋向动词 + 宾语 + 来/去"形式表示，如可以说"你得想出个办法来"，不能说"你得想出来个办法"。故应改为"你快想出个好主意来吧"。

9. "下去"和"起来"都可以表示事物或状况的发展变化，但是"下去"一般是朝着消极的方向发展，而"起来"则多是朝着积极的方向发展。故应将"下去"改为"起来"，即改为"农民的生活一天天富起来了。"

10. 简单趋向补语带处所宾语时，常构成"谓语动词 + 处所宾语 + 来/去"形式。故应改为"爸爸回老城去了"。

11. 本句混淆了动词谓语和动词补语的语法功能，用做补语的趋向动词代替了动补结构中的谓语动词。虽然趋向补语本身也是动词，但做补语时不再表示动作行为，而只是辅助性成分，补充说明前面动作的方向或结果，而非其动作本身。本句只有"走"才能"出去"，故应改为"他想走出大山去，到城里打工"。

12. "在 + 处所"表示静态，不能和表示动态的"动词 + 趋向补语"一起用。本句表示通过动作使人或事物处于某个处所，故应改为"他一进屋，就坐在了椅子上"。

13. "来"做普通动词时，主语应该是可以主动运动的词，而"食品"不能主动运动，故本句中"来"应为趋向动词，应与普通动词搭配使用。故可改为"这些食品全都是从日本买来的"或"这些食品全都是从日本运来的"。

14. 表示恢复或转变到正常、积极的状态时，如果与表示人的心理状态或感觉的动词连用，应用"过来"，而非"起"。故应改为"我醒过来的时候已经是中午了"。

15. 表示进入某处，应该用趋向补语"进"。本句谓语动词后缺少趋向补语"进"，语义表达不完整。故应改为"把青豆装进了袋子里"。

16. 谓语动词是离合动词，句中有复合趋向补语又有宾语时，常构成"谓语动词+趋向动词+宾语+来/去"形式。故应改为"老实人生起气来其实挺吓人的"。

17. 表示由隐蔽到显露，应该用趋向补语"出来"。本句谓语动词后缺少趋向补语，语义表达不完整。故应改为"父亲对子女的爱通常很少表现出来"。

18. 句中有趋向补语而没有宾语时，一般用复合趋向补语表示，而非简单趋向补语。故应改为"老人突然把鞋脱下来，扔到了桥下"。

19. 表示由动到静的状态，应该用趋向补语"下来"，而非"起来"。故应改为"我们的生活才慢慢稳定下来"。

20. 表示进入某处的"进"与表示动作行为存在的处所的"在"不能同时使用。根据题意，应改为"他把选好的蔬菜放进了塑料袋里"。

三、完成句子。

1. 他一进门就脱下了外衣。
2. 奶奶在墙上贴上了年画。
3. 经理把他叫进办公室谈话。
4. 他突然从座位上站了起来。
5. 人们纷纷跑进商店去躲雨。
6. 观众们陆续走出音乐大厅。
7. 老人慢慢站起身走出了房间。
8. 我花了两千块钱才买来这幅画。
9. 他连忙用勺子把手表捞了起来。
10. 请在志愿者名单上写上我的名字。
11. 树叶在秋风中一片片地落了下来。
12. 你怎么会突然想起问这个问题呢？
13. 他面向观众把奖杯举了起来。
14. 我以后不会把朋友带到家里来了。
15. 他撕下来一张纸给我写了电话号码。
16. 一旦确定目标就应该坚定地走下去。
17. 调皮的学生被老师叫到办公室来了。
18. 灾区群众住进了临时搭建起来的帐篷。
19. 资源的过度开发带来了严重的环境问题。
20. 孩子的自信心是在赞美中逐渐建立起来的。

第三节　结果补语 介词短语补语 可能补语

一、请选出正确答案。

1. B　2. B　3. C　4. B　5. C　6. C　7. A　8. B　9. C　10. A

11. A　12. C　13. B　14. C　15. B　16. A　17. C　18. C　19. C　20. B

二、请改正下列病句。

1. "动词＋形容词"为动结式，"形容词＋动词"为状中结构。动结式强调某动作而产生了某结果，而状中结构则强调动作当时的状态或人物的情态，有描写作用。本句并非描写动词"来"的状态，而是说明动词"来"的结果，因此应该用动结式表示。故应改为"对不起，我来晚了"。

2. 离合动词带结果补语时，结果补语应该放在离合动词中间，而非离合动词后。故应改为"你理完发再洗澡吧"。

3. 可能补语带宾语时，宾语放在可能补语之后或谓语动词前，不能放在谓语动词与补语之间。故应改为"光线太暗，照不了相"。

4. 可能补语的否定形式更强调客观性、客观环境的作用，而能愿动词的否定形式更强调主观性、主观意志的作用。另外，"不能＋动词"含有禁止的语气，如"你不能进去"，意在强调说话人的主观意志不想让你进去。故应改为"我吃不完"。

5. 表示通过动作行为处置某受事，并使其处于某处，应该用"把＋受事宾语＋动词＋补语＋处所宾语"形式表示。本句表示通过"扔"的动作使受事"垃圾"进入"垃圾箱"中，故应改为"请你把果皮扔进垃圾箱里"。

6. 动词和结果补语之间不能加任何成分，宾语应该放在结果补语后面。故应改为"我们班终于打赢了比赛"。

7. 表示某事物通过动作处于某处所，应用"把＋受事＋动词＋补语＋处所宾语"形式表示。故应改为"我把钱包忘在出租车上了"。

8. 表示使一种事物（这些钱）变换为另一种事物（美元），不能用表示完成意义的动态助词"了"，而应该用表示结果意义的结果补语"成"。故应改为"我想把这些钱换成美元"。

9. 本句的时点表示的不是动词性成分的时间起点，而是终点，即"十点"指的是"学习"的结束时间。表示的动作行为的终点应该用"动词＋到＋时点"形式表示，故应改为"我昨晚一直学习到十点"。

10. 本句中的"要"表示"将要"，即还未发生，不能和表示动作行为结果的结果补语一起用。故应改为"听说明天就要下雨了"。

11. 表示"听（故事）"这个动作已完成，应该用结果补语形式。故应改为"听完这个故事，他哭了起来"。

12. 介宾短语补语"在"表示人（或事物）通过某动作处于某处所，应该带处所宾语。故应改为"老奶奶住在海边的一所房子里"。

13. 表示通过动作行为处置某受事，并使其处于某处，应该用"把＋受事宾语＋

动词＋补语＋处所宾语（＋来／去）"形式。即本句构成"把＋受事宾语＋动词＋到＋处所宾语＋来／去"形式，即改为"你把那份报告送到这儿来吧"。

14. 结果补语的疑问形式一般应为"……了没有"或者"动词＋没＋动词＋结果补语"形式。故可改为"你听懂了没有？"或"你听没听懂？"。

15. "动词＋着"一般不带处所宾语。故应改为"他挂在身上的手机掉到湖里了"。

16. 可能补语的否定形式应该是"动词＋不＋补语"。故应改为"你大点儿声，我听不清楚"。

17. 可能补语的否定形式更强调客观性、客观环境的作用，而能愿动词的否定形式更强调主观性、主观意志的作用。另外，"不能＋动词"含有禁止的语气，根据题意，应用可能补语的否定形式，即改为"这点儿困难难不倒我"。

18. 结果补语和介词短语补语不能同时出现在一个谓语动词后，只能取其一。根据题意，可改为"我会把你的话牢牢记在心里的"。

19. 句中出现"趋向动词＋处所词＋动词＋宾语"形式，这种表达方式跟连动句类似，而连动句的后一个动作行为是发生在到达某个地点之后，并且是在该地点发生和进行的。如"我到上海旅行"，该句所说的"旅行"活动只是在"上海"这个范围内进行的。而本句"搬家"指从一个地点移动到另一个地点，表示说话人"搬家"的终点是"上海"，也就是通过"搬"的动作到达终点，应用"把"字句，并将"到＋处所"移到动词后，即应改为"我把家搬到上海了"。

20. 表示人或事物通过动作处在某处所时，应该用介宾短语补语"在"表示。本句并不是表示"站"这一动作行为，而是表示"站"这一动作实现后所处的位置。故应改为"这个站在爷爷旁边的男孩就是我"。

三、完成句子。

1. 每天熬到深夜是很伤身体的。

2. 这篇文章怎么看也看不明白。

3. 妈妈紧紧地把孩子抱在怀里。或：妈妈把孩子紧紧地抱在怀里。

4. 我总是把握不准汉语的声调。

5. 我的帽子被海风吹到海里了。

6. 狗能闻到人类闻不到的气味。

7. 不能整天忙于工作而忽略家庭。

8. 一只小鸟停在了门口的松树上。

9. 哥哥用橡皮刻了一朵小花送给我。

10. 渔夫站在海边把金鱼扔进了大海。

11. 来自网络的消息不见得是可靠的。

12. 他连忙把座位让给刚上车的老人。

13. 我习惯饭后喝上一杯浓浓的咖啡。

14. 盒子里的巧克力都被妹妹吃光了。

15. 在没弄清楚真相之前别随便下结论。

16. 他一下子适应不了南方潮湿的气候。

17. 他把那幅风景画挂在了客厅的墙上。

18. 姐姐背着我把故事书送给邻居哥哥了。或：我背着姐姐把故事书送给邻居哥哥了。

19. 我后悔没在小花园种上几棵绿色植物。

20. 他没想到自己的名字竟然会出现在报纸上。

第四节　程度补语 情态补语

一、请选出正确答案。

1. B　2. C　3. C　4. A　5. C　6. A　7. A　8. C　9. B　10. B

11. A　12. C　13. B　14. A　15. A　16. C　17. C　18. A　19. B　20. B

二、请改正下列病句。

1. 描写动作行为的结果，应该用情态补语形式表示。故应改为"他画山水画儿画得特别好"。

2. 离合动词不能直接带情态补语。而"烧"做动词时也可以表达跟"发烧"一样的意思，故应改为"孩子烧得很厉害"。

3. 动宾结构不能直接带情态补语。句中有宾语又有情态补语时，可重复谓语动词或把宾语放在谓语动词前，即改为"姐姐跳舞跳得很好"或"姐姐舞跳得很好"。

4. 形容词单独做情态补语一般含有比较的意味，否则应加上表示程度的词。故可改为"他每件事都办得很好"。

5. 状态形容词不能带程度补语。故可将状态形容词"雪白"改成性质形容词"白"，即改为"新房的墙白极了"。

6. 动宾结构不能直接带情态补语，句中有宾语又有情态补语时，可重复谓语动词或把宾语放在谓语动词前，即改为"他唱中文歌唱得很好"或"他中文歌唱得很好"。

7. 对动作或动作的结果加以描写或说明，应该用情态补语形式表示。故应改为"他说得跟上次不一样"。

8. 谓语前有描写性状语时，谓语后不能用情态补语。故可改为"他认真地听着"或"他听得很仔细"。

9. 动宾结构不能直接带情态补语。句中有宾语又有情态补语时，可重复谓语动词或把宾语放在谓语动词前，即改为"爷爷每天起得很早"或"爷爷每天起床起得很早"。

10. "早""晚"做补语表示动作的结果，应该用助词"得"。故应改为"周末，我一般起得很晚"。

11. 谓语动词后有形容词或形容词短语，表示对谓语动词进行描写、评价、判断，应该用情态补语形式表示，故谓语动词后应用"得"，即应改为"你走得太慢了"。

12. 将补语误用为状语。描写性状语主要描写动作者动作时的情态，如"认真地听着"等；而补语描写的动作是全句的中心，表示程度或结果，如"听得很认真"等。本句意在描写孩子们"玩儿"的结果"很高兴"，而非描写孩子们"玩儿"时的情态。故应该用补语形式表示，即改为"今天孩子们玩儿得很高兴"。

13. 单音节形容词"早""晚""多""少"无论做状语还是做补语，都表示"不合某一标准"。做状语时，动词后往往有表示数量的宾语或补语，如"我早来几分钟"；在单句中做情态补语时，前面要有修饰语，或者后面用表示程度的"一点儿""一些"，如"他来得很晚""他来得更晚一点儿"等。故应改为"你来得太晚了"或"你来得晚了一点儿"。

14. 谓语动词带情态补语时，应用结构助词"得"。故可改为"爸爸变得很生气"或"爸爸很生气"。

15. 动态助词"了"不能引进情态补语。本句表示已然，故应改为"好好儿的画儿让他撕了个粉碎"。

16. 表示"他说的跟前面两个人说的一样"，应该用情态补语表示，并且谓语动词要用结构助词"得"。故应改为"他仍然跟前面两个人说得一样"。

17. 单音节形容词做状语时多用在祈使句中，含有命令、劝告、催促的语气，如"快点儿走""明天早点儿来"等。对动作或动作的结果加以描写或说明，应该用情态补语形式表示，故应改为"他比我来得更早"或"他比我来得早一点儿"。

18. 表示孩子们"玩儿"的结果，应该用情态补语；谓语动词带情态补语时，应用结构助词"得"。故应改为"孩子们在海洋公园玩儿得开心极了"。

19. 本句所表述的是：鸡蛋通过"煮"的动作产生"由软变硬"的结果，而非表述鸡蛋硬的程度，故应该用结果补语形式表示，而不能用情态补语，即改为"软软的鸡蛋煮了以后就变硬了"。

20. "动词＋成"表示成功、完成或实现，应该带宾语，而非补语，如"翻译成汉语"等。故应改为"他变得胆小怕事了"。

三、完成句子。

1. 姐姐钢琴弹得好极了。

2. 他累得一步也走不动了。

3. 他气得脸涨得通红通红的。

4. 他小心得连说话都不敢大声。

5. 风吹得我连眼睛都睁不开了。

6. 他激动得一句话也说不出来。

7. 这花儿开得像一团火一般鲜艳。

8. 路上的石子被太阳晒得烫脚。

9. 冬天的新鲜蔬菜贵得不得了。

10. 家里给他的生活费少得可怜。

11. 他虚弱得连站立的力气都没有。

12. 安静的校园一下子变得热闹起来。

13. 我赶紧把冻得发抖的女孩拉进屋里。

14. 她一直觉得自己长得比谁都漂亮。

15. 几个女孩子顿时吓得大声叫起来。

16. 他被雨淋得好像刚从水里捞出来的。

17. 道路改造工程进行得顺利不顺利?

18. 街上常能看到一些穿得很时髦的女孩。

19. 一回到家他便把答应的事忘了个干干净净。或：他一回到家便把答应的事忘了个干干净净。

20. 他办公桌上的读者来信堆得像小山似的。

第三篇　句法（二）单句

第一章　特殊句式

一、请选出正确答案。

1. B　2. B　3. A　4. C　5. B　6. C　7. C　8. A　9. B　10. A

11. B　12. A　13. B　14. A　15. C　16. C　17. B　18. C　19. A　20. A

二、请改正下列病句。

1. 要说明"某处存在某物"，应该用存现句表示。存现句的基本格式是"处所词／时间词＋动词＋存在的人或事物"，不必用介词引进处所或时间词语。故应将介词"在"去掉，即改为"停车场里停着很多车"。

2. 本句误用表示静态意义的介宾短语代替"去"某处所的动态意义。故应改为"我哥哥每年去中国旅行"。

3. 滥用结构助词"的"，破坏了兼语句的句法结构。故应将结构助词"的"去掉，即改为"我祝你婚姻幸福、美满"。

4. 兼语句中表示使令意义的动词后一般不加动态助词"了""着""过"。故应删掉"了"，即改为"服务员叫他去前台结账"。

5. 要说明"某处存在某物"，应该用存现句表示。存现句的基本格式是"处所词／时间词＋动词＋存在的人或事物"，不必用介词引进处所或时间词语。故应改为"突然，后面跑过来一只狼"。

6. 可带双宾语的动词不必用介词引进宾语。故应改为"父母教我很多做人的道理"。

7. 在连动句中，V_2 是 V_1 的目的，V_1 是 "来""去""到" 时，动态助词 "了""过" 不能放在 V_1 后面，只能放在 V_2 后面。故应改为 "昨天，我去超市买了一些香蕉"。

8. 该句中，"学习服装设计" 发生在法国，应在 "去法国" 之后。故应改为 "我一直想去法国学习服装设计"。

9. 这是 "把" 字句和连动句套用的句子。由于介词短语 "把那本书" 位置不当，使并没有处置意义的趋向动词 "去" 做了 "把" 字句的谓语动词，显然不合语法。如果将介词短语移到 "去书店" 的后面，即具有处置意义的及物动词 "买" 做 "把" 字句的谓语动词，这样就符合语法规则了。故应改为 "他昨天去书店把那本书买回来了"。

10. N_1 + 让 + N_2 + V 句式表示 N_1 使 N_2 产生 V 的结果，也就是说，V 是 N_1 做出的，这与原句句意不符。故应去掉动词 "让"，即改为 "这件事引起了他强烈的好奇心"。

11. 可带双宾语的动词不能用介词 "对" 引进宾语。故应改为 "他常常问妈妈一些奇怪的问题"。

12. 句中重复使用了两个表示使令意义的动词 "允许" 和 "让"，应该去掉其一。故可改为 "周末妈妈允许我玩儿会儿游戏" 或 "周末妈妈让我玩儿会儿游戏"。

13. 在存现句中，名词宾语前一般要带数量词或其他定语。故应改为 "电影院门口站着很多观众"。

14. 主语 "努力工作" 是致使 "你的生活变得更富裕" 的原因，而原因和结果之间缺少一个连接的词语，使句子在语义上表达不完整。故应加上表示 "致使""促使" 的动词 "使"，即改为 "努力工作才能使你的生活变得更富裕"。

15. 兼语句是由一个动宾短语和一个主谓短语套用在一起的，前一个动宾短语的宾语就是后一个主谓短语的主语，即兼语，本句遗漏了兼语。故可改为 "父母不让我在外面过夜"。

16. 在连动句中，V_1 表示 V_2 动作进行的方式。本句 "开着自己的车" 是很多年轻人选择的旅行方式。故应改为 "很多年轻人喜欢开着自己的车旅行"。

17. 兼语句是由一个动宾短语和一个主谓短语套用在一起的，本句主谓短语 "病人""勇气" 都是名词，缺少谓词性词语。故应改为 "医生鼓励病人鼓起勇气，不能放弃希望"。

18. "使" 和 "让" 在兼语句中都可以表示 "致使" 意义，在一般情况下，能用 "使" 的兼语句都可以用 "让" 代替。两者在使用上存在细微的差别，用 "使" 的兼语句中 V_2 一般表示结果或状态，用 "让" 的兼语句中 V_2 一般表示目的或动作。本句 V_2 表示某种目的，故应将 "使" 改成 "让"，即改为 "父母为了让我们更幸福而努力工作"。

19. 滥用介词导致兼语句主语缺失。故应改为 "这样的情况让我不知道怎么办"。

20. 本句 "看到" 的主语是 "我"，"流泪" 的主语还是 "我"，前后主语一致，不是兼语句，不能用"使"。故可改为"母亲日益消瘦的样子使我流泪了"或"看到母亲日益消瘦的样子，我流泪了"。

三、完成句子。

1. 你能借我一本杂志看看吗？

2. 别总是抓住别人的错误不放。

3. 他把朋友介绍到公司当会计。

4. 请你告诉他在外面等我一会儿。

5. 他从书架上取下一本书递给了我。

6. 街边小饭馆的卫生状况令人担忧。

7. 偶尔去市场砍砍价也是一种乐趣。

8. 医生说开着灯睡觉会影响睡眠质量。

9. 老师的忽视使他产生了被放弃的感觉。

10. 电脑工程师帮我安装了游戏杀毒软件。

11. 有关部门已派专人对这起事故进行调查。

12. 谈判专家劝说企图逃跑的罪犯放下武器。

13. 像粉色和蓝色这样的颜色会让人很放松。

14. 医生提醒家长小孩子经常会把药当成糖吃。

15. 凭购物发票可到商场服务台参加抽奖活动。

16. 恶劣的天气使飞往上海的多架航班被延误。

17. 持续的高温天气使游泳池成为最受欢迎的场所。

18. 巨大的精神刺激几乎使他失去了是非判断能力。

19. 教育局要求各大高校增加外地考生的录取比例。

20. 诊断报告一直放在他的口袋里没有拿出来。

第二章 比较句

一、请选出正确答案。

1. B 2. A 3. C 4. A 5. B 6. B 7. B 8. B 9. C 10. C

11. A 12. C 13. C 14. B 15. A 16. C 17. C 18. C 19. A 20. C

二、请改正下列病句。

1. 比较句中否定词"不"应该放在"比"的前面。故应改为"他不比我高"。

2. 像"很""太""非常""挺"这样的绝对程度副词，所表示的程度具有极限性，不能再表示程度差异，所以不能用在"比"字句中。"比"字句表示程度差异大，可在表示结果的词语前面用"还""更""稍微"，或后面用"一点儿""一些""多了"等表示具体差别的词，即可改为"他比我挣钱稍微多点儿"或"他比我挣钱多得多"。

3. 像"很""太""非常""挺"这样的绝对程度副词，所表示的程度具有极限性，不能再表示程度差异，所以不能用在"比"字句中。"比"字句表示程度差异大，可在表示结果的词语前面用"还""更""稍微"，或后面用"一点儿""一些""多了""得多"等表示具体差别的词，即可改为"他比我来得还晚"或"他比我来得晚一些"。

4. 比较句"A 不如 B……"表示 A 没有达到 B 的程度，倾向于对 A 的某种性质的否定，充当结果的词语一般是表示积极意义的词语，不用表示消极意义的词语。故可改为"他不像我跑得这么慢"或"他比我跑得快"。

5. 比较句"A 有 B 这么 / 那么……"表示 A 达到 B 标准，一般用在否定句和问句中；"A 跟 B 一样……"表示比较双方以某一事物为基准，是一样的。两者不能用在同一比较句中，故应改为"上海跟北京一样大"。

6. 程度副词"越来越"一般不能修饰除心理活动、"有"以外的动词。故应改为"雨下得越来越大了"。

7. 比较句"A 没有 B 这么/那么……"表示 A 没有达到 B 的程度，即"A 不如 B"，倾向于对 A 的某种性质的否定，充当结果的词语一般是表示积极意义的词语，而不用表示消极意义的词语。故可改为"我没有姐姐起得早"或"姐姐比我起得早"。

8. "比"字句表示比较项程度、性质上的差别，可在比较的结果后面加上"一点儿""多了"等表示具体差别的词语，而不能放在比较的结果前面。故应改为"弟弟比哥哥高一点儿"。

9. 比较句"A 不如 B 这么 / 那么……"表示 A 在某方面没有达到 B 的程度，只表示差别，表示结果的词语前不能用程度副词。故应去掉"很"，即改为"面条不如米饭好吃"。

10. 比较句"A 有 B 这么 / 那么……"表示 A 达到 B 的程度，不表示等同或程度差异，所以不能用程度副词；另外，这种形式一般用于否定句或问句中。故应改为"卧室和客厅一样大"。

11. 比较句"A（没 / 哪）有 B 这么 / 那么……"，"这么 / 那么"应该放在比较的结果前。故应改为"我哪有他学习那么好啊！"。

12. "越 A 越 B"表示 B 随着 A 的变化而变化，不能再用程度副词。故应将程度副词"很"去掉，即改为"他越解释，我越怀疑"。

13. 程度副词"比较"虽然可以表示程度差异，但不能用在比较句中，故应去掉"比较"，即可改为"他的个子比我的高一点儿"或"他比我高点儿"。

14. "越来越"本身含有程度逐渐变化的意思，不能再用程度副词。故应将程度副词"很"去掉，即改为"他说得越来越流利了"。

15. 比较句"A 和 B 一样……"比较事物、性质的异同，不表示程度差异，所以不能用程度副词。故应去掉程度副词"很"，即改为"学德语和学法语一样难"。

16. "（不）像……这么……"表示比较结果（不）一样；"跟……一样……"表示两个比较的对象相同，两者不能用在同一比较句中。故应去掉其一，即改为"妹妹像弟弟这么调皮"或"妹妹跟弟弟一样调皮"。

17. 语序有误。"比 + 被比较的对象"后面没有别的成分时，应该放在谓语前做状语，不能放在句子开头。另外，"比"字句中不能用程度副词"太"。根据题意，本句可改为"我国人口比中国少"或"我国人口没有中国多"；也可以用介词短语"和……相比"形式表示，即"和中国相比，我国人口不多"。

18. "越来越……"表示对象的程度随着时间变化而变化，是同一事物不同时期的变化；"越来越"与"比"都有比较的意思，但是应该用于不同句式中，不能用在同一比较句中。故应去掉其一，即改为"他说得比以前更流利了"或"他说得越来越流利了"。

19. "一天 / 年 / 次 / 辆……比一天 / 年 / 次 / 辆……"这种比较形式，前后出现相同的时间名词或量词，表示时间意义上的变化或普遍的趋势，比较的结果不能用否定形式。故应改为"爷爷的身体一天比一天差"。

20. 表示两个比较的对象相同（或不同），用"A 跟 B（不）一样"形式。故应改为"老人的想法跟年轻人的不一样"。

三、完成句子。

1. 他没有我来得这么早。

2. 站着当然不如坐着舒服。

3. 他无论做什么都比别人做得好。

4. 放弃其实并不比坚持容易多少。

5. 世界上没有比健康更重要的了。

6. 南方的气候不像北方这么干燥。

7. 价格低的商品未必比价格高的差。

8. 这件衣服比那件便宜了五十块钱。

9. 两个人干活儿比一个人干轻松多了。

10. 城市的人均收入比农村高了不少。

11. 对于这里的情况他比我熟悉一些。

12. 今年教师的平均收入普遍好于去年。

13. 购买往返机票比只买单程票更优惠。

14. 猴子也能像人类一样制作简单的工具。

15. 技术熟练的工人比新手工作效率更高。

16. 现在允许吸烟的公共场所越来越少了。

17. 人类实际上并不像自己想象的那样聪明。

18. 这家经济型酒店比豪华宾馆差不了多少。

19. 几乎没有什么比玩儿游戏更让我高兴的了。

20. 爱吃水果的人绝对比爱吃零食的人更健康。

第四篇 句法（三）复句

一、请选出正确答案。

1. C　2. C　3. A　4. A　5. C　6. A　7. B　8. B　9. B　10. B

11. A　12. C　13. C　14. B　15. A　16. A　17. C　18. C　19. A　20. A

二、请改正下列病句。

1. 连词"又……又……"表示两个动作或两种状态同时存在，只能连接动词或形容词的单纯形式，不能修饰形容词重叠形式。故应改为"天上的月亮又大又圆"。

2. 连词"一……就……"表示两个动作紧接着发生，"一""就"只能用在主语后，动词/形容词前面。故应改为"他高中一毕业就工作了"。

3. 连词"并"表示并列、承接或递进关系，可连接双音节动词、短语或分句，不能连接形容词，如"讨论并通过"等。本句表示两个动作或两种状态同时存在，可用连词"又……又……"表示，即改为"他是一个又有智慧又勇敢的人"。

4. 连词误用。"不大"和"美丽"并不对立，本句非转折关系，故应去掉转折连词"但是"，即改为"这座小城不大，非常美丽"。

5. 连词"一……就……"表示两个动作紧接着发生，"一""就"只能用在主语后，谓语动词/形容词前面。故应改为"我一听就觉得心里爽快了一些"。

6. 连词"为了"表示目的，只能用在前一分句。故应改为"他为了家人的幸福而努力工作"。

7. 语序有误，强加因果。"谁都不认识他"不是"他无名无姓"的原因，而是对"他无名无姓"的补充，故应去掉"所以"，即改为"他无名无姓，谁都不认识他"。

8. 连词缺失。表示转折的复句，连词一般不可以省略，故应改为"新来的同事虽然很年轻，做事却很成熟"。

9. 连词"从而"表示在某条件或原因下引出某结果，只用于主语相同的复句中；而"所以"没有这个限制。故应将"从而"改成"所以"，即改为"父母工作调动，所以我停止了学习"。

10. 连词多余。故应去掉"如果"，即改为"父母不放心我一个人出国留学"。

11. 连词缺失。本句之所以有"我决定帮他"这样的结果，原因是"我被他的坚持感动了"。故应用连词"因为"引进原因，即改为"我决定帮他，正是因为被他的坚持感动了"。

12. 表示出乎意料，应该用副词"竟然"，而非表示因果关系的连词"既然"。故应改为"猎人举枪对准了羊，羊竟然没有逃走"。

13. 连词"又……又……"表示两个动作或两种状态同时存在，修饰动词或形容词，不能修饰名词性词语。故应改为"他是普通人，但她又漂亮家境又好"。

14. 表示转折关系的关联副词"却"应该放在后一分句的主语后。故应改为"我是医生，但是母亲的病我却治不了"。

15. 本句所表述的是"你得提前通知我"的目的是"我早点儿准备",故应将因果关系连词"所以"改为表示目的关系连词"以便",即改为"你得提前通知我,以便我早点儿准备"。

16. 表示转折关系的关联副词"反而"应该放在后一分句的主语后。故应改为"价格反而上涨了"。

17. 连词缺失。本句所表述的是"父母没有离婚的原因是我当时太小",故应用"因为"引进原因,即改为"如果不是因为我当时太小,父母早就离婚了"。

18. 转折关系连词"虽然"与因果关系连词"所以"不能同时使用。根据题意,本句应将"所以"改成"但是",即改为"虽然他生活在中国,但是只会一点儿汉语"。

19. 表示递进关系的连词"不但",当分句主语相同时,用在主语后;当分句主语不同时,用在主语前。故应改为"情绪不但能影响人的行为,还能影响人的生活"。

20. 连词"即使"和"尽管"都可以表示让步,但是"即使"所表示的情况一般是假设性的;而"尽管"所表示的情况一般是已实现的。故本句应将"即使"改为"尽管",即改为"尽管认识了三年,也没什么交流"。

三、完成句子。

1. 无论头脑多聪明,也得努力啊。

2. 在家吃还是出去吃,我都没意见。

3. 限制使用塑料袋为的是减少污染。

4. 他因大赛经验不足而导致比赛失败。

5. 司机应该谨慎驾驶,以保证行人安全。

6. 农民使用农药,从而增加粮食的产量。

7. 看来只有死亡才能摆脱疾病的痛苦。

8. 他的牙齿因为抽烟的缘故而变成了黄色。

9. 单身人士增多,从而引起了人口减少的问题。

10. 环境问题因此受到世界各国人民的关注。

11. 总理由于健康原因没有出席上周的会议。

12. 这或许就是因为价值观不同造成的误会吧。

13. 商品的价格会随着生产材料的增加而上涨。

14. 网络的发达反而使现代人的交际圈变小了。

15. 他宁愿在家看小说,也不愿意参加公司聚会。

16. 我在懂得珍惜的时候却失去了珍惜的机会。

17. 政府提高贷款利率是为了限制房价过快增长。

18. 害羞的小姑娘一见到陌生人就躲到妈妈身后。

19. 他喜欢动物,并且希望将来能成为专业兽医。

20. 世界上从来没有而且永远不会有不犯错误的人。

附 录

附录 1　常用量词

常用名量词及搭配词语

名量词	常用搭配
把	伞　壶　锁　尺子　刀子　椅子　扇子　剪刀　梳子　牙刷　钥匙　年纪
本	书　词典　杂志　画报　小说
册	书
层	冰　楼　灰　意思　含义
场（cháng）	雨　雪　病　误会　战争
场（chǎng）	电影　球赛　舞会　歌剧
出	戏
点	意见　建议　要求　希望
顶	帽子
段	话　路　时间　路程　距离　木头　绳子　往事　回忆　文章　相声
堆	菜　草　粮食　东西　垃圾　问题　废话
对	夫妻　翅膀　矛盾
顿	饭　早餐　西餐
朵	花儿　云
份	早餐　工作　礼物　杂志　报纸　力量
幅	布　画儿
挂	鞭炮　辣椒
个	月　小时　星期　公司　城市　国家
根	草　烟　针　黄瓜　竹子　棍子　头发
家	商店　饭店　公司　工厂　银行　邮局　医院　旅行社　俱乐部
件	事　衣服　上衣　衬衫　西装　行李
节	课　车厢　电池　竹子
届	（第一/二/三……）会议　毕业生
棵	树　草　葱　白菜

续表

名量词	常用搭配
颗	心　牙　星星
口	人　井　锅　水
块	钱　糖　石头　玻璃　橡皮　肥皂　黑板　手表　点心　蛋糕　饼干
类	人　问题
粒	米　种子　沙子　花生
辆	汽车　自行车　摩托车
路	（一路）人　（一路）货色
门	课　学问　技术　学科　艺术　语言　亲戚
名	教师　职员　（第一/二/三……）名
派	（一派）风光　（一派）形势　（一派）胡言　（一派）新气象
批	货物　产品　学生
匹	马　布　绸子　骆驼
篇	作文　文章　论文　小说
片	药　面包　树叶　绿地　树林　歌声　笑声　掌声　景象　真心　真情
群	人　孩子　羊　马
双	手　脚　鞋　眼睛　袜子　筷子　儿女
所	学校　医院　房子
台	冰箱　电视　电脑　计算机　洗衣机
套	房子　衣服　家具　茶具　邮票　办法　方案
条	裤子　裙子　领带　毛巾　绳子　江　河　路　蛇　消息　经验　新闻　意见　（上下一条）心
团	毛绒　碎纸　（一团）和气
位	老师　同学　朋友　客人
项	规定　措施　建议　业务　任务　服务　调查　研究
则	新闻　消息　考题
张	桌子　床　纸　脸　嘴　报纸　照片　画儿　地图
阵	风　雨　歌声　笑声　掌声　疼痛

续表

名量词	常用搭配
只	手 眼睛 耳朵 袜子 鸟 鸽子 猫 鸡 船
支	铅笔 蜡烛 歌
种	意见 建议 条件 因素 情况 商品
座	山 桥 塔 楼房 城市

常用动量词及搭配词语

搭配词语	动量词
帮 推 拉 扶	一把
看 听 说 讲 读 念 写 抄 算 数 学 重复	一遍
去 来 找 回 看 说 做 研究 讨论 参观 商量	一次
打 骂 说 训 教训 批评	一顿
看 送 去	一回
去 来 走 跑	一趟
打 拍 敲 看 摇 想 玩（儿） 说 讲 试 听 商量 讨论	一下

附录2 常用介词短语

1. 与"从"有关的常见搭配
  （1）从……上：环保资料能从网上查到。
  （2）从……中：我从书中学到了很多。
  （3）从……起/开始：我从三岁开始学钢琴。
  （4）从……到……：他每天从早忙到晚。
  （5）从……以后：从那以后，他就变了。
  （6）从……出发：我们明天从这里出发。

2. 与"当"有关的常见搭配
  （1）当……的时候/时：当我去找他时，他已经走了。
  （2）当着……的面：别当着孩子的面吵架。
  （3）每当……的时候/时：每当夜深人静时，我都很想家。

3. 与"来说"等有关的常见搭配
  （1）对/对于……来说：对留学生来说，语言环境很重要。
  （2）从……来说：从本质上来说，他并不坏。
  （3）按……来说/来讲/说/讲：按道理来说，这样做很合理。
  （4）依……说/看：依你看，我们能赢吗？
  （5）照……说/看：照你说，我们能赢吗？

（6）据······看：据我看，他这人很可靠。

（7）据······说 / 称 / 讲：据他说，这病不传染。

4. 与"以"有关的常见搭配

　　（1）以······为······：他以打猎为生。

　　（2）以······而······：北京以古迹众多而闻名。

　　（3）以······见长：齐白石以画虾见长。

5. 与"在"有关的常见搭配

　　（1）在······上：他一直在经济上支持我。

　　（2）在······下：在这种情况下，我只能这样。

　　（3）在······中：他们在工作中熟悉起来。

　　（4）在······的时候 / 时：请别在工作时打电话。

　　（5）在······之前 / 以前：故事发生在很久以前。

　　（6）在······之后 / 以后：他在你离开以后就辞职了。

　　（7）在······以内 / 之内：请把车停在停车线以内。

　　（8）在······以上 / 之上：他各门功课都在 90 分以上。

　　（9）在······以下 / 之下：年龄在 18 岁以下者禁止进入。

　　（10）在······方面：他在音乐方面很有天赋。

　　（11）在······的同时：在做好事的同时，也帮了自己。

　　（12）在······之间：桌子放在床和沙发之间。

　　（13）在······看来：在你看来，我们能赢吗？

6. 其他常见搭配

　　（1）自······以来：产品自上市以来很受欢迎。

　　（2）应······的邀请：他应学校的邀请出席会议。

　　（3）跟······过不去：你何必跟我过不去呢？

　　（4）给······出难题：别总给别人出难题。

　　（5）到······为止：到目前为止，参观人数已过万。

　　（6）由······组成：水是由什么组成的？

　　（7）由······引起：那场火灾是由被乱丢的烟头引起的。

　　（8）拿······当······：你不能拿药当饭吃啊！

　　（9）和······相比：我国和邻国相比有什么优势？

　　（10）把······视为······：他把挫折视为新起点。

　　（11）把······作为······：政府应该把教育作为重中之重。

　　（12）把······比作······：人们把护士比作白衣天使。

　　（13）把······变成······：得学会把挑战变成机遇。

　　（14）把······称为······：后人把孔子称为孔圣人。

　　（15）被······所······：他被美丽的景色所吸引。

7. 与"为（wèi）"有关的常见搭配

　　（1）为······而······：我为你而骄傲。

　　（2）为······起见：为安全起见，得设密码。

　　（3）为······着想：做事得为他人着想。